# L'ARBITRAGE INTERNATIONAL

IMPRIMERIE C<sup>e</sup> AIN, RUE BERGÈRE, 20, PARIS. — 11396-6-92.

# FERDINAND DREYFUS

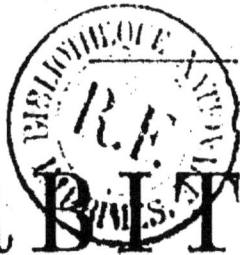

# L'ARBITRAGE

# INTERNATIONAL

AVEC UNE PRÉFACE DE

## FRÉDÉRIC PASSY

MEMBRE DE L'INSTITUT

**PARIS**

CALMANN LÉVY, ÉDITEUR

ANCIENNE MAISON MICHEL LÉVY FRÈRES

3, RUE AUBER, 3

—

1892

# PRÉFACE

―――

« Les hommes pratiques se détournent des choses qui n'ont point d'avenir. » Ainsi s'exprimait, il y a un quart de siècle, un Anglais, homme pratique, connu pour la fermeté de son esprit positif et précis, non moins que pour l'étendue de ses connaissances juridiques, M. Frédérick Seebohm. Et comme preuve de son peu de goût pour les spéculations vaines et de sa prédilection pour les œuvres d'avenir, il écrivait, en faveur de l'arbitrage international, un volume qui reste une des études les plus sérieuses sur ce sujet.

L'arbitrage était, en effet, dès cette époque,

suivant la belle expression de Charles Lucas, du nombre des idées qui s'avouent et des choses qui se font. On n'avait encore, il est vrai, vu résoudre par ce procédé ni le redoutable litige de l'*Alabama*, ni l'irritant conflit des Carolines. Mais une longue série de solutions amiables avait démontré déjà la valeur des moyens pacifiques et justifié la confiance croissante que mettaient en eux les ennemis de la guerre et de ses hasardeuses violences.

La foule cependant ne croyait guère encore qu'à la force, et les gouvernements étaient de l'avis de la foule. On riait de la naïveté de ces honnêtes gens, que l'on appelait les disciples du bon abbé de Saint-Pierre. On traitait d'utopie et de rêve, généreux mais chimérique, toute conception d'un avenir meilleur et toute prétention de donner aux hommes plus de modération et plus de sagesse. Et, tout en applaudissant, de temps à autre, à quelques heureux cas de médiation ou d'arbitrage, on persistait à tourner en ridicule la candeur de ces agneaux qui prétendaient désarmer les lions et faire pénétrer dans les rapports des peuples un peu de ce sentiment supérieur du

droit qui domine, malgré trop de violations encore, les relations des individus entre eux. Qu'il
fallût une loi civile pour soustraire les membres
d'une société au désordre de l'état de nature,
on trouvait cela tout simple. Mais qu'il pût y
avoir une loi pour la société des nations et que
les membres de cette société pussent avoir à
compter avec autre chose que leur intérêt ou
leur caprice, l'on trouvait cela absurde. N'y
avait-il pas deux morales : la morale privée et
la morale publique?

Aujourd'hui, la notion d'une justice internationale n'est pas encore assurément acceptée
par tous; mais elle a pris place dans la conscience générale de l'humanité. Le recours aux
procédés amiables de la médiation ou de l'arbitrage n'est pas encore la loi absolue et incon-
testée des nations. Il n'est pas encore inscrit
en termes formels dans la charte commune de
l'humanité. Mais il est entré et il s'enracine
chaque jour dans ses habitudes. De plus en
plus, les faits démontrent son efficacité; de
plus en plus, les gouvernements reconnaissent sa légitimité. Les hommes d'État en
parlent sans sourire; les publicistes l'étudient,

les jurisconsultes en fixent la procédure, les
parlements se font honneur d'y recourir. Et,
à côté de ces congrès de la paix, dans lesquels
on pouvait ne voir que des réunions officieuses
de braves gens, plus remplis de bonne volonté
que d'autorité ou de compétence, nous assistons à des réunions d'un autre caractère et
d'une autre portée. Ce n'est rien moins que
l'élite des parlements qui, chaque année, dans
l'une des grandes villes de l'Europe, à Paris,
à Londres, hier à Rome et demain à Berne,
tient, dans l'intérêt supérieur de la paix et de
la justice, une véritable session internationale.

« De quelque côté que l'on se tourne, l'idée
avance et pénètre. Elle s'infiltre par les associations dans les masses populaires et elle
s'impose par les parlements au souci des
hommes d'État. La diplomatie ne la raille plus
et la politique la respecte. Elle a ses entrées
dans les chancelleries et dans les conseils des
nations. »

C'est ce progrès, si bien résumé dans les
dernières lignes que nous venons de citer, que
se sont attachés à constater, à décrire et à mesurer, les uns avec plus d'enthousiasme et plus

... d'élan, les autres avec plus de réserve et de prudence, mais tous avec une sérieuse sympathie, un nombre déjà considérable d'écrivains et de savants. Thèses de droit comme celle de M. le vicomte de Mougins-Roquefort, répertoires comme celui de M. le professeur Rouard de Card, mémoires et plaidoyers de toutes langues et de tous caractères, longue serait la liste des travaux consacrés dans ces dernières années à cette intéressante matière. On sait avec quelle autorité et quelle compétence s'en sont occupés tour à tour le professeur Lorimer en Écosse, et l'avocat Leone Levi en Angleterre, le comte Kamarowsky en Russie, le célèbre Bluntschli en Allemagne, Mancini en Italie, Dudley Field aux États-Unis, Charles Calvo dans l'Amérique du Sud, Rolin Jacquemyns et Thonissen en Belgique; et par quelles études patientes et précises, l'Institut international du droit des gens et l'Association pour la codification et la réforme de la loi des nations, ont préparé depuis vingt ans les éléments de la jurisprudence et de la procédure qui serviront un jour à régler selon la justice les rapports des États entre eux. En France,

où de Parieu, Cauchy, Renouard, s'en étaient
occupés depuis longtemps déjà avec tant d'éclat,
l'Académie des sciences morales et politiques,
reprenant en corps les idées de quelques-uns
de ses membres, mettait solennellement au
concours le sujet de l'arbitrage et couronnait
avec éloges un travail de M. Michel Revon, qui
sans doute ne tardera pas à paraître.

Et voici qu'un homme rompu aux études juridiques, et mûri par un trop court passage
dans la vie politique, M. Ferdinand Dreyfus, à
qui nous avons emprunté la phrase que nous
citions tout à l'heure, nous donne à son tour
sur le passé, le présent et l'avenir de l'arbitrage, un travail qu'il appelle à bon droit une
étude raisonnée et pratique de critique historique. Étude des plus instructives et des plus
intéressantes, et qui dans des dimensions relativement modestes, est un modèle de précision
de clarté et d'exactitude. Un modèle aussi, et
ce n'est pas la moindre de ses qualités, de mesure, de prudence et de sagesse politique.

Il y a deux parties en effet dans tout travail
de ce genre : la partie historique et la partie
critique ; l'exposé de ce qui s'est fait et l'in-

dication de ce qui se peut faire. Pour la première de ces parties, pour l'histoire de l'arbitrage, il est impossible de désirer des informations plus complètes, plus sûres et parfois plus piquantes que celles qu'a rassemblées M. Ferdinand Dreyfus. Elles remontent haut, car dès qu'il y a eu guerre, il y a eu place pour un arrangement. Partout où il y a eu des hommes luttant pour leurs intérêts ou pour leurs passions, il y en a eu qui ont songé à faire trancher leurs différends par d'autres voies que par la force. « Partout où il peut y avoir litige, disait Dante, il doit y avoir jugement. » Tout au moins peut-il y avoir lieu à jugement. Les antécédents de l'arbitrage sont plus anciens qu'on ne le pense en général et ses partisans peuvent se réclamer de bien vieilles autorités. On ne s'étonnera peut-être pas, en lisant M. Ferdinand Dreyfus, de trouver parmi ces autorités le philosophe Platon et l'historien Thucydide. On sera peut-être plus surpris de rencontrer dès l'antiquité, non seulement des arbitrages proprement dits, mais des stipulations formelles de recours à l'arbitrage, et ce qu'on appellerait de nos jours la clause compromissoire.

Périclès et Sparte, après la guerre de trente
ans, ont contracté un engagement de cette sorte.

Plus près de nous, mais à une époque que
l'on croit antérieure aux premiers arbitrages
des nations modernes, on trouve, dans les écrits
de Vattel, de Voltaire et de l'abbé de Saint-
Pierre lui-même, des déclarations que l'on croirait d'aujourd'hui. « Les traités, disait entre
autres choses ce bon abbé, ne sont pas des garanties suffisantes de paix. Le seul moyen
d'assurer la paix, c'est de l'assurer par des
institutions analogues à celles qui garantissent au sein de chaque État la vie et la propriété des citoyens. » N'est-ce pas ce que nous
réclamons aujourd'hui; et le grand avocat de
l'arbitrage en Angleterre, celui qui obtint de
la Chambre des communes, en 1873, un vote
formel en sa faveur, Henry Richard, tenait-il
un autre langage lorsqu'il disait: « Que deman-
dons-nous? Tout simplement que les sociétés
veuillent bien accepter pour elles-mêmes la loi
qu'elles imposent à leurs membres et reconnaître que nul n'a le droit de se faire juge dans
sa propre cause. » Voltaire, de son côté, après
s'être moqué du plan de paix perpétuelle de

l'abbé, disait à propos de la succession d'Espagne disputée par deux prétendants : « Quel biais
fallait-il prendre ? Il était tout trouvé. Il fallait
s'en rapporter à la nation sur laquelle on prétendait régner. » S'en rapporter à la nation sur
laquelle on prétend régner ! Appliquez cette
règle à la solution des problèmes qui tiennent
en suspens à l'heure présente les destinées de
l'Europe ; dites avec Kant : « que la politique
se rattache au droit, le droit à la morale et
que tout État, qu'il soit grand ou petit ne
pourra jamais passer au pouvoir d'un autre
État, ni par échange, ni à titre d'achat ou de
donation » ; déclarez en d'autres termes avec
Liebknecht « que les populations seules ont le
droit inaliénable de disposer d'elles-mêmes » ;
et du coup, vous en avez fini avec toutes les
arguties, toutes les subtilités et toutes les violences de la vieille politique. Vous avez condamné sans retour le droit de conquête, et
supprimé toutes les causes de trouble et d'inquiétude qui pèsent sur le monde.

Le passé, on peut le connaître ; le droit, on
peut le proclamer. Mais dans quelle mesure
l'avenir développera-t-il les germes du passé ;

dans quel temps et sous quelle forme le droit recevra-t-il la consécration définitive des faits? Personne ne peut, à cet égard, donner d'affirmations absolues. L'évolution du progrès est certaine, la mesure en demeure toujours plus ou moins incertaine. M. Ferdinand Dreyfus ne l'ignore point, et dût-il paraître à quelques-uns trop timide, il se garde des formules absolues et des prophéties ambitieuses. Il constate les progrès réalisés et prend acte des promesses qu'ils contiennent. Il montre qu'avec le temps « les conditions se précisent et les objections diminuent ». Il affirme, il enregistre plutôt, l'amélioration des relations juridiques internationales. Il fait voir les États « fouettés par les faits » forcés de se mettre d'accord sur des points chaque jour plus nombreux, et il énumère les divers domaines dans lesquels, peu à peu, s'élabore et se précise une législation commune et un droit universel. Il voit « le monde civilisé prendre conscience de lui-même, et s'accoutumer à faire prévaloir une volonté unique sur certaines questions qui touchent, soit à ses intérêts, soit même à la morale sociale. » Il déclare « que la guerre es

une maladie à guérir ». Et dans un passage
de la plus haute éloquence, il dit, après M. Jules
Simon saluant les « patriotes de l'humanité »,
comment on peut et l'on doit concilier l'amour
de la patrie avec l'amour de l'humanité. Il a
donc confiance. Les traités d'arbitrage, pour
lui, « commencent et ouvrent l'ère de l'état
juridique des nations ». Une fois de plus, on
a prouvé le mouvement en marchant; et le
propre du mouvement est de s'accélérer. Mais
sa confiance toutefois n'est point aveugle et
ses espérances ne sont point présomptueuses.
A côté des circonstances favorables, il aperçoit
et il signale des circonstances défavorables. Il
n'ignore pas ce qu'il reste d'erreurs, de préjugés, de passions, au milieu des lumières les
plus vives et des aspirations les plus généreuses
des sociétés, même les plus avancées. Il sait
que les hommes, en devenant plus libres, ne
deviennent pas nécessairement plus sages, que
les nations, comme les gouvernements, ont
leurs entraînements, et que comme eux elles
peuvent méconnaître leurs intérêts, manquer
à leurs devoirs et compromettre leurs droits.
Aussi est-ce tout ensemble avec doute et avec

foi, disons comme saint Paul, avec espérance et avec tremblement, qu'il poursuit ce salut des nations qui s'appellera la paix dans la justice.

Mais entre le doute et la foi, entre le tremblement et l'espérance, c'est la foi et l'espérance qui manifestement l'emportent. Ce sont elles qui lui ont inspiré son livre et qui d'un bout à l'autre, l'animent. Le danger nous entoure sans doute; mais quand il serait plus grand encore, serait-ce une raison de se laisser aller au découragement. « Plus la conflagration est menaçante, et plus il faut suivre avec intérêt et sympathie les efforts tentés pour la prévenir. » Plus il faut redoubler d'efforts soi-même. Plus il faut relever les raisons de confiance. « A voir les choses de haut, l'aube apparaît. »

Oui, l'aube apparaît. Et ce ne sont plus seulement des philosophes ou des publicistes de bonne volonté, comme M. Ferdinand Dreyfus, qui la saluent. Ce sont des hommes d'État, des ministres, comme lord Salisbury qui, incrédule encore il y a quelques années, déclare aujourd'hui « que les guerres internationales sont appelées à disparaître devant les conseils d'arbitrage d'une civilisation plus avancée. » Ce n'est donc point en vain qu'a été constituée cette conférence interparlementaire, qui va tenir dans quelques semaines sa quatrième session, au sein du pays libre et neutre par excellence, à Berne. Que ces réunions, conscientes de leur force et sûres de l'appui de l'opinion universelle, veuillent bien faire un pas de plus dans la voie où elles sont si heureusement entrées, et proclamer enfin, au nom des millions d'hommes qu'elles représentent, les droits des nations; et peut-être le moment n'est-il pas éloigné où l'on verra enfin pour le bonheur des peuples et pour la tranquillité des gouvernements, la politique de la vie prendre définitivement le pas sur la politique de la mort.

Quoi qu'il en soit et sans illusions, mais sans défaillances, il faut marcher, ignorant jusqu'où l'on arrivera, mais sachant où est le but et ne se lassant point de le poursuivre. Et, si l'on nous parle encore d'utopie, de chimère, d'impossibilité, si, à ce qu'on appelle notre folie, on oppose ce qu'on appelle la raison, nous répondrons avec Kant : « La raison ne dit pas que la paix perpétuelle sera réalisée. Cela ne la regarde pas. Elle dit qu'il faut agir comme si cette paix devait être réalisée un jour. Cela seul la regarde. »

FRÉDÉRIC PASSY,
Membre de l'Institut.

# INTRODUCTION

___

## OBJET ET LIMITES DE CE TRAVAIL

*In societate aut vis aut lex valet.*
BACON.

« La science enseigne le vrai, d'où résulte la mesure du possible. » Au début de cette étude, nous ne saurions trouver de meilleur guide et d'inspiration plus sage que cette parole d'un philosophe.

Depuis qu'il y a des hommes et qu'ils luttent pour leurs intérêts, leurs passions ou leurs droits, ils ont songé à faire trancher leurs différends par des arbitres au lieu de recourir à la force. L'arbitrage est aussi ancien que la guerre.

Étendu des particuliers aux États, il a eu de tout temps sa place dans les relations internationales. Entre peuples, aussi bien qu'entre individus, il a un objet précis : c'est l'acte par lequel deux États, animés d'un désir d'entente pacifique, demandent à un arbitre désigné en commun de décider du conflit qui les divise.

Nous n'avons ni à rechercher dans les innombrables systèmes des philosophes les origines fondamentales du droit international, ni à retracer après tant d'autres l'histoire, même résumée, du droit des gens, de ses progrès et de ses reculs.

Cet essai a des visées plus modestes.

L'idée de l'arbitrage international est en germe dans les écrits des philosophes et des moralistes anciens. Les Grecs, les premiers, lui font sa place dans la coutume des cités helléniques. Les Romains ont leurs féciaux et leurs *recuperatores*.

Au moyen âge et dans les temps modernes, la notion de l'arbitrage dévie soit vers les réalités dominatrices, soit vers les utopies de paix perpétuelle. Tantôt elle sert de prétexte aux ambitieux en quête d'hégémonie, tantôt elle alimente les conceptions des rêveurs qui veulent une société refaite pour avoir une société parfaite.

Au bout de l'idée mal comprise ou exagérée apparaît la dictature dissimulée sous le droit, l'oppression du faible par le fort, et la paix dans le silence, c'est-à-dire la tyrannie.

Dans les temps contemporains, l'arbitrage se régularise. Il devient plus fréquent, plus pratique et plus loyal. Il trouve dans les trois Amérique un terroir propice où pousser ses racines. En Europe aussi, il profite des progrès généraux du droit international. Les peuples modestes obéissent à deux forces contradictoires : l'une qui les rapproche en multipliant les liens d'échange matériel, intellectuel et moral et les pactes qui en sont les signes ; l'autre, qui les parque en nationalités rivales et jalouses de leur souveraineté.

De cette double impulsion résulte l'essor de l'arbitrage. Chaque jour, il se fait une place de plus en plus grande dans la science comme dans la coutume. Plus le mal devient menaçant, plus la pensée des hommes se porte sur les remèdes ou du moins sur les palliatifs.

Quoi d'étonnant si, surtout à notre époque de paix armée et de guerre perfectionnée, l'imagination des poètes du droit des gens s'est laissé séduire, et si, sur une base aussi fragile, ils ont tenté d'édifier des monuments majestueux à la gloire de la paix universelle ?

Enfin, l'esprit d'association s'est emparé de l'idée et lui sert de puissant levier. L'opinion publique la propage dans ses journaux, dans ses congrès et dans ses parlements ; la critique scientifique la discute dans ses universités.

La bibliographie de l'arbitrage international remplirait tout un volume. Publicistes, orateurs, jurisconsultes, philosophes, apportent leurs pierres à l'édifice commun. Les hommes d'État les plus graves en parlent maintenant sans sourire, et s'il sert parfois de matière aux vains discours et aux phrases creuses, il féconde les travaux des penseurs soucieux de l'avenir de l'humanité.

Comment se reconnaître dans ce mélange d'idées justes et d'utopies? Où trouver la mesure du possible? Quel est l'avenir de l'arbitrage?

Le pessimiste croit à l'éternité des discordes sanglantes et à la persistance de la violence et de la guerre : pour lui, l'arbitrage est une absurdité ou une duperie. Le rêveur entrevoit l'idéal d'une Europe unie, libre et pacifiée : pour lui, l'arbitrage n'est qu'un jalon sur la route de Salente. C'est entre les deux extrêmes qu'il faut se placer pour conclure.

Quelles sont les limites de l'arbitrage international? Peut-il être permanent ou accidentel? Obligatoire ou facultatif? Général ou spécial? Doit-il se fonder sur l'équité, sur la coutume ou sur la loi écrite? De quelle sanction ces décisions sont-elles susceptibles? Comment convient-il d'organiser cette procédure, et quelles indications fournit à cet égard la jurisprudence internationale?

Ces questions feront l'objet de la dernière partie de notre travail. Pour les aborder avec franchise et les discuter sans parti pris, on ne peut s'abstraire des conditions actuelles de l'Europe et de la situation qui y est faite à la France. Nous n'oublierons pas, avant de conclure, qu'elle est la patrie du droit et la terre de la justice. C'est là, à la fois, une consolation et une espérance. Comme l'a dit un historien patriote : « Ce qui est vieux comme le monde, c'est la force; ce qui se dégage lentement, c'est le droit; mais son règne aussi arrive[1]. »

1. Victor Duruy, *Histoire des Grecs*, t. II, p. 64.

# LE PASSÉ

# CHAPITRE PREMIER

## L'arbitrage dans l'antiquité.

### I

Montesquieu avait raison de dire que les sauvages mêmes ont un droit des gens; mais il faut aller jusqu'aux Grecs pour trouver les premiers rudiments de l'arbitrage. Encore ne s'applique-t-il qu'entre les petites républiques de l'Hellade, et les barbares en sont exclus. Platon est le seul qui, dans les rêveries sublimes du *Critias*[1], évoque l'idée d'une fédération idéale entre tous les rois et du règlement pacifique de leurs conflits. Dans l'opinion hellénique, les « barbares », c'était l'ennemi contre lequel la guerre était un éternel devoir pour tous les Grecs[2].

1. Voir aussi « les Oiseaux » d'Aristophane. Le chœur supplie les dieux pour que « l'usage du fer meurtrier soit aboli ».
2. Tite-Live, l. XXXI, chap. XXIX.

Entre Grecs, au contraire, la guerre n'est qu'une division intestine, « une discorde ». Ils réduiront leurs adversaires « doucement » à la raison, sans vouloir, pour les châtier, ni les rendre esclaves, ni les ruiner ; ils les corrigeront en amis pour les rendre sages et non ennemis[1]. Et, s'ils consultent l'oracle d'Apollon sur les moyens de nuire à des Hellènes, celui-ci refusera de répondre : « Vous qui, à l'Olympie, aux Thermopyles et à Delphes, arrosez les autels de la même eau lustrale, ne déchirez plus la Grèce par vos querelles, mais unissez-vous contre les barbares[2]. »

Chez eux, comme chez tous les anciens, la religion est le fondement de la cité, et c'est une opinion constante que chaque homme a ses principales obligations envers les dieux. Le citoyen se reconnaît à ce qu'il a part au culte de la cité, à ce qu'il entre en partage des choses sacrées. L'étranger n'a même pas le droit de les invoquer. A Athènes, le juge des étrangers est le polémarque, c'est-à-dire le magistrat chargé des soins de la guerre et des relations avec l'ennemi.

En dehors des barbares, il y a un peuple distinct, uni par sa croyance en une origine commune, ayant son culte national, sa langue, un « corps hellénique » comme l'appelle Hérodote[3], une patrie idéale do-

---

1. Platon, *République*, livre V.
2. Aristophane, *Lysistrata*.
3. « La Grèce, dit M. Lavisse, c'est l'Europe réfléchie et condensée dans un miroir. »

minant toutes les cités comme le Jupiter panhellé-
nique domine tous les dieux.

## II

De là quelques institutions générales, parmi
lesquelles les amphictyonies, associations politiques
et religieuses, formées par un certain nombre d'États
limitrophes, afin de régler à l'amiable leurs mutuelles relations. « Le conseil amphictyonique avait
quelques-uns des attributs d'un conseil fédéral, mais
jamais ce lien n'a été assez resserré pour constituer
la Grèce en nation. »

La fondation en remonte à Amphictyon, fils de
Deucalion, d'après les uns ; à Acrisios, roi d'Argos,
d'après Strabon.

La plus célèbre amphictyonie se tenait le printemps
à Delphes, l'automne à Anthéla, à quelques stades
des Thermopyles. Douze nations en faisaient partie,
parmi lesquelles les Doriens, les Ioniens, les Pho-
céens, les Béotiens, les Thessaliens, etc. Les unes
avaient deux voix, les autres une ou une et demie,
car une voix pouvait être divisée : les Dolopes et
les Eurèbes à eux deux n'en avaient qu'une. Sur les
deux voix doriennes, l'une était à Sparte, l'autre aux
montagnards de la Doride; sur les deux voix ioniennes,
l'une appartenait à Athènes, l'autre aux Eubéens.
En tout, on comptait vingt-quatre suffrages.

La politique était dominée par la religion, comme le Pnyx d'Athènes par le Parthénon. Les députés des cités confédérées étaient revêtus momentanément du caractère sacerdotal. Les réunions commençaient par des fêtes en l'honneur d'Apollon ou de Déméter. « La victime était immolée au dieu de l'association et les chairs cuites sur l'autel étaient partagées entre les représentants des cités. Ce repas commun accompagné d'hymnes, de prières et de jeux était la marque et le lien de l'association[1] ».

On célébrait en commun les mêmes sacrifices et le culte des mêmes divinités. Mercure n'était pas absent, et les marchands qui avaient franchise de droits venaient se livrer aux échanges. On concourait aussi pour le pugilat, pour le chant et pour la danse. La politique venait ensuite. La ligue était cimentée par un serment dont Eschine nous a conservé le texte : « Nous jurons, disent les peuples associés, de ne jamais renverser les villes amphictyoniques, de ne jamais détourner soit pendant la paix, soit pendant la guerre, les sources nécessaires à leurs besoins ; si quelque puissance ose l'entreprendre, nous marcherons contre elle et nous détruirons ses villes. Si des impies enlèvent les offrandes du temple d'Apollon, nous jurons d'employer nos pieds, nos bras, notre voix, toutes nos forces contre eux et contre leurs complices ».

---

1. Fustel de Coulanges, *la Cité antique*, passim.

L'assemblée générale ou commune des Amphictyons était composée de tous les membres présents
de la confédération. Elle ne se réunissait que dans
des cas très rares.

Le conseil des vingt-quatre députés représentait
les États confédérés. Ils se divisaient en « hiéromné-
mons » et « pylagores » qui siégeaient ensemble
comme « synèdres ». Les premiers convoquaient et
présidaient le conseil ; ils étaient chargés de la garde
du trésor d'Apollon et du territoire neutre qui
l'entourait, de la conservation des dépôts que les
particuliers confiaient au dieu, et de l'entretien des
ponts et des routes qui menaient au sanctuaire. Ils
avaient voix délibérative, et chacun n'avait que son
suffrage.

Les Amphictyons étaient avant tout les gardiens
du droit des gens hellénique ; ils faisaient ce que
fit le clergé du moyen âge. Entre Grecs, ils mainte-
naient le respect des lois de la guerre, l'observation
des trêves pour ensevelir les morts ; et ils défen-
daient d'élever des trophées durables, pour ne point
éterniser les haines. Pendant la lutte, ils faisaient
respecter le droit d'asile dans leurs temples et assuraient à tous la liberté d'assister aux jeux.

Dans les guerres contre les barbares, ils dispen-
saient les peines et les honneurs, ils décernaient
les récompenses nationales et mettaient à prix les
têtes des traîtres. Ce sont eux qui élevèrent le monument commémoratif des Thermopyles.

Ce tribunal de race servit parfois d'arbitre aux cités en lutte les unes contre les autres. En 345 avant Jésus-Christ, il jugea le différend entre Délos et Athènes au sujet de la préséance dans le sanctuaire d'Apollon et donna raison aux Athéniens. Après Platée, il força Lacédémone à effacer des inscriptions injurieuses pour les vaincus.

En cas de résistance, il suspendait ses propres décrets de clémence et mettait hors la loi ceux qui les avaient violés. Dans la première guerre sacrée, Cirrha fut rasée pour avoir offensé Apollon Delphien.

C'eût été la plus utile et la plus belle des institutions « si les motifs d'humanité qui la firent établir n'avaient été forcés de céder aux passions de ceux qui gouvernent le peuple [1] ».

Les nations puissantes ne se soumettaient pas toujours à leurs décrets. Sparte et Athènes n'aimaient point à être traitées d'égales à égales par de petites peuplades. Les Lacédémoniens s'étant emparés en pleine paix de la citadelle de Thèbes furent cités à la diète générale et condamnés à cinq cents talents d'amende. Après les délais accordés, intervint un jugement qui doubla la peine. Ils se dispensèrent de payer, sous prétexte que la décision était injuste.

Les rivalités ne disparaissaient pas au seuil de

---

1. Barthélemy, *Voyage du jeune Anacharsis*, t. II, p. 70.

l'assemblée. Après la défaite des Perses à Platée, Sparte proposa d'exclure de la commune union du temple les peuples qui n'avaient pas combattu l'ennemi. C'était pour Lacédémone la mainmise sur le conseil et l'hégémonie de la Grèce. Thémistocle fit rejeter la mesure.

Les Amphictyons ne surent pas toujours se défendre contre les prétendants à la domination. Ils furent joués par Philippe de Macédoine. La première guerre sacrée le fit admettre dans leurs rangs. Il s'attribua les deux voix enlevées à la Phocide pour la punir de s'être emparée du temple et du trésor. (346). La seconde guerre sacrée le plaça à la tête de la confédération (339).

L'existence nominale des Amphictyons dura jusqu'à Auguste, mais leur rôle politique était fini. Qu'auraient-ils pu faire pour l'indépendance de la Grèce quand « la Pythie elle-même philippisait[1] » ?

### III

En dehors de ce tribunal permanent, les Grecs avaient parfois recours à des arbitres spéciaux. Ils choisissaient tantôt une ville, tantôt des particuliers. Ce fut un vainqueur des Jeux olympiques qui décida d'un différend de frontières entre les Arcadiens et les Éléens.

1. Démosthène.

Périandre résolut le conflit entre Athènes et Mi-
tylène à propos du promontoire de Sigée. Thémistocle condamna Corinthe à payer vingt talents à
Corcyre au sujet de Leucade et attribua aux deux
parties la commune propriété de la presqu'île. Cinq
Spartiates jugèrent entre Athènes et Mégare pour la
possession de Salamine ; les Étoliens entre deux
villes de Thessalie, Mélitée et Para ; des juges d'É-
rétrie entre les îles de Paros et de Naxos.

Il paraît que le premier essai ne réussissait pas
toujours. On compta cinq sentences successives
dans une querelle entre Priène d'Ionie et Samos,
sentences dont la première fut rendue au ve siècle
par Bias et la dernière par des juges de Rhodes en 138,
sous la domination romaine.

Si l'on en croit l'archéologie moderne, la procédure était la même que pour l'arbitrage privé.
L'arbitre était désigné par le compromis « σύμβολον » ;
il assignait le temps et le lieu du jugement ; les
commissaires « σύνδικοι » exposaient les prétentions
des parties. La sentence était rédigée en deux exem-
plaires déposés dans les temples, et les parties prêtaient serment de s'y conformer.

Les Grecs connurent la clause compromissoire ;
et, lors de la trêve de trente ans signée par Périclès avec Sparte (444 avant J.-C.), on convint de
régler les différends éventuels non pas par les armes,
mais par l'arbitrage.

Du reste, les historiens tenaient cette institution

en singulier respect. Thucydide en est l'apologiste :
« Il est impossible, fait-il dire à Archidame [1], d'attaquer comme un violateur quiconque s'offre à répondre devant un tribunal arbitral. »

Par malheur, la réalité ne répondit pas au vœu des sages. La haine entre les cités fut plus forte que l'instinct de la défense. La Grèce ne réussit pas à faire prédominer le principe d'union sur le principe d'indépendance. En vain la ligue achéenne rendit illustres « ses derniers soupirs »; victime de ses discordes, elle dut accepter la paix romaine.

## IV

*Græcia capta ferum victorem cepit.*

La philosophie grecque pénètre les esprits, et donne à Cicéron puis à Sénèque la conception de la société humaine. « Ceux qui rendent justice à leurs concitoyens et la refusent aux étrangers, ceux-là suppriment la commune société du genre humain. Avec elle tout est détruit : la bienfaisance, l'esprit de liberté, la bonté, la justice. »

Le *De officiis* de Cicéron [2] est le premier écrit latin où soit exprimé le principe d'une justice entre les

1. Thucydide, l. I, ch. LXXXV.
2. Cicéron, *De officiis*, l. III, ch. v.

divers peuples qui vienne tempérer les droits de la guerre. « La vraie loi est la droite raison, conforme à la nature, répandue sur tous, éternelle ; elle prescrit le devoir, elle défend la fraude ; elle n'est pas autre à Rome, autre à Athènes, autre maintenant, autre plus tard ; elle doit contenir toutes les nations et tous les temps ; elle est unique, éternelle et immuable[1]. »

Les stoïciens aperçoivent au-dessus des États particuliers un grand Tout gouverné par la raison. Zénon et Chrysippe sont des cosmopolites. Ils suppriment les cités particulières et rêvent une république universelle.

« Ma patrie c'est le monde tout entier », disait Sénèque après Térence... « Les hommes périssent, mais l'humanité pour laquelle est fait l'homme demeure... Je ne suis pas né pour un seul coin. » Le philosophe stoïcien s'élève par le cœur et par la pensée au-dessus des barrières que les dieux et les climats dressent entre les citoyens des différentes patries : « Notre âme doit embrasser deux républiques : l'une est grande et vraiment publique ; elle contient les dieux et les hommes ; nous n'y regardons point ce coin-ci ou celui-là ; les bornes de cette cité s'étendent aussi loin que la lumière du soleil. L'autre est celle où nous a fixés le hasard de la naissance ; elle s'appelle Athènes, Carthage ou

1. Cicéron, *De officiis.*

quelque autre ville ; elle n'appartient pas à tous les hommes, mais à certains [1]. »

Nous sommes loin de l'isolement des premiers stoïciens. Marc-Aurèle tire de son panthéisme le dogme de la fraternité universelle. « Comme Antonin, dit-il, ma patrie est Rome ; comme homme, ma patrie est le monde. Nous sommes tous concitoyens, nous sommes tous frères ; nous devons nous aimer, puisque nous avons la même origine et le même but ».

## V

Telles étaient les croyances des penseurs. Ils dépassent de beaucoup les politiques. Au début, on retrouve dans les villes du Latium des germes de confédérations. Elles ont leurs *féries*. Leurs représentants se réunissent chaque année sur le mont Albain dans le sanctuaire de Jupiter Latiaris. On immole un taureau blanc dont la chair est divisée en autant de parts qu'il y a de cités confédérées. De même les douze villes de l'Étrurie ont un temple commun, des fêtes et des jeux présidés par un grand prêtre.

Mais Rome conquérante absorbe les institutions locales : le monde, c'est l'Empire ; le tribunal, c'est

1. Sénèque, *De otio sapientis*, ch. XXXI.

le Sénat « qui juge tous les peuples à la fin de chaque guerre et décide des peines et des récompenses que chacun a méritées[1]... » Les traités ne sont que des suspensions de guerre : « Ils n'accordaient point de paix à un ennemi qui ne contînt une alliance, c'est-à-dire qu'ils ne soumettaient point de peuple qui ne leur servît à en abaisser d'autres[2]. »

Pratiqué en dehors des guerres, l'arbitrage ne servait qu'à déguiser l'annexion. En 445 avant Jésus-Christ, le peuple de Rome fut choisi pour arbitre entre les Ariciniens et les Ardéates : il s'empara du territoire litigieux. En 180 avant Jésus-Christ, le Sénat avait à juger de la possession d'une terre disputée par Nola et par Naples; il prit la terre.

Ainsi finissaient d'habitude ces arbitrages : *Decipere hoc quidem est, non judicare*, dit Cicéron.

Dans la guerre, l'arbitrage était pour le vainqueur un moyen d'affaiblir la puissance militaire du vaincu et de le réduire à une sorte de servitude : « Quand ils avaient vaincu quelque prince considérable, ils mettaient dans le traité qu'il ne pourrait faire la guerre pour ses différends avec les alliés des Romains, c'est-à-dire ordinairement avec tous ses voisins, mais qu'il les mettrait en arbitrage ».

Dès que ces alliés avaient le moindre démêlé, Rome envoyait des ambassadeurs qui les obligeaient

---

1. Montesquieu, *Grandeur et Décadence des Romains.*
2. Id., *ibid.*

de faire la paix. Il n'y a qu'à voir comment ils ter-
minèrent les guerres d'Attalus et de Prusias.

Cette politique eut son expression dans le droit.
A l'origine, il était exclusif. Les mots *hostis* et *pere-
grinus* désignaient celui qui n'était pas Romain.
Rome mitigea bientôt la dureté farouche de ses
principes. Elle créa l'*Hospitium*, elle se donna un
*Jupiter Hospitalis*.

Les dieux étrangers acquirent droit de cité à côté
des dieux nationaux. « Par ce lien, le plus fort
qui soit parmi les hommes, elle s'attacha des
peuples qui la regardèrent plutôt comme le sanctuaire de la religion que comme la maîtresse du
monde [1]. » Les progrès politiques et les progrès juridiques marchèrent de pair : Les Romains eurent
le *connubium*, puis le *commercium*, puis le *jus nexi
mancipiique*, enfin, le *jus gentium*. Ce n'est point
un droit international entendu au sens moderne;
c'est un ensemble d'usages ou de règles que Rome
s'impose à elle-même, un droit territorial, auquel
sont soumis tous ceux qui se trouvent dans les limites du territoire romain.

## VI

De ce droit dérive une procédure ou plutôt un

---

1. Montesquieu, *Politique des Romains dans la religion*.

cérémonial destiné à entretenir « la superstition des uns au profit de la politique des autres ».

« Dans notre ville, dit Cicéron, les rois et les magistrats qui leur ont succédé ont toujours eu un double caractère et ont gouverné l'État sous les auspices de la religion [1]. »

Les *féciaux* ou *fecialiens* étaient les organes de la pensée religieuse et juridique. Ils étaient les ministres du *fas*, c'est-à-dire des prescriptions émanées de Dieu. Ils présidaient, comme le dit Varron, à la foi publique entre les peuples. Ils en étaient les interprètes, les gardiens et les prêtres. Versés dans la science du droit des gens, ils étaient les conseils de l'État dans ses négociations et lui fournissaient au besoin des ambassadeurs capables.

Le collège fécial se composait de vingt membres; ils se recrutaient par cooptation. Les candidats devaient être *patres patrati*, c'est-à-dire avoir leur père vivant et être eux-mêmes pères de famille « comme pour mieux offrir en leurs personnes la garantie de l'honneur passé et de l'honneur futur de la patrie [2]. » Une fois nommés, ils ne pouvaient plus exercer de charges militaires « de crainte que leur valeur ne fît pencher la balance de leurs jugements du côté de la guerre, au détriment de la justice et de la paix dont ils avaient la garde [3] ».

1. Cicéron, *De divinatione*, l. I.
2. Weiss, *Le droit fécial et les féciaux à Rome*.
3. *Id.*, *ibid.*

Avant la déclaration de guerre, ils étaient chargés de justifier devant les dieux le droit de Rome à
prendre les armes. « Quand un peuple avait
porté quelque dommage à la République, ils lui
donnaient un certain temps pour se consulter. Si
on négligeait de faire l'accommodement, le fécial
sortait des terres de ce peuple injuste, après avoir
invoqué contre lui les dieux célestes et ceux des en-
fers. Pour lors, le Sénat ordonnait ce qu'il croyait
juste et pieux [1]. »

Délais, formules, rites, vêtements, tout était minutieusement fixé. Ils déclaraient la guerre en jetant
un javelot sur le territoire étranger. La gravité
de leurs fonctions s'augmentait de l'importance
accordée au cérémonial. Après la guerre, ils donnaient aux traités le caractère sacré. Tite-Live nous
a conservé leur formulaire. « Si le peuple romain,
dit un fécial lors du traité avec Albe, est le premier
à s'en départir par conseil ou par dessein, je prie
Jupiter de le frapper comme je vais frapper le co-
chon que je tiens dans mes mains. » et aussitôt
il l'abattit d'un coup de caillou.

« Qu'y a-t-il de plus beau, de plus saint, dit Bossuet, que le collège des féciaux? On croyait devoir avant tout redemander dans les formules à
l'usurpateur les choses injustement ravies, et l'on
n'en venait aux extrémités qu'après avoir épuisé les

1. Montesquieu, *Politique des Romains*.

voies de la douceur. Sainte institution s'il en fut
jamais et qui fait honte au chrétien ! »


## VII


Les féciaux étaient des diplomates sacerdotaux.
Les récupérateurs paraissent avoir été des magistrats appelés à juger les difficultés entre les États
liés par traité.

Ils étaient pris dans chacune des parties contractantes d'après une proportion inscrite dans le traité.
Ils statuaient d'après les règles mixtes empruntées
à la fois aux lois romaines et aux lois nationales des
étrangers.

A la fin de la République, ils jugeaient des différends entre les colons et les habitants des provinces,
ou entre ceux-ci et les Romains.

On discute pour savoir si leur compétence s'étendait au droit public ou seulement aux controverses
privées. Il semble, à consulter la notion romaine de
l'État, qu'ils durent être surtout des juges de droit
privé. Ils décidaient aussi des extraditions quand
l'État étranger consentait à livrer les coupables.
S'ils s'y refusaient, le rôle des féciaux commençait.

En cas d'infraction au droit des gens, la compétence judiciaire appartenait au Sénat et au peuple.
Les féciaux n'intervenaient que pour les formalités
religieuses de la *deditio*, c'est-à-dire pour livrer le

criminel, dans certaines conditions déterminées, au peuple qu'il avait offensé.

## VIII

Les féciaux disparurent dans les derniers temps de la République. Sous les empereurs, le pouvoir judiciaire se concentra entre les mains des fonctionnaires et rendit inutile les récupérateurs.

Tout s'efface dans l'unité majestueuse de l'Empire romain. Rome devint la tête du corps formé par tous les peuples du monde reliés entre eux par une obéissance commune. « Sans être compatriotes, ils étaient tous Romains. » La paix romaine avait passé son niveau sur toutes les rivalités.

# CHAPITRE II

**L'arbitrage au moyen âge et dans les temps modernes jusqu'à l'avènement de Henri IV.**

## I

Le moyen âge est une époque incomplète et inégale. Il est difficile de dégager son droit des gens du chaos des mœurs et de la confusion des institutions. La guerre est partout et « il n'y a plus d'autre droit que le droit du poing (Faustrecht)[1]. » Le christianisme seul incarne l'unité et les principes d'humanité.

L'Église entreprend l'éducation des peuples non civilisés. Le principe de l'amour des hommes et de la charité entraîne la doctrine de l'égalité et de l'unité de la race humaine. Saint Paul n'en exclut personne et prêche la fraternité[2].

1. Lavisse, *Vue générale sur l'histoire politique de l'Europe.*

2. La fraternité chez les Juifs n'avait embrassé que la famille juive : le monothéisme les séparait des étrangers, comme la science séparait les Grecs et les barbares. Il faut en venir aux prophètes pour voir la paix de l'avenir amenée par la con-

Il y a plusieurs membres, mais tous ne font qu'un seul corps... « Il n'y a ni gentil, ni juif, ni circoncis, ni incirconcis, ni barbare, ni Scythe, ni esclave, ni libre, mais Jésus-Christ est en tous. »

Saint Augustin considère le monde comme un État unique, et saint Cyprien appelle la terre « la maison commune ouverte à tous les fidèles ».

La chrétienté est le lien. Rome en est le centre et le pape en est le chef. Il ne peut être ni l'homme d'une cité, ni l'homme d'un pays. Du haut du siège des apôtres, il parle au nom du Christ dont il est le vicaire. Il fait « d'office de la politique universelle[1] » et, par cette politique, il cherche en même temps à garantir l'indépendance du trône pontifical et à imposer son arbitrage aux rois.

« S'il existait au milieu de l'Europe, a dit Chateaubriand, un tribunal qui jugeât au nom de Dieu les nations et les monarques et qui prévînt les guerres et les révolutions, ce tribunal serait le chef-d'œuvre de la politique et le dernier degré

version des peuples à la religion unique. « L'œuvre de l'équité, disait Isaïe, sera la paix, et l'effet de la justice la tranquillité et la sécurité perpétuelles. ». « En ce temps-là, disait Michée, chevaux, chars, citadelles, villes fermées disparaîtront ; on regardera ces vanités militaires comme les restes d'un monde fini, monde profane fondé sur l'orgueil. La paix régnera désormais sur le monde. Le monde, ayant Sion pour capitale, goûtera le bonheur parfait. » (Michée, chap. IV cité par Renan : *Histoire d'Israël*, t. II, page 520.)

1. Lavisse, ouvrage cité.

de la perfection sociale. Les papes, par l'influence qu'ils exerçaient sur le monde chrétien ont été au moment de réaliser ce beau songe. »

A la fin du iv⁰ siècle et au commencement du v⁰, c'est l'Église qui sauve le christianisme. Elle devient « le lien, le moyen, le principe de civilisation entre le monde romain et le monde barbare[1] »... Elle répand l'idée d'une « loi supérieure à toutes les lois humaines qui s'appelle tantôt la raison et tantôt le droit divin. C'est ce droit qui règle les rapports des souverains entre eux, comme il règle les rapports des souverains et des sujets[2]. »

L'Église ne crée pas de droit international chrétien, mais, à l'appel des peuples, elle accourt pour essayer de diminuer la violence, de dominer la force et de civiliser la barbarie.

Le régime féodal n'admet ni unité ni concentration. Il se borne à la confédération militaire gouvernée par un chef. Le moyen âge n'est que guerre : « guerre du pape contre l'empereur, guerre de l'empereur contre les villes, guerre des seigneurs contre l'empereur, guerres des villes les unes contre les autres, guerre des Guelfes contre les Gibelins, des blancs contre les noirs. »

Cependant les règlements sur la trève de Dieu interrompent les luttes privées, et, dès 1182, un char-

---

1. Guizot, *Civilisation en Europe.*
2. Funck-Brentano et Sorel, *Traité du droit des gens.*

pentier, Durant, fonde la première confrérie de la paix.

Aux yeux de l'Église « une seule guerre est légitime et perpétuelle, la guerre contre l'infidèle. Pour que la chrétienté puisse accomplir le devoir de la guerre de Dieu, le pape essaye de lui imposer la paix de Dieu. Quiconque la trouble, que ce soit un petit baron ou un Henri d'Angleterre, un Philippe de France ou un empereur Frédéric, est un factieux [1]. »

Le grand médiateur fut Grégoire VII (1073-1085).

« Qui donc, disait-il, douterait que les prêtres sont au-dessus des rois? Les premiers sont les rois du Christ, les seconds sont avec les princes des ténèbres, rois des fils de l'orgueil. »

Grégoire VII veut devenir l'arbitre de l'Europe : *Si angelos judicabitis*, avait dit saint Paul, *cur non et secularia ?* Il intervient entre l'empereur Henri IV et ses vassaux saxons révoltés. Il veut soumettre le monde civil à l'Église et l'Église à la papauté. Mais il proclame trop haut ses plans et ne prend pas le possible pour mesure de ses efforts.

Jusqu'au xiii$^e$ siècle, l'Église se considère comme la maîtresse de l'Europe, *custos morum*. Dans une lettre adressée aux évêques de France en 1200, Innocent III se prétend juge suprême entre le roi de France et le roi d'Angleterre. Il se fonde sur ce texte de l'Évangile : « Si ton frère a péché envers toi, prends-le à part; s'il t'écoute, tu auras

---

1. Lavisse, *Vue générale sur l'histoire politique de l'Europe.*

gagné un frère; s'il refuse de t'écouter, prends avec
toi un ou deux juges pour que tout se passe entre
deux ou trois témoins. S'il ne t'écoute pas, dé-
nonce-le à l'Église, s'il n'écoute pas l'Église, qu'il
soit comme un païen et un publicain. » Ainsi il prononce entre les rois, non pour les fiefs, mais pour
le péché. « Biais admirable pour attirer à soi toutes
les affaires, car dans toutes les questions de droit,
de justice et de bonne foi, il y a lieu de supposer
la possibilité du péché [1]. »

Deux ans plus tôt, le pape et l'empereur discu-
taient textes en main sur l'empire du monde et
mettaient au service de leur ambition toutes les ressources de la dialectique [2].

En 1213, Innocent III convoque tous les souverains au concile de Rome. Il intervient tantôt entre
Jean-Sans-Terre et ses barons qu'il condamne tour
à tour, tantôt entre le comte de Toulouse et ses
sujets qu'il défend contre les impositions exces-
sives dont les accable leur suzerain.

En 1208, Boniface VIII sert d'arbitre à Philippe
le Bel et à Édouard Ier. Il défend aussi les fortunes
privées contre les altérations des monnaies, s'inter-
posant ainsi entre le roi et ses sujets.

---

1. P. Janet, *Histoire de la science politique*, t. Ier, p. 353.
2. Les jurisconsultes étaient divisés en deux camps: les dé-
crétistes ou canonistes, appuyés sur le « decretum » de Gratien et
dévoués à la cour de Rome; les juristes ou légistes, appuyés
sur le droit romain et dévoués à la cause impériale.

En 1319, Jean XXII intervient entre Philippe le Long et les Flamands, comme après lui, Benoît XII entre Philippe de Valois et Édouard III et Grégoire XI entre Charles V et Édouard III.

A la fin du xv⁰ siècle, Léon X est pris pour arbitre entre Maximilien et le doge de Venise, et Alexandre VI partage d'un trait de plume le Nouveau-Monde entre l'Espagne et le Portugal.

L'Europe ne pouvait pas devenir une théocratie. Les rois ne voulaient pas d'un juge qui fût en même temps législateur et partie. Partisans du droit divin pour eux-mêmes, ils n'admettaient pas qu' « au nom de ce droit un prêtre, même ceint de la tiare, intervînt dans leurs affaires. »

« Dans cette lutte célèbre et formidable, deux grandes doctrines étaient engagées : d'une part, la souveraineté de l'État et le droit de la cité terrestre à se gouverner elle-même sans l'intervention du pouvoir ecclésiastique ; de l'autre, la souveraineté de Dieu et le droit de contrôler les pouvoirs terrestres par la loi divine... Chose étrange, la liberté ne subsista guère au moyen âge que grâce à la lutte de ces deux puissances gigantesques, qui aspiraient l'une et l'autre à la monarchie universelle [1]. »

Plus le pape devient italien, plus il s'engage comme souverain temporel dans les luttes des autres États, plus son autorité politique est contestée. Il

---

1. Paul Janet, ouvr. cité, t. I⁰ʳ, p. 323.

finit par faire de la politique italienne, « il risque d'y compromettre la papauté et même l'Église [1] ».

## IV

Les tentatives d'arbitrage des rois n'ont guère été plus heureuses que celles des papes. Ce ne sont que des essais accidentels, et plutôt des curiosités historiques que des espèces juridiques.

On cite les arbitrages de Magnus, roi de Suède, entre les rois de Danemark et de Norvège : des deux Éric entre Magnus et Canut ; de saint Louis entre Henri III d'Angleterre et ses barons (1263) ; et entre les comtes de Luxembourg et de Bar (1268) ; de Philippe VI de Valois entre le roi de Bohême et les princes d'Allemagne (1334) ; de Charles VII de France entre René d'Anjou et Antoine de Vaude-mont (1444) ; de Louis XI entre les rois de Castille et d'Aragon (1463), entre Sigismond d'Autriche et la Suisse (1475).

Les rois ne jugeaient pas toujours par eux-mêmes ; parfois ils déléguaient à leur place leurs légistes ou leurs parlements.

Le parlement de Paris décida entre Frédéric II et Innocent IV (1244) ; le parlement de Grenoble entre l'archiduc d'Autriche et le duc de Wurtem-

1. Lavisse, ouvr. cité.

sberg (1613) et (1614); Jean Bégat, conseiller au
parlement de Dijon, entre le roi d'Espagne et la
Suisse au sujet de la Franche-Comté (1570); le jurisconsulte Alciat (1492-1550) entre des princes d'Italie
et d'Allemagne, les docteurs de Pérouse, de Bologne
et de Padoue à propos du trône de Portugal (1499)
et au sujet du Montferrat (1533).

L'arbitrage entre souverains s'appliquait même
à un litige privé, témoin François Ier et Henri VIII
qui firent juger en 1546 par quatre avocats une
contestation portant sur cent douze mille vingt-deux
écus d'or.

V

Le Saint-Empire romain avait aussi voulu s'ériger
en arbitre, c'est-à-dire en maître du monde. La
théorie de la monarchie universelle apparaît vers le
temps de Henri II (1002 à 1024). La pomme d'or
surmontée d'une croix est son symbole. Au temps
des Frédéric, elle devient une sorte de dogme, sou-
tenu principalement par les docteurs de Bologne.
L'empereur prétend que les autres rois ne sont que
des bénéficiers du Saint-Empire.

Les jurisconsultes français n'ont jamais admis
cette doctrine: « Li rois n'a point de souverain ès
choses temporiens, ne il tient de nullui que de
Dieu et de lui [1]. »

---

1. Établissements de Saint-Louis, l. II, ch. III.

Dante est citoyen en même temps que poète. Il gémit des discordes qui déchirent l'Italie et rêve l'unité. Dans son traité *De Monarchia*, il soumet l'univers à un seul chef, héritier du peuple romain, c'est-à-dire à l'empereur. Il démontre la nécessité métaphysique de la monarchie universelle. L'individu ne peut arriver à la sagesse que par le repos ; la véritable fin du genre humain, c'est la paix. C'est pourquoi Dieu a dit : « Gloire à Dieu dans » les cieux ! Paix sur la terre aux hommes de bonne » volonté !... N'aperçois-je pas de partout l'image du » soleil et des astres? Ne pourrais-je de partout voir » les plus douces vérités [1]. »

...« Tout fils doit suivre les traces de son père : or l'homme est fils du ciel. Le ciel est animé d'un seul mouvement et dirigé par un seul moteur. Donc le genre humain ne doit avoir qu'un seul chef. Partout où il peut y avoir litige, il doit y avoir jugement. Entre deux princes, dont l'un n'est pas soumis à l'autre, il peut y avoir contestation. Il faut un juge. Ils ne peuvent l'être ni l'un ni l'autre; de là, la nécessité d'un tiers. Mais on ne peut aller à l'infini. Il faut donc un juge suprême qui décide en dernier ressort et qui soit par conséquent le maître de l'univers entier [2] ... »

Ce maître n'aura pas de passion et fera régner la

---

1. Dante, *Epist.* X.
2. Janet, ouvr. cité, p. 437.

justice. Il vivra pour ses sujets et le genre humain
sera libre. Il fournira aux princes particuliers les
lois générales que ceux-ci appliqueront selon l'esprit des différents peuples.

Dante justifie sa théorie par l'histoire du peuple
romain. « Il s'appuie sur deux forces, la raison
humaine et l'autorité divine, Virgile et Béatrix ».
A grands renforts de syllogismes, d'arguments théo-
logiques et symboliques, il démontre que le pouvoir
impérial est indépendant du pouvoir ecclésiastique.
Le devoir de l'empereur qui s'appuie sur le droit
humain, c'est de tenir l'univers soumis à une seule
volonté.

## VI

Au xive siècle, l'empire germanique se constitue.
La Bulle d'Or établit un collège électoral formé de
sept seigneurs (1356). La diète de Worms proclame
la paix publique perpétuelle et fonde un tribunal
suprême appelé Chambre impériale et formé d'un
grand juge et de seize assesseurs. Le grand juge est
pris parmi les princes, les seize assesseurs parmi
les princes et les jurisconsultes. Tous sont nommés
par l'empereur sur une liste de candidats dressée
par les États. Les insoumis sont mis au ban de
l'empire. La diète de Trêves (1512) rend cette
sanction plus efficace; elle forme dix cercles; chaque

cercle a son président et ses troupes entretenues à
frais communs. C'est une sorte de force fédérale
destinée à faire respecter les arrêts des diètes et de
la Chambre impériale.

Dans un ouvrage sur l'arbitrage, il faut laisser de
côté les ligues que les princes et les villes concluaient pour se protéger. Ces ligues n'avaient de
pacifique que l'étiquette; au fond, elles étaient bel-
liqueuses, et, sous couleur de défense, se proposaient
la conquête.

Il convient de faire exception pour la ligue hanséatique, association commerciale et politique, qui
pratiqua une sorte d'arbitrage professionnel. Des
hanses locales se forment dès le XIIIe siècle dans les
pays wendes, à Londres, dans l'île de Gothland, à
Nowgorod.

En 1210, Lubeck et Hambourg s'associent; elles
renouvellent leur pacte en 1241 et 1255. De 1360 à
1370 la « commune hanse teutonique » s'organise
définitivement. Chaque ville conserve son action
propre sous la protection de la force commune.

Les délégués se réunissaient périodiquement à
Lubeck et décidaient de la paix et de la guerre, des
alliances et des impôts. Chaque cité gardait son
pavillon et sa monnaie. Elles avaient leur armée et
leur flotte commune, des lois générales et une juridiction supérieure. En cas de différends, elles s'adres-
saient depuis 1418 à la ville de Lubeck qui désignait
quatre villes chargées de régler les litiges par la

médiation ou l'arbitrage. Les cités coupables encou-
raient, suivant les cas, l'excommunication mineure
ou majeure. Chacune prêtait serment de maintenir
la paix et la sûreté, sous réserve des droits de
l'empereur et des suzerains. Tous les associés étaient
reliés entre eux par une étroite solidarité. La sévé-
rité de la règle allait jusqu'à imposer le célibat à
ceux qui résidaient dans les comptoirs éloignés.

C'est le lien commercial seul qui retenait dans
l'union commune les membres de cette république
éparse au milieu d'États politiques très différents.

Avec la ligue hanséatique, le droit des gens fit
de sérieux progrès. La mer du Nord fut purgée de
ses pirates. Les droits de bris et d'aubaine furent
abolis. La première, la hanse apporta à l'Europe
l'idée de la protection de la marchandise par le
pavillon neutre.

La fin du xive siècle marqua son apogée. Elle
comptait alors quatre-vingts villes et quatre quar-
tiers : les villes westrelinnes, saxonnes, wendes et
ostrelinnes. Ses quatre grands comptoirs étaient à
Bruges, Londres, Bergen et Nowgorod. Du Zuyderzée
au golfe de Finlande, toutes les cités commerciales
importantes s'étaient placées sous sa juridiction.
C'est elle qui faisait le cabotage et la commission
pour toutes les nations du nord.

La Hanse sut longtemps maintenir son indépendance et éconduisit poliment à Lubeck l'empereur
Charles IV qui voulait mettre la main sur ses pri-

vilèges. Au xvi° siècle elle tomba, ruinée par les grandes découvertes et par le développement commercial des nations riveraines de la mer du Nord.

## VII

Malgré ces tentatives partielles, fragmentées et infructueuses, le moyen âge n'avait pas l'idée de la communauté européenne fondée sur la réciprocité des droits nationaux.

L'absolutisme ecclésiastique des papes était aussi incompatible avec le droit des peuples que l'absolutisme laïque des souverains.

C'est seulement au xv° et au xvi° siècle que les États se constituent sous une forme précise et que leurs relations deviennent plus régulières. « De la tumultueuse officine du moyen âge va sortir enfin un personnage historique plus large et plus puissant que la Grèce et Rome... Ce personnage, c'est l'Europe [1]. »

1. Lavisse.

# CHAPITRE III

L'arbitrage dans les temps modernes, de l'avènement de Henri IV
à la Révolution française (1589-1789).

## I

Le règne de Henri IV marque une étape importante dans l'histoire de l'arbitrage. L'édit de Nantes est un édit d'arbitrage entre les factions ; il décrète la tolérance religieuse, « la seule paix perpétuelle, disait Voltaire, qui puisse être établie chez les hommes ». Les diplomates et les savants s'efforcent de déterminer et de régler les rapports des nations et des États.

La politique de Henri IV consiste à poursuivre avec une infatigable ténacité l'abaissement de la maison d'Autriche qu'il considère comme la vraie et redoutable rivale de la France. C'est la naissance de la politique d'équilibre que continueront Richelieu et Mazarin pour aboutir à la grande œuvre européenne de la diplomatie française, c'est-à-dire aux traités de Westphalie.

II

C'est aux dernières années de Henri IV que se rapporte le « grand dessein que l'histoire connaît par les *OEconomies royales* de Sully.

Les historiens diffèrent sur la portée de ce projet, et sur la part que le ministre et le roi prirent à sa préparation. Les uns associent le nom de Henri IV à l'idée de paix perpétuelle ; d'autres craindraient par là de « faire injure à sa mémoire[1] ».

Il faut, ce nous semble, distinguer la conception première, résultante d'une politique préméditée, du plan d'exécution tel que Sully l'avait tracé.

C'est dans ce plan surtout que se retrouve le projet d'un conseil éventuel destiné à terminer les différends entre les puissances chrétiennes par une autre voie que celle des armes.

L'idée de République chrétienne est à l'état latent dans les croisades. Au xive siècle, elle reparaît dans un traité de Pierre Dubois sur les moyens de recouvrer la Terre Sainte. « Sully la reprend et la dégage de la convoitise brutale qui se dérobait sous les imaginations fantastiques du légiste du moyen âge[2]. »

1. Sorel, *Droit des gens*, p. 441.
2. *Id., ibid.*

Si l'édit de Nantes procédait de la Diète d'Augsbourg qui avait essayé de donner à l'Allemagne la paix religieuse, le projet d'un congrès perpétuel ou intermittent dérivait des Diètes dans lesquelles l'empire d'Allemagne réglait les intérêts politiques des petits États qui le composaient.

Avant même de l'examiner, Henri IV, « le moins chimérique des hommes [1] », tenait à en équilibrer les éléments. En 1601, en 1603, en 1607, il négociait avec ses alliés pour former contre la maison d'Autriche une véritable coalition. La réduire à l'Espagne, à la Sardaigne, avec l'Amérique et les Indes; rendre indépendantes la Hollande et la Suisse; donner à celle-ci la Franche-Comté, l'Alsace et le Tyrol; enlever l'Empire à la branche allemande; rendre électifs les royaumes de Bohême et de Hongrie; établir sur un pied d'égalité les trois cultes dominants : tel était le but de sa politique.

Plusieurs princes avaient été déjà pressentis : Jacques Ier, le roi de Suède, les princes d'Italie, les protestants d'Allemagne. « Outre l'intérêt commun d'abaisser une puissance orgueilleuse, qui voulait dominer partout, chacun en avait un particulier, très vif, très sensible, et tous concouraient au grand but sans pouvoir dire quel il était, comme les ouvriers qui travaillent séparément aux pièces d'une

---

1. Sorel, *Droit des gens.*

nouvelle machine dont ils ignorent la forme et l'usage [1]. »

Ainsi les rôles étaient distribués aux divers personnages et le drame allait commencer. Le dénouement devait être « l'establissement de cette grande et magnifique république très chrestienne, toujours pacifique en elle-même, composée de tous les Estats et dominations de l'Europe qui font profession du nom de Christ [2] ».

On ne compte pas moins de six versions du plan primitif, ce qui prouve avec quel soin Sully le polissait et le repolissait. En voici le dernier abrégé : l'Europe refondue et remaniée était divisée en quinze États ou dominations d'égale puissance et soigneusement délimités.

Il y avait d'abord six souverainetés héréditaires : la France, l'Espagne, l'Angleterre, le Danemark, la Suède et la Lombardie augmentée de la Savoie et du Milanais ; six souverainetés électives : les États du Pape augmentés de Naples, la seigneurie de Venise, l'Empire, la Pologne, la Hongrie et la Bohême ; trois républiques : l' « Helvétique, la Belgique et l'Italique ». La république helvétique était composée des treize cantons suisses, du Tyrol, de la Franche-Comté, de l'Alsace, de Trieste, sous la suze-

---

1. J.-J. Rousseau, *Jugement sur le projet de paix perpétuelle de l'abbé de Saint-Pierre*.
2. Sully, *Œconomies royales*, passim.

raineté de l'empire d'Allemagne pendant vingt-cinq ans ; la Belgique comprenait les dix-sept provinces des Pays-Bas (Provinces-unies et belges) et les six pays de la succession de Juliers ; l'Italique réunissait Florence, Gênes, Lucques, Mantoue, Parme, Modène, Monaco et relevait du Saint-Siège.

Le gouvernement intérieur de la « République chrestienne » était organisé comme suit : soixante députés, renouvelés tous les trois ans et nommés par chacun des quinze États à raison de quatre par État, formaient un conseil général qui siégeait dans une des dix-sept villes du centre de l'Europe, telles que Metz, Nancy ou Cologne. Six conseils locaux, appelés à statuer sur les affaires de moindre importance, se réunissaient à Dantzig, Nuremberg, Vienne, Bologne, Constance et dans une ville choisie par les quatre États de France, d'Espagne, d'Angleterre et des Pays-Bas.

Le conseil général avait des attributions législatives : il connaissait de toutes propositions et de tous desseins, guerres d'affaires important à la « République chrestienne » ; il connaissait également des appels interjetés dans les affaires judiciaires d'un intérêt majeur. Il devait ainsi empêcher les empiétements « couper la racine des guerres civiles » en établissant un ordre et un règlement entre les souverains et les sujets, et prévenir les guerres religieuses en garantissant non seulement l'exercice libre et public des trois sortes de religion, mais aussi en leur donnant une forme d'établissement [1].

Deux pays étaient exclus de la confédération : la Moscovie, en partie païenne, en partie grecque, trop étrangère à cette époque aux intérêts de l'Europe, et la Turquie, dont les sujets avaient un an pour opter entre ces deux partis « ou de se transporter avec leurs biens dans un pays de leur choix, ou d'embrasser la religion du pays qu'ils habitaient ».

« Chaque domination contribuait à la formation d'un fonds d'argent et au recrutement d'une force militaire commune fixée à 273 800 soldats, 50 000 chevaux, 217 pièces de canon et 117 grands vaisseaux ou galères [1]. »

Quelle était dans ces vastes projets la part de la chimère et celle de la réalité ? Cette constitution savante et compliquée ne voilait-elle pas simplement l'attribution à la France « de la monarchie constitutionnelle de l'Europe [3] ? » Henri IV, comme le disait d'Aubigné, ne se préparait-il pas « à mettre la couronne impériale tout d'un trainct sur sa teste sans en faire à deux fois ? » Faut-il voir dans cette sorte de confédération dont le germe se retrouvera au fond des plus graves transactions diplomatiques, un rêve généreux assurant à l'Europe chrétienne

1. Sully, Œconomies royales.
2. V. Poirson, Histoire de Henri IV, t. IV, ch. III.
3. Sorel, ouvrage cité.

la paix politique et religieuse sous l'hégémonie de la France? En prenant toutes les précautions de nature à assurer le succès de son entreprise, Henri IV avait-il eu raison de ne pas négliger celles qui devaient lui donner la primauté dans le corps qu'il voulait constituer? L'histoire seule aurait pu répondre à ces graves questions. Le couteau de Ravaillac les a laissées en suspens. Elles s'imposent aux méditations des penseurs.

C'est le premier projet d'arbitrage organisé dans les temps modernes. Le grand conseil est un vrai tribunal international politique et juridique. La présidence seule est laissée dans l'ombre. Il n'est pas malaisé de deviner à qui elle aurait été dévolue.

### III

La politique de l'équilibre trouve sa consécration dans les traités de Westphalie. L'Europe s'y organise « non comme une idéale collection de peuples qui n'ont de commun qu'un nom, mais comme une société réelle qui a sa religion, « quoique divisée » en plusieurs sectes, » ses mœurs, ses coutumes et même ses lois, dont aucun des peuples qui la composent ne peut s'écarter sans causer aussitôt des troubles [1] ».

1. J.-J. Rousseau, 1759.

L'unité catholique s'était brisée. Il fallait la remplacer par une autre puissance modératrice, destinée à concilier les intérêts divergents des nations naissantes. « Un coup d'œil démontre l'unité et la solidité de cette charpente de l'Europe dont les membrures se faisant une égale résistance se prêtaient un égal appui par la pression de tous ces États[1] ».

Les traités de Westphalie assurent la liberté de conscience et celle du culte. Ils règlent l'indépendance des cantons suisses, les rapports réciproques des membres du corps germanique et du chef de la confédération, les droits de la représentation fédérale. La navigation du Rhin est assurée, la stabilité des droits de la propriété privée est consacrée par l'amnistie qui rétablit l'état des choses antérieur à 1618. C'est tout un droit public et tout un droit des gens constitutionnel qui sortent des délibérations de l'Europe.

On y trouve un des premiers exemples de médiation au moins éventuelle : la France et la Suède y garantissent la constitution de l'Empire germanique « ce qui permettra » dit Leibniz avec regret[2], « aux princes étrangers d'intervenir dans les questions allemandes ».

Les traités tout entiers sont placés sous la garantie des corps politiques, et les contrevenants réputés ennemis publics.

1. Lamartine, *Histoire des Girondins.*
2. Leibniz, *Entretien de Philarète et d'Eugène.*

## IV

En même temps paraissent les premiers codificateurs civils du droit des gens. Dès la fin du XVIe siècle, le théologien Suarez avait reconnu pour les peuples « la nécessité d'un droit commun qui les dirige dans leurs communications mutuelles et établisse l'ordre dans cette sorte de société universelle qu'ils forment entre eux ». Le genre humain, dit-il, « quoique divisé en plusieurs peuples, conserve cependant une certaine unité morale, manifestée par le précepte naturel d'amour et de bienveillance qui comprend tous les hommes sans exception, même les étrangers. Aussi, quoique chaque État forme une société parfaite avec son organisation et ses membres au complet, il est cependant d'une certaine façon un des membres du genre humain considéré comme une seule race[1] ».

Grotius, qui avait été présenté à Henri IV, en 1598, publie son livre sur le *Droit de paix et de guerre* en 1624, et le dédie à Louis XIII *le bien-aimé*. Il se rattache au « Grand Dessein » et trouve utiles, voire nécessaires entre les puissances chrétiennes certaines assemblées dans lesquelles leurs différends seraient réglés par des États tiers impar

1. Suarez, *De legibus*, liv. XII, ch. cxix, nº 0.

tiaux, où des mesures seraient arrêtées pour contraindre les parties d'observer la paix établie sur des bases équitables ».

Pufendorf n'est qu'un « esprit d'une valeur moyenne qui tombe dans le faux quand il essaye d'inventer [2] ». Il proclame néanmoins que le droit naturel et le droit international ne sont point restreints à la chrétienté et relient toutes les nations, « parce que toutes les nations font partie de l'humanité [3] ».

Leibniz parle d'un livre intitulé *le Nouveau Cynée*, dont l'auteur peu connu conseillait aux souverains de gouverner leurs États en paix et de faire juger leurs différends par un tribunal établi [4].

Aux amis de la paix répondent les apôtres de la guerre. Hobbes [5] la croit éternelle. La grande famille humaine est à ses yeux une race de loups toujours prêts à s'entre-dévorer. La nature pousse tous les êtres au combat : les méchants pour attaquer, les bons pour se défendre. Elle leur inspire en même

---

1. Grotius, *De Jure belli et pacis*.

2. P. Janet, *Histoire de la science politique*, t. II, p. 235.

3. Bluntschli, *le Droit international codifié*, p. 18.

4. *Observations sur l'écrit de l'abbé de Saint-Pierre*. Voir l'appendice. Leibnitz cite aussi un projet analogue qui aurait paru dans un ouvrage intitulé *le Catholique discret* et publié après la paix de Westphalie par le landgrave Ernest de Hesse-Rheinfelds. Le tribunal de la société des souverains devait être éta i à Lucerne.

5. Voir Hobbes, *Opera philosophica*, passim.

temps le sentiment d'une égalité naturelle... La guerre est l'état régulier des sociétés. L'égalité des combattants détermine l'égalité de la lutte, c'est-à-dire son éternité. Le seul remède consiste à consacrer pour les uns le droit de conquête, pour les autres l'obligation de la servitude. Le peuple sans volonté et sans droits est soumis à un prince investi de tous les pouvoirs, supérieur aux lois, armé de l'épée de justice et de l'épée de guerre, arbitre infaillible et inviolable.

Hobbes est un juge partial et violent. Son système consacre l'idéal du despotisme et de l'autocratie. Quand il déclare tous les hommes méchants et le prince infaillible, la logique le contredit : l'histoire lui donne un sanglant démenti quand il voit dans le despotisme le gage de la paix entre les hommes.

*Quidquid delirant reges, plectuntur Achivi.*

Ces sophismes se retrouveront plus tard sous la plume des théoriciens de la guerre, notamment de Joseph de Maistre.

## V

Au xviie et au xviiie siècle, le droit des gens reposait sur un ensemble de coutumes assez fidèlement observées. Mais les « violences résultant d'ambitions mal réglées et de mœurs politiques encore grossières rompaient trop souvent la belle et majestueuse ordonnance des relations diplomatiques[1] ».

La France s'écarte de la politique de Henri IV et Louis XIV essaye de rompre à son profit l'équilibre européen.

L'histoire a conservé de cette période quelques exemples d'arbitrage et de médiation.

En 1655, le traité de Westminster entre la France et l'Angleterre stipule que les dommages subis par les parties devaient être appréciés dans un délai de six mois et demi par six commissaires qui, en cas de désaccord, s'adresseraient à la République de Hambourg.

En 1665, Frédéric-Guillaume et les États-Généraux des Pays-Bas défèrent au Grand Conseil de la ville de Malines le jugement de leur conflit au sujet de la dette de Hofyser.

En 1678, à Nimègue, les États-Généraux des Pays-Bas furent choisis par la France et l'Espagne comme arbitres à propos de délimitations litigieuses de territoire.

En 1697, à Ryswick, Louis XIV et Léopold Ier furent désignés pour prononcer dans le conflit entre l'électeur palatin Jean-Guillaume et la duchesse Élisabeth au sujet du droit de succession. Les représentants des deux souverains ne s'étant pas mis

---

1. Funck-Brentano et Sorel, ouvrage cité.

d'accord, le pape Clément XI résolut la question comme surarbitre en 1701.

En 1701 également, le roi d'Angleterre fut choisi par deux comtes de Bentheim pour décider d'une contestation qui les divisait.

En fait de médiations, on cite celle de l'Angleterre qui amène entre la France et l'Empire le traité de Baden (1714); celle de la France en 1738 entre Genève, Berne et Zurich; celle de la France et de la Russie en 1779, lors du traité de Teschen entre l'électeur Palatin et l'électeur de Saxe au sujet de prétentions allodiales de la Saxe sur la Bavière.

Ce ne sont que de rares accalmies au milieu de la tempête. Les guerres se succèdent les unes aux autres pour les motifs les plus futiles. Il semblait que « cette fraternité prétendue des peuples de l'Europe n'était qu'un nom de dérision pour exprimer, avec ironie, leur mutuelle animosité[1] ».

VI

Seuls, les penseurs conservent le souci d'un droit des gens fondé sur la justice.

Leibniz est un encyclopédiste; philosophe, homme de science, jurisconsulte, politique, théologien, son

1. Fénelon.

génie embrasse toutes les connaissances humaines.
Tout jeune, le droit public l'attire. A vingt ans, il
rencontre à Nuremberg le baron Boinebourg, ancien
chambellan de l'électeur de Mayence; il devient
conseiller de justice et remplit ces fonctions jusqu'en 1672. Au moment de la paix de Nimègue,
il publie, sous le pseudonyme de Caesarinus Furste-
nerius, un mémoire en faveur des princes allemands auxquels la France avait contesté les droits
de souveraineté et notamment celui de se faire représenter par des ambassadeurs.

En 1677, il en fait paraître, à Duisburg, un abrégé
en français sous ce titre : *Entretien de Philarète et
d'Eugène sur la question du temps agitée à Nimègue
touchant le droit d'ambassade des électeurs et princes
de l'Empire*[1]. « Ce livre, dit-il lui-même, est conçu
par ordre supérieur. » C'est un dialogue supposé
entre deux gentilhommes, l'un du pays de Juliers,
sujet du duc de Nieubourg, l'autre de Clèves, vassal
de l'électeur de Brandebourg.

Droit public, droit constitutionnel, analyse péné-
trante des ressorts déjà rouillés de la vieille machine impériale : on demeure surpris de la variété
et de la profondeur de connaissances que suppose
ce petit écrit. Il explique aussi doctement un détail
d'étiquette ou de cérémonial diplomatique que les
distinctions philosophiques entre la majesté et la

1. Édit. Foucher de Careil, t. VI.

souveraineté ou les causes historiques de l'anarchie germanique.

Le philosophe est surtout homme d'action. Toute sa science est au service d'une politique. En passant, Leibniz raille « ces bonnes gens des universités qui, n'étant presque jamais sortis de leurs livres, prennent l'Empire romain sur l'ancien pied et règlent les formes de la République suivant le sens qu'ils donnent aux textes d'Aristote ». Il veut une alliance du Principat germain avec le Saint-Empire romain, une oligarchie de princes souverains sous la tutelle de l'empereur ; une conciliation de la pluralité des souverainetés avec l'unité de l'Empire. » D'après lui, les princes souverains ont le droit de paix et de guerre et ne sont pas plus sujets de l'empereur que les rois d'Espagne ou de Suède qui détiennent les fiefs impériaux et prêtent le même serment que les princes allemands.

Le conseiller de justice de l'électeur de Mayence est avant tout un patriote : ce puissant cerveau rêve une grande Allemagne dominant une fédération européenne avec deux chefs, « ces deux moitiés de Dieu » dira plus tard le poète : le pape et l'empereur.

« Tous les rois ou princes chrétiens sont sujets ou soumis aux ordres de l'Église universelle dont l'empereur est le directeur ou le chef temporel, comme on l'a vu au concile de Constance. Les souverains, quand ils appellent du pape au concile général, re-

connaissent cette juridiction de l'Église universelle
et de l'empereur qui en est le chef séculier; tout
comme les membres de l'Empire reconnaissent la juridiction de l'empereur, de l'Empire et des tribunaux
qui les représentent. Mais pour exécuter les sentences de l'assemblée de la chrétienté contre un
prince qui s'y opposerait, il faudrait le déclarer
ennemi commun. De même les sentences juridiques
prononcées contre un des membres de l'Empire ne
peuvent être exécutées qu'en armant les cercles
contre lui. Le droit de l'Église universelle ne
s'exerce que rarement, mais cela ne change pas la
substance des choses; et si les affaires de la chrétienté étaient bien réglées, il ne devrait pas moins
être en exercice que celui de l'Empire qui en est
l'image. »

Plus tard, cette idée hantera de nouveau Leibniz.
Dans ses « Observations sur le projet de l'abbé de
Saint-Pierre », il rappelle qu'il y a eu des temps
où les papes avaient formé à demi quelque chose
d'approchant par l'autorité de la religion et « de
l'Église universelle ».

« Ils passaient pour les chefs spirituels, et les
empereurs, les rois des Romains, pour les chefs
temporels de l'Église universelle ou de la société
chrétienne. Les empereurs en devaient être comme
les généraux-nés. [1] »

1. Édit. Foucher de Careil, t. IV, p. 378.

En 1692, paraît à Hanovre le *Code diplomatique du droit des gens*, recueil de textes. Dans la préface, Leibniz expose ses principes sur les bases rationnelles du droit naturel et du droit public de l'Europe. Il se sépare de Grotius en ne faisant pas de la sûreté le principe suprême du droit. Le droit naturel est d'origine divine, et au-dessus de la société civile est la cité divine dont nous faisons également partie.

Ailleurs [1], il poursuit la conclusion d'un projet d'alliances extérieures de l'Empire et de concentration intérieure; il veut augmenter le pouvoir impérial et fonder l'unité allemande.

« Le défaut de l'union de l'Empire, dit-il encore, n'est pas que l'empereur y ait trop de pouvoir, mais que l'empereur, comme empereur, n'en a pas assez.

» Insensiblement on donnera à l'Empire le caractère d'une personne civile; on désespérera enfin d'établir cette monarchie rêvée de part et d'autre; l'Europe conquerra le repos, cessera de fouiller dans son propre sein et jettera enfin les regards du côté où se trouvent tant d'honneurs, de triomphes, d'avantages qui ne coûtent rien à la conscience et n'ont rien de désagréable aux yeux de Dieu. Ce sera l'heure d'une autre contestation ayant pour

---

1. *Observations sur les écrits de l'abbé de Saint-Pierre*, Édit. Foucher de Careil, t. II.

objet, non de savoir comment l'un prendra à l'autre ce qu'il possède, mais comment on pourra opérer le plus de conquêtes sur l'ennemi héréditaire, le barbare, l'infidèle [1]. » Que de côtes éparses, inexplorées, ajoute-t-il plus loin, qui toutes, sans exception, seront au premier occupant, et par-dessus tout un immortel renom, une conscience sans reproche, l'approbation de tous, un triomphe assuré, enfin une inexprimable utilité.

Ainsi se réaliserait le rêve de ce philosophe qui voulait que l'homme ne fît plus la guerre qu'aux loups et aux bêtes fauves, sauf à comparer à celles-ci, suivant l'occasion, les Barbares et les Infidèles à dompter [2]. Alors l'Empire affermi se proclamera le soutien de tous les chrétiens contre toute violence illégitime, de manière à maintenir le repos de l'Europe et à ce que le chef séculier de la chrétienté ne fasse plus qu'un avec le chef spirituel, qu'il exerce efficacement le rôle d'avocat de l'Église universelle, qu'il ne cherche que le bien général et enfin que, sans coup férir, il fasse rentrer les épées dans le fourreau.

C'étaient là les sentiments qui animaient « ces papes intelligents qui ne redoutèrent ni travaux, ni dépenses, toutes les fois qu'ils pouvaient espérer

---

1. *Securitas publica interna et externa*, Édit. Foucher de Careil, t. VI, p. 127.
2. Même ouvrage, t. VI, p. 130.

d'unir les potentats et de les amener à une ferme
résolution contre l'ennemi commun [1] ».

Comme Sully, Leibniz est un patriote et un humanitaire. L'hégémonie de l'Europe pacifiée que le
ministre français voulait pour son pays, le philosophe allemand le rêve pour le sien. Aussi finit-il
par le souhait que « les esprits droits allemands ne
laisseront pas s'en aller en fumée cet écrit tout de
bonne volonté [2]. »

## VII

Le sage et doux Fénelon est étranger à l'ambition. Il aime d'une égale tendresse son roi, son
pays et l'humanité. Éclairé par les malheurs dont
il est témoin, il soutient contre son maître la
politique de l'équilibre... « La chrétienté, dit-il,
fait une espèce de république générale qui a ses
intérêts, ses craintes, ses précautions à observer.
Tous les membres qui composent ce grand corps se
doivent les uns aux autres pour le bien commun et
se doivent encore à eux-mêmes pour la sûreté de la
patrie de prévenir tout progrès de quelqu'un de
ses membres qui renverserait l'équilibre et qui se

1. Édit. Foucher de Careil, t. VI.
2. Id., ibid.

tournerait à la ruine inévitable de tous les autres membres du même corps [1]. »

Il veut préparer au petit-fils un règne moins orageux que celui du grand roi; et, à l'aide d'ingénieuses fictions, il lui conseille « de ne point faire la guerre pour un peu de gloire, parce qu'on mérite de perdre ce qu'on possède pour avoir voulu usurper ce qui ne vous appartient pas [2] ».

Il faut aussi avoir des alliés. « Quand ils sont prêts à se faire la guerre les uns aux autres [3], dit Mentor à Télémaque, « c'est à vous à vous rendre » médiateur. Vous êtes le dépositaire des secrets, » l'arbitre des traités, le maître des cœurs. »

Nous sommes à Salente. Restons-y quelques instants encore. Nous allons y entendre une des plus éloquentes apologies de l'arbitrage.

« ... Les Sybarites se plaignent, dit Idoménée, de ce que nous avons usurpé des terres qui leur appartenaient et de ce que nous les avons données, comme des champs à défricher, aux étrangers que nous avons attirés depuis peu ici; céderai-je à ces peuples? Si je le fais, chacun croira qu'il n'a qu'à former des prétentions sur nous?

» Il n'est pas juste, répondit Mentor, de croire les Sybarites dans leur propre cause; mais il n'est pas juste aussi de vous croire dans la vôtre.

1. Fénelon, *Examen de conscience des devoirs de la royauté.*
2. Fénelon, *Télémaque*, l. XIV.
3. *Id., ibid.*, l. XVII p. 433 et suiv.

» Qui croirons-nous donc? répondit Idoménée.

» Il ne faut croire, poursuivit Mentor, aucune des deux parties; mais il faut prendre pour arbitre un peuple voisin qui ne soit suspect d'aucun côté: tels sont les Sipontins; ils n'ont aucun intérêt contraire aux vôtres.

» Mais suis-je obligé, répondait Idoménée, à croire quelque arbitre, ne suis-je pas roi? Un souverain est-il obligé à se soumettre à des étrangers sur l'étendue de sa domination? » Mentor reprit ainsi le discours: « Puisque vous voulez tenir ferme, il faut que vous jugiez que votre droit est bon; d'un autre côté, les Sybarites ne relâchent rien; ils soutiennent que leur droit est certain. Dans cette opposition de sentiment, il faut qu'un arbitre, choisi par les parties, vous accommode, ou que le sort des armes décide; il n'y a point de milieu. Si vous entriez dans une république où il n'y eût ni magistrats, ni juges, et où chaque famille se crût en droit de se faire justice à elle-même par violence, sur toutes ses prétentions contre ses voisins, vous déploreriez le malheur d'une telle nation, et vous auriez horreur de cet affreux désordre où toutes les familles s'armeraient les unes contre les autres. Croyez-vous que les dieux regardent avec moins d'horreur le monde entier qui est la République universelle, si chaque peuple qui n'y est que comme une grande famille, se croit en plein droit de se faire par violence justice à soi-même sur toutes ses prétentions contre les

autres peuples voisins ? Un particulier qui possède un
champ comme l'héritage de ses ancêtres, ne peut s'y
maintenir que par l'autorité des lois et par le jugement
du magistrat ; il serait très sévèrement puni comme
un séditieux s'il voulait conserver par la force ce que
la justice lui a donné. Croyez-vous que les rois puissent
employer d'abord la violence pour soutenir leurs
prétentions, sans avoir tenté toutes les voies de douceur et d'humanité ? La justice n'est-elle pas encore
plus sacrée et plus inviolable pour les rois, par rapport à des pays entiers, que pour les familles, par
rapport à quelques champs labourés ? Sera-t-on injuste et ravisseur quand on ne prend que quelques
arpents de terre ? Sera-t-on juste, sera-t-on héros
quand on prend des provinces ? Si on se flatte, si on
se prévient, si on s'aveugle dans les petits intérêts
de particuliers, ne doit-on pas encore plus craindre
de se flatter et de s'aveugler sur les grands intérêts
d'Etat ? Se croira-t-on soi-même dans une matière
où l'on a tant de raisons de se défier de soi ? Ne
craindra-t-on point de se tromper dans le cas où
l'erreur d'un seul homme a des conséquences affreuses ? L'erreur d'un roi qui se flatte sur ses prétentions cause souvent des ravages, des famines, des
massacres, des pestes, des dépravations de mœurs,
dont les effets funestes s'étendent jusque dans les
siècles les plus reculés ? Un roi, qui assemble toujours
tant de flatteurs autour de lui, ne craindra-t-il point
d'être flatté en ces occasions ? S'il convient de quelque

arbitre pour terminer le différend, il montre son équité, sa bonne foi, sa modération. Il publie les solides raisons sur lesquelles sa cause est fondée. L'arbitre choisi est un médiateur aimable et non un juge de rigueur. On ne se soumet pas aveuglément à ses décisions ; mais on a pour lui une grande déférence ; il ne prononce pas une sentence en juge souverain, mais il fait des propositions, et on sacrifie quelque chose par ses conseils pour conserver la paix. Si la guerre vient, malgré tous les soins qu'un roi prend pour conserver la paix, il a du moins, alors pour lui, le témoignage de sa conscience, l'estime de ses voisins et la juste protection des dieux. Idoménée, touché de ce discours, consentit que les Sipontins fussent médiateurs entre lui et les Sybarites[1]. »


## VIII


Le morceau méritait d'être cité en entier. Sous les amples et délicates broderies du style apparaît l'idée de la médiation telle que la pratique la diplomatie moderne. Elle est présentée non comme une solution absolue, générale et obligatoire, mais comme un moyen de conserver la paix, ou, du moins, en cas de guerre, de mettre le bon droit de son côté. Dans

1. Fénelon, *Télémaque*, l. XVII.

le romancier précepteur on devine le prêtre habitué à compter avec les faiblesses humaines et l'homme d'État mêlé aux grandes affaires.

L'abbé de Saint-Pierre n'est pas un homme d'État. Le roman de Fénelon est un traité de sagesse politique, le traité de l'abbé de Saint Pierre est un roman. Ce que Henri IV avait voulu obtenir à l'aide de toutes les ressources de sa diplomatie, de toutes les combinaisons de ses alliances et de toutes ses forces militaires, l'abbé de Saint-Pierre prétendait l'accomplir par un livre.

Ses trois volumes paraissent de 1713 à 1716. L'abrégé de son projet de paix perpétuelle est publié en 1728, sous le titre suivant : « Abrégé du projet de paix perpétuelle inventé par le roi Henri le Grand, aprouvé par la reine Élizabeth, par le roi Jacques, son successeur, par les républiques et par divers autres potentats; approprié à l'Etat prezent des affaires générales de l'Europe, démontré infiniment avantajeux pour tous les hommes nés et à naître, en général, et en particulier pour tous les souverains et pour les maizons souveraines [1]. »

Il est dédié au roi sous le patronage de « Henri le Grand, un des plus fameux et des plus estimables de ses aïeux ».

---

1. M. de Molinari, *l'Abbé de Saint-Pierre*, p. 74. On sait que l'abbé de Saint-Pierre non content de réformer les rois voulait régenter jusqu'à l'orthographe.

Selon lui, les traités de paix et d'alliance ne présentent aucune garantie. Le seul moyen de rendre la paix permanente, c'est de l'assurer « à l'aide d'institutions analogues à celles qui préservent au sein de chaque État la vie et la propriété des citoyens... » « Je vais voir, dit-il, du moins en idée, les hommes s'unir et s'aimer; je vais penser à une double et paisible société de frères vivant dans une concorde éternelle, tous conduits par les mêmes maximes, tous heureux du bonheur commun, et réalisant en moi-même un tableau si touchant, l'image d'une félicité qui n'est point m'en fera goûter quelques instants un véritable. »

Après avoir énuméré les causes de guerre, le bon abbé expose en cinq articles le « traité fondamental destiné à rendre la paix de l'Europe le plus durable qu'il est possible ».

### Premier article.

« Il y aura désormais, entre les souverains qui auront signé les cinq articles suivants, une alliance perpétuelle :

» 1° Pour se procurer mutuellement, durant tous les siècles à venir, sûreté entière contre les grands malheurs des guerres étrangères.

» 2° Pour se procurer mutuellement, durant tous les siècles à venir, sûreté entière contre les grands malheurs des guerres civiles.

» 3° Pour se procurer mutuellement, durant tous les siècles à venir, sûreté entière de la conservation en entier de leurs États.

» 4° Pour se procurer mutuellement, dans tous les temps d'affaiblissement, une sûreté beaucoup plus grande de la conservation de leur personne et de leur famille dans la possession de la souveraineté selon l'ordre établi dans la nation.

» 5° Pour se procurer mutuellement une diminution très considérable de leur dépense militaire, en augmentant cependant leur sûreté.

» 6° Pour se procurer mutuellement une augmentation très considérable du profit annuel que produiront la continuité et la sûreté du commerce.

» 7° Pour se procurer mutuellement, avec beaucoup plus de facilité et en moins de temps, l'agrandissement intérieur ou l'amélioration de leurs États par le perfectionnement des lois, des règlements et par la grande utilité de plusieurs excellents établissements.

» 8° Pour se procurer mutuellement sûreté entière de terminer plus promptement, sans risques et sans frais, leurs différends futurs.

» 9° Pour se procurer mutuellement sûreté entière de l'exécution prompte et exacte de leurs traités futurs et de leurs promesses réciproques.

» Or, pour faciliter la formation de cette alliance, ils sont convenus de prendre pour point fondamental la possession actuelle et l'exécution des derniers traités, et se sont réciproquement promis, à la garantie les uns des autres, que chaque souverain qui aura signé ce traité fondamental sera toujours conservé, lui et sa famille, dans tout le territoire qu'il possède actuellement...

» ... Et afin de rendre la grande alliance plus solide en la rendant plus nombreuse et plus puissante, les grands alliés sont convenus que tous les souverains chrétiens seront invités d'y entrer par la signature de cet article fondamental.

### Second article.

« Chaque allié contribuera, à proportion des revenus actuels et des charges de son État, à la sûreté et aux dépenses communes de la grande alliance.

» Cette contribution sera réglée, pour chaque mois, par les plénipotentiaires des grands alliés, dans le lieu de leur assemblée perpétuelle, à la pluralité des voix pour la provisoire et aux trois quarts pour la définitive.

### Troisième article.

» Les grands alliés, pour terminer entre eux leurs différends présents et à venir, ont renoncé et renoncent pour jamais, pour eux et pour leurs succes-

seurs, à la voie des armes, et sont convenus de
prendre toujours dorénavant la voie de conciliation
par la médiation du reste des grands alliés dans le
lieu de l'assemblée générale. Et, en cas que cette
médiation n'ait pas de succès, ils sont convenus de
s'en rapporter au jugement qui sera rendu par
les plénipotentiaires des autres alliés, perpétuellement assemblés, et à la pluralité des voix pour
la définitive, cinq ans après le jugement provisoire.

### Quatrième article.

« Si quelqu'un d'entre les grands alliés refuse
d'exécuter les jugements et les règlements de la
grande alliance, négocie des traités contraires, fait
des préparatifs de guerre, la grande alliance armera
et agira contre lui offensivement, jusqu'à ce qu'il
ait exécuté lesdits jugements ou règlements ou donné
sûreté de réparer les torts causés par ses hostilités
et de rembourser les frais de la guerre, suivant
l'estimation qui en sera faite par les commissaires
de la grande alliance.

### Cinquième article.

« Les alliés sont convenus que les plénipotentiaires, à la pluralité des voix pour la définitive,
régleront dans leur assemblée perpétuelle tous les

articles qui seront jugés nécessaires et importants pour procurer à la grande alliance plus de solidité, plus de sûreté et tous les autres avantages possibles; mais l'on ne pourra jamais rien changer à ces cinq articles fondamentaux que du consentement unanime de tous les alliés. »

Le projet établit en somme une grande alliance européenne en prenant pour base l'état actuel de possession. Chacun des États met au service de l'alliance une contribution et un contingent pour entretenir le tribunal et faire respecter ses décisions. Outre l'assurance contre la guerre, les souverains de droit divin concluent une assurance mutuelle contre les risques de dépossession ou de révolution. Cent ans plus tard, la diplomatie de la coalition devait reprendre l'idée sous la plume de Metternich contre la Révolution française.

L'auteur développe les avantages généraux de son plan. Afin d'intéresser les souverains au succès, il leur donne le droit de disposer pour leurs dépenses particulières et domestiques de la moitié du revenu que leur produirait le retranchement de leurs dépenses militaires ordinaires. Il énumère ensuite les avantages particuliers des divers souverains d'Europe. Voici ceux qu'en tirera le roi de France :

« 1° Le revenu du roi s'augmentera de vingt-quatre millions par la diminution de la dépense militaire ordinaire;

» 2° Il regagne vingt-cinq millions que lui fait perdre l'interruption du commerce étranger ;

» 3° Il pourra supprimer trente millions de dépenses extraordinaires pendant la guerre;

» 4° Il regagne les deux millions de la Compagnie des Indes;

'» 5° Il pourra profiter de la paix pour réorganiser la taille qui lui donnera vingt millions de plus par an;

» 6° Le perfectionnement des arts et la réparation des chemins augmenteront ses subsides de six millions ;

» 7° Le perfectionnement des collèges, des hôpitaux et des manufactures, « si négligés des gou- » vernants dont les soins de la guerre emportent le » loisir » vaudra à l'État cinquante millions d'augmentation de revenu.

» 8° Le perfectionnement du droit diminuera les procès et épargnera au roi soixante-douze millions par an.

» 9° En signant, le roi fixera les bornes du royaume de France « marquées avec tous ses voi- » sins, tant par leur possession ancienne que par » les traités anciens et nouveaux. »

» 10° Il aura le titre de pacificateur bienfaisant, infiniment plus glorieux que celui de conquérant.

« 11° Il assurera la durée de la maison royale » contre les ennemis du dehors et du dedans. »

» 12° Il faut ajouter « les avantages futurs,

» éloignés, inestimables, que produira aux habi-
» tants d'Europe la société européenne cinq cents
» ans après son établissement [1]. »

C'est l'âge d'or comme conclusion et non plus
comme exorde :

*Non galeœ non ensis erant : sine militis usu,*
*Mollia securœ peragebant otia gentes.*

L'ardeur pacifique de l'abbé de Saint-Pierre ne
connaît pas de bornes. Si certains souverains
refusent d'entrer dans l'alliance générale « la
grande alliance les regardera comme des perturba-
teurs futurs de l'Europe, et, par conséquent, comme
ennemis ».

Mais il n'y a pas de temps à perdre. Il faut que
le traité fondamental soit signé avant la fin de
1729, et Louis XV aura ainsi « le surnom de
Louis le Pacificateur, le plus beau, le plus précieux et le plus caractérisé de tous les titres ».

« Je vous souhaite, monsieur, écrivait Leibniz à
l'abbé de Saint-Pierre [2], autant de vie qu'il en faut
pour goûter les fruits de vos travaux. Pour faire
cesser les guerres, il faudrait qu'un autre Henri IV,
avec quelques grands princes de son temps goûtât
votre projet. »

Suivant Voltaire, l'idée d'une paix perpétuelle

1. *Abrégé du Projet de Paix perpétuelle, de l'abbé de Saint-Pierre.*
2. Lettre de Leibniz à l'abbé de Saint-Pierre, 7 février 1715.

entre tous les hommes était « plus chimérique sans doute que le projet d'une langue universelle. Elle ne subsistera pas plus entre les princes qu'entre les éléphants et les rhinocéros, entre les loups et les chiens; les animaux carnassiers se déchireront toujours à la première occasion [1] ».

La valeur pratique d'une utopie aussi lointaine ne peut se discuter. On ne discute pas les rêves. On connaît l'enseigne railleuse de l'aubergiste hollandais qui avait fait peindre au-dessus de sa porte un cimetière avec cette inscription: *A la paix perpétuelle*. On se rappelle aussi la facétie spirituelle de Voltaire où l'empereur de Chine se plaint d'être exclu de la confédération générale imaginée par le bonze Saint-Pierre « et propose de faire percer le globe de part en part pour y bâtir une ville de cristal de sorte que la conduite des plénipotentiaires sera toujours éclairée [2] ».

A l'autre bout de l'horizon, des esprits romanesques comme celui du bon abbé ont vu en lui « un de ces hommes, qui emportent dans leur tombe l'inconnu de leur méditation, en traçant de pâles éclairs dans la nuit des temps [3] ».

Ce candide homme de bien ne mérite ni tant de railleries, ni tant d'admiration. Laissons de côté

1. Voltaire. *De la paix perpétuelle*, par le docteur Godéart.
2. *Rescrit de l'empereur de la Chine. Facéties.* Voltaire, édition de Kehl, t. XLVI, p. 69.
3. George Sand.

les puérilités de forme et de fond, l'abus des chiffres et des conséquences, « cet appareil gigantesque qui l'a rendu ridicule [1] ». Il voyait assez bien, disait avec raison Rousseau, l'effet des choses quand elles seraient établies; mais il jugeait comme un enfant des moyens de les établir [2].

Par delà la révolution, il rejoint les partisans des idées saint-simoniennes et humanitaires. Saint-Simon, nous le verrons plus tard, appelle sa combinaison « la conception la plus forte qui ait été produite depuis le XVI° siècle ». Au fond, c'est un fanatique de l'arbitrage. Par l'arbitrage naturel, il maintient l'ordre dans la famille. L'arbitrage conventionnel, organisé dans les tribunaux, règle les différends des hommes vivant en société. C'est par l'arbitrage international que les peuples arriveront à s'arracher à l'état de nature pour former une véritable communauté.

L'histoire n'est qu'un long démenti donné jusqu'ici « au rêve de cet homme de bien [3] ». L'avenir seul et un avenir lointain montrera s'il faut lui faire une place parmi les précurseurs ou le laisser parmi les voyants.

---

1. Comte de Saint-Simon, *la Réorganisation de la société européenne.*
2. *Jugement sur le projet de paix perpétuelle.*
3. Le cardinal Dubois.

IX

Jean-Jacques Rousseau commença par publier sous une forme assez infidèle un résumé du « Projet de paix perpétuelle ». A chaque instant, on y reconnaît la pensée du commentateur mêlée à celle de l'auteur original. Rousseau montre peu de prévoyance quand il prédit la ruine de l'Angleterre causée par l'agrandissement de Londres et par la dépopulation du royaume. Sa conclusion seule est à retenir. Sous le masque de l'abbé de Saint-Pierre, il fait une brillante comparaison entre les maux de l'Europe anarchique et les avantages de l'Europe confédérée : « Si, dit-il, malgré tout cela, ce projet demeure sans exécution, ce n'est donc pas qu'il soit chimérique ; c'est que les hommes sont insensés et que c'est une sorte de folie d'être sage au milieu des fous [1]. »

Ce résumé est suivi des réflexions personnelles du philosophe. A ses yeux, l'abbé de Saint-Pierre est un missionnaire dont l'ouvrage serait inutile pour produire la paix perpétuelle et superflu pour la conserver. Car « réaliser la république européenne durant un seul jour, c'en serait assez pour la faire durer éternellement. •

1. Rousseau, *Extrait du projet de paix perpétuelle.* Montmorency, 5 décembre 1760.

Sa clairvoyance pénètre sans peine ce que le
système a d'impraticable dans son origine et dans
ses conséquences : « Peut-on espérer, dit-il, de
soumettre à un tribunal supérieur des hommes qui
s'osent vanter de ne tenir leur pouvoir que de leur
épée, et qui ne font mention de Dieu même... que
parce qu'il est au ciel?... Un simple gentilhomme
offensé dédaigne de porter ses plaintes au tribunal
des maréchaux de France, et vous voulez qu'un roi
porte les siennes à la diète européenne ! »

Pourrait-on même y arriver sans de sanglantes
révolutions? Qui de nous oserait dire « si cette
ligue européenne est à désirer ou à craindre? Elle
ferait peut-être plus de mal tout d'un coup qu'elle
n'en préviendrait pour des siècles [1] »..

Après cela, on ne s'expliquerait pas qu'il appelât
ce livre « un livre solide et sensé » si l'on ne se
rappelait les fantaisies paradoxales que dissimulait
trop souvent son éloquence.

X

A la même époque, un jurisconsulte éminent, le
continuateur de Grotius, Vattel, se prononce hautement pour l'arbitrage. « C'est, dit-il, un moyen

1. Rousseau, *Extrait du projet de paix perpétuelle.*
2. *Idem.*

très raisonnable et très conforme à la loi naturelle pour terminer tout différend qui n'intéresse pas directement le salut de la nation[1]. Les différends qui s'élèvent entre les nations ou leurs conducteurs ont pour objet ou des droits en litige ou des injures. Une nation doit conserver les droits qui lui appartiennent. Le soin de sa sûreté et de sa gloire ne lui permet pas de souffrir les injures. Mais en remplissant ce qu'elle se doit à elle-même il ne lui est point permis d'oublier ses devoirs envers les autres[2]. »

La justice est plus nécessaire encore entre les nations qu'entre les particuliers, « parce que l'injustice a des suites plus terribles dans les démêlés de ces puissants corps politiques. Chaque nation doit donc rendre aux autres ce qui leur appartient, respecter leurs droits et leur en laisser la paisible jouissance[3]. »

## XI

Le génie pénétrant de Montesquieu découvrit les causes profondes de la grandeur et de la décadence des nations. Il distingua deux sortes d'état de

1. Vattel, *Droit des gens*, 1759.
2. *Idem.*
3. *Idem*, ch. v.

guerre : l'état de guerre de particuliers à particuliers d'où dérivent les rapports entre ceux qui gouvernent et ceux qui sont gouvernés, c'est-à-dire le droit politique ; et l'état de guerre de nation à nation, d'où naissent les lois entre les peuples « considérés comme habitants d'une si grande planète [1] », c'est-à-dire le droit des gens. Mais sa conception n'allait pas jusqu'à proposer des solutions pacifiques aux différends entre peuples. Il croyait à la nécessité de la guerre comme corollaire du droit de défense naturelle. « Entre les citoyens, disait-il, ce droit n'emporte point avec lui la nécessité de l'attaque. Au lieu d'attaquer, ils n'ont qu'à recourir aux tribunaux. Mais entre les sociétés, le droit de la défense naturelle entraîne quelquefois la nécessité d'attaquer lorsqu'un peuple voit qu'une plus longue paix en mettrait un autre en état de le détruire, et que l'attaque est dans ce moment le seul moyen d'empêcher cette destruction. Du droit de la guerre dérive celui de conquête, ce droit nécessaire et malheureux qui laisse toujours à payer une dette immense pour s'acquitter envers la nature humaine. »

Montesquieu voulait humaniser la guerre. « Les diverses nations doivent, disait-il, se faire dans la paix le plus de bien et dans la guerre le moins de mal possible, sans nuire à leurs intérêts. » Il reconnaissait les maux qu'entraîne la paix armée, cet état

---

1. Montesquieu, *Esprit des lois.*

d'effort de tous contre tous qui nous rend pauvres avec les richesses.

Tel était, d'après lui, l'état normal de l'Europe : « les nations y étaient opposées du fort au fort » et son droit des gens se résumait en trois axiomes d'où l'arbitrage est exclu. « L'objet de la guerre c'est la victoire, celui de la victoire, la conquête, celui de la conquête, la conservation. »

## XII

Voltaire n'est point un idéaliste. Son génie fait d'ironie et de sarcasme découvre l'envers du théâtre où se joue la comédie humaine. Pour lui, le droit des gens est une science qui apprend aux princes jusqu'à quel point ils peuvent violer la justice sans choquer leurs intérêts. Il n'y en a point d'autre que de se tenir continuellement sur ses gardes et l'ambition est contenue par l'ambition « car les chiens d'égale force montrent les dents et ne se déchirent que lorsqu'ils ont à se disputer une proie. »

Ne lui parlez pas des docteurs. Grotius est « un franc pédant » et Montesquieu « un bel esprit humain ». N'opposez pas le droit de la paix au droit de la guerre : « le mal que la guerre ne fait pas, c'est le besoin et l'intérêt qui l'arrêtent. »

« ... Le droit de la paix, je le connais assez, c'est de tenir sa parole et de laisser tous les hommes

jouir des droits de la nature; mais, pour le droit de
la guerre, je ne sais ce que c'est. Le code du meurtre
me semble une étrange imagination. J'espère que
bientôt on nous donnera la jurisprudence des voleurs
de grand chemin [1]. »

Cherchez-vous des remèdes? Voltaire n'en connaît
que deux « dont la tragédie s'est emparée : la crainte
et la pitié ».

A la fin seulement l'ironie cesse : le droit des
peuples à disposer d'eux-mêmes apparaît brusquement : l'Espagne est disputée entre l'archiduc Charles
et le duc d'Anjou. « Quel biais fallait-il prendre?
Il était tout trouvé. Il fallait s'en rapporter à la
nation sur laquelle on voulait régner. »

## XIII

Nous sommes à la fin du xviiie siècle. Jamais
contraste plus frappant n'a éclaté entre les pensées
des philosophes et les mœurs des souverains. « De
la Chine à Cadix, presque tout l'univers appartient
au plus fort. » Une seule maxime générale règle la
politique. Il est entendu qu'aucun État ne doit devenir assez puissant pour opprimer les autres. Que

---

1. Voltaire, *Dialogues*, édition de Kehl, t. XXXVI, p. 213 et
le xviiie Entretien.

d'entorses dans l'application! Quelle ironie dans
les faits! Quelles violations répétées et éclatantes!
Et comme l'ambition et l'esprit de conquêtes se
rient de la science et de l'opinion publique, cette
souveraine naissante !

# CHAPITRE IV

L'arbitrage depuis la Révolution française jusqu'aux traités de
Vienne (1789 à 1815).

I

La Révolution française est fille de la philosophie
du xviiie siècle; celle-ci avait préparé de profonds
changements dans les rapports internationaux. A la
politique des souverains elle avait opposé celle
des peuples, à l'Europe chrétienne l'Europe sécu-
larisée, au droit divin les droits de l'homme et du
citoyen.

La Révolution s'empare de ces principes, les rédige, en compose la charte de la France et de l'humanité et tente de les imposer au monde.

Les conflits nationaux viennent de l'opposition des
devoirs, des droits et des intérêts. Pour les supprimer, il faut donner à tous les hommes les mêmes
devoirs, les mêmes droits et les mêmes intérêts.
L'égalité politique des citoyens entre eux a pour

corollaire l'égalité politique des nations associées
librement dans une commune confédération.

Par malheur, la foi nouvelle rencontra des incré-
dules. Les rois comprirent que la guerre faite pour
les peuples était faite contre les trônes : derrière la
propagande, ils virent la conquête; ils essayèrent
alors de persuader aux nations que leur indépendance était menacée, et ils se coalisèrent pour sauver
eurs couronnes.

## II

Au fond, la lutte de l'Europe contre la Révolution
était la guerre du droit divin contre la souveraineté
populaire. A ces deux conceptions différentes du
droit public intérieur répondaient deux conceptions
différentes du droit public international.

Dès ses débuts, la Révolution se posa en libéra-
trice. Ses orateurs et ses hommes d'État condamnent
les « trocs d'États » et les « arrondissements ». Mirabeau est l'ami des peuples comme son père était
l'ami des hommes. Il flétrit la traite des soldats et
les cessions de territoires que pratiquait sans ver-
gogne la diplomatie de son temps. « L'homme ne
tient pas par ses racines à la terre; ainsi il n'appartient pas au sol : l'homme n'est pas un pré, un
champ, un bétail : ainsi il ne saurait être une pro-

priété [1]. »... « C'est un acte de violence et de tyrannie, dit-il encore, que d'exécuter de tels échanges sans consulter les habitants. »

Dès le 14 mai 1790, l'Assemblée constituante, à propos d'une communication du ministre Montmorin sur les armements de l'Angleterre croit utile de fixer « les règles immuables qui vont diriger la diplomatie de la France régénérée ».

La France veut la paix : elle la veut digne et stable : elle entend la fonder pour toujours sur le droit... « La France se suffit : son agrandissement nuirait à sa puissance absolue : l'agrandissement des autres États nuirait à sa puissance relative [2]. »

« Il faut déclarer, dit Pétion, que la France renonce à tous projets ambitieux, à toutes conquêtes, qu'elle regarde ses limites comme posées par les destinées éternelles. »

Les rêveries généreuses des amis de l'humanité se heurtent aux froides déductions des politiques. Volney est l'héritier direct de l'abbé de Saint-Pierre : « O nations, s'écrie-t-il dans *les Ruines*, bannissons toute tyrannie et toute discorde, ne formons plus qu'une même société [3], qu'une grande famille, et

1. Mirabeau, *Lettre à Frédéric-Guillaume. Avis aux Hessois.*
2. Sorel, *l'Europe et la Révolution française*, t. I, p. 85.
3. La franc-maçonnerie a exercé son action sur le mouvement humanitaire. En 1790, se fonde le Cercle social dont le but est de former la fédération universelle du genre humain. Ses idées sont développées dans *la Bouche de Fer*, journal de l'as-

puisque le genre humain n'a qu'une même constitution, qu'il n'existe plus pour lui qu'une même loi,
celle de la nature, qu'un même code, celui de la
raison, qu'un même trône, celui de la justice, qu'un
même autel, celui de l'univers [1].

... » Vous allez, répète-t-il devant l'assemblée,
délibérer pour l'univers et dans l'univers ; vous
allez, j'ose le dire, convoquer l'assemblée des nations [2] ».

« Je me suis demandé, répond Mirabeau, si,
parce que nous changons tout à coup notre système
politique, nous forcerons les autres nations à changer le leur. Jusque-là cependant la paix perpétuelle
demeure un rêve, et un rêve dangereux s'il entraîne
la France à désarmer devant une Europe en armes [3].»

Le droit nouveau trouve sa formule dans le
titre VI de la constitution de 1791 : « La nation
française renonce à entreprendre aucune guerre dans
la vue de faire des conquêtes. Elle n'emploiera jamais ses forces contre la liberté d'aucun peuple [4] ».

Dans l'état de l'Europe, pareille déclaration était

---

sociation. Un certain abbé Leclerc, curé d'Ambon, y parle d'une
langue hiéroglyphique commune à tous les peuples, et avant
Jean Reynaud et Henri Martin, il considère les druides comme
les précurseurs de la fraternité moderne. (Voir Paul Janet, *les
Origines du socialisme contemporain.*)

1. Volney, *les Ruines*, ch. XIX.
2. Volney. Discours du 18 mai 1790.
3. Mirabeau. Discours du 20 mai 1790.
4. Laferrière, *les Constitutions d'Europe et d'Amérique*, p. 28.

d'une singulière hardiesse. N'était-ce pas « se réduire soi-même à cette extrémité de sacrifier l'intérêt national à un paradoxe, ou de violer les principes de la constitution pour sauvegarder les intérêts de l'État[1]».

Dans le monde des idées, c'était condamner d'un trait de plume le réalisme brutal de la politique de conquêtes, introduire la morale dans la coutume internationale et faire « de l'intérêt de tous la véritable règle de l'intérêt de chacun ». L'Assemblée introduit dans le droit public « une loi d'avenir, le vœu des peuples, arbitrage suprême des conquêtes[2]».

La toute-puissance des faits ne lui laisse guère le loisir d'appliquer ces généreuses maximes. Lors des premières difficultés avec l'empereur Léopold, le ministre Montmorin, à l'occasion de l'affaire des princes possessionnés, offre en vain à l'Empire une transaction par voie d'arbitrage[3] ».

Du fond de son cabinet, Sieyès refait la carte de l'Europe. Il veut y transporter les États-Unis, n'y laisser que des républiques, les confédérer et établir entre elles l'harmonie par le jeu compliqué de subtiles institutions. Il ne manquait à ce plan que le conquérant le plus heureux ou le plus habile « pour occuper le trône dont on lui avait si ingénieusement ouvert les avenues[4] ».

1. Sorel, *l'Europe et la Révolution française*, t. II.
2. *Idem.*
3. Le 21 janvier 1791. Sorel. t. II, p. 194.
4. Sorel.

Ce ne sont là que des épisodes. Le temps n'est ni aux diplomates de l'ancienne école ni aux philosophes de la nouvelle. La lutte éclate, violente, acharnée, entre le peuple français et l'Europe. Il s'agit de défendre la Révolution, de la propager après l'avoir sauvée, de répondre à l'invasion des armées étrangères par l'invasion des idées et de soumettre l'Europe pour la régénérer.

### III

Avec la Convention nationale, le contraste est plus tranché encore entre la fraternité qui est dans les mots et la conquête qui est dans les faits. Les conventionnels sont les disciples de Rousseau. Ils lui empruntent sa théorie des frontières naturelles de la France. « En renonçant au brigandage des conquêtes, dit Grégoire, on ne renonce pas aux affinités électives des nations ».

La Convention est logique quand, par son décret du 27 novembre 1792, elle reconnaît le vœu libre et universel du peuple de la Savoie avant de la déclarer partie intégrante de la République française. Mais elle sait aussi se plier aux faits accomplis et s'en servir. Après Jemmapes, par le décret du 19 novembre, elle convie les peuples voisins à s'affranchir, et fait de la France non seulement la protectrice de la liberté des nations, mais leur arbitre.

Quand ses armées se retirent, elle resserre ses ambitions, et ne renonce à la propagande que quand celle-ci devient impraticable. « Le peuple français, dit la constitution de 1793, se déclare l'ami et l'allié naturel des peuples libres. Il ne s'immisce pas dans le gouvernement des autres nations, il ne souffre pas que les autres nations s'immiscent dans le sien ».

C'est la politique de Danton : « La patrie n'est pas pour lui la cité cosmopolite d'une utopie c'est la France dont ses pieds foulent ' sol et dont il respire l'air » : « Il faut, dit-il ' 13 avril 1793, songer à la conservation de notre corps politique et fonder la grandeur française. Nous n'avons point à secourir quelques patriotes qui voudraient faire une révolution en Chine... Que la république s'affermisse et la France par ses lumières et son énergie, fera attraction sur tous les peuples [1]. » C'est l'idée de Mirabeau : « Il suffira de la seule force d'une bonne constitution pour avoir une invincible influence sur tous les gouvernements de l'Europe [2] ». Au fond, c'était offrir la paix aux rois, « c'était reconnaître qu'on s'était trompé en portant la liberté chez des peuples qui ne nous avaient rien demandé, c'était rentrer dans l'ancien droit public [3]. »

Cette politique ne faisait les affaires ni des fanatiques de l'humanité, ni des brouillons cosmopolites.

1. *Moniteur*, tome XVI, p. 143.
2. *Lettre à Talleyrand.*
3. Sorel, *l'Europe et la Révolution.*

Robespierre considère les hommes de tous les pays
comme des « citoyens d'un même état » et les rois
comme des « esclaves en révolte contre la nature[1] ».
Anacharsis Clootz prêche l'optimisme humanitaire
de Lessing[2] et de Herder · « Point de barrières, dit-il,
point de ceintures de républiques protégées à la gi-
rondine... Les peuples sont nécessairement méchants,
le genre humain est essentiellement bon...[3] » Sa
république n'est, au fond, que le « Saint-Empire idéa-
lisé[4] ». L'Allemand reparaît bientôt dans l'« éleu-
théromane », et appelle cette union fraternelle des
peuples la « république des Germains ».

C'était l'idée du poète Schubart qui « la veille de
la prise de la Bastille, glorifie la Révolution française et y discerne l'approche des temps où la libre
Germanie deviendra le centre de l'Europe et l'aréo-
page sublime qui aplanira les conflits de tous les
peuples[5] ».

Grégoire lui-même « s'extravase en opinions philanthropiques[6] ». Le 18 juin 1793, il propose une
« déclaration du droit des gens en vingt et un articles où des réminiscences de Montesquieu se

---

1. *Projet de déclaration des droits du 20 avril 1793.*
2. Lessing déclarait n'avoir de l'amour de la patrie aucune
idée. (Lévy Bruhl, *l'Allemagne depuis Leibnis.*)
3. Discours du 26 avril 1793.
4. Sorel, ouv. cité.
5. Sorel, ouv. cité, tome III, page 13.
6. Mot de Barrère.

heurtent à des pastiches de Raynal[1] ». « Les peuples, y est-il dit, sont entre eux à l'état de nature : ils ont pour loi la morale universelle... Ils sont respectivement indépendants et souverains, quels que soient le nombre d'individus qui les composent et l'étendue des territoires qu'ils occupent ». Leur souveraineté est inaliénable ; mais l'intérêt de chacun d'eux est subordonné à l'intérêt général de la famille humaine. « Il n'y a de gouvernements conformes au droit des peuples que ceux qui sont fondés sur l'égalité et sur la liberté[2] ».

De toutes ces contradictions, il est difficile de dégager un droit public. Heureusement pour la France, les conventionnels n'étaient cosmopolites que dans leurs discours. Pour eux, la cause nationale était celle de toutes les nations. Le dantoniste Robert avait formulé avec franchise cette politique : « J'aime tous les peuples et particulièrement les peuples libres ; mais j'aime mieux les hommes libres de l'univers[3]. »

Les victoires de nos armées ont pour conséquence l'hégémonie de la France républicaine, entourée d'États subalternes formés à son image et tenus sous sa tutelle.

1. Sorel, ouv. cité.
2. *Moniteur*. Séance du 18 juin 1793.
3. Discours du 26 avril 1793.

IV

« La guerre était une nécessité pour la propagande révolutionnaire ; la conquête devint une nécessité pour la politique impériale[1]. »

Le rêve de la fondation d'un empire « à la façon césarienne ou carolingienne[2] » ne pouvait se réaliser que par la force.

La paix universelle était le but lointain de ces armées toujours en marche. « Nous avions pour but, disait l'empereur en 1815[3], d'organiser un grand système fédératif européen, que nous avions adopté comme conforme à l'esprit du siècle et favorable à la civilisation ». « La politique de l'empereur, a écrit Napoléon III, consistait à fonder une association européenne solide en faisant reposer son système sur des nationalités complètes et sur des intérêts généraux satisfaits. Pour cimenter l'association européenne, l'empereur, suivant ses propres paroles, eût fait adopter un code européen, une cour de cassation européenne, redressant pour tous les erreurs, comme la cour de cassation en France redresse les erreurs de ses tribunaux... L'uniformité des mon-

1. Sorel, ouvr. cité.
2. Lavisse.
3. 22 avril 1815. *Préambule de l'Acte additionnel.*

naies, des poids, des mesures, l'uniformité de la législation eussent été obtenues par sa puissante intervention ».

Phénomène singulier : dans ce puissant cerveau, les rêves d'un abbé de Saint-Pierre se mêlaient aux ambitions d'un Charlemagne. L'Europe ne voulut pas de la nouvelle hégémonie qu'on lui offrait et refusa la paix qu'on lui présentait à la pointe de l'épée. La ruine des intérêts et la foulée des nations étaient peu propres à l'éclairer sur les mérites du futur code international, et le législateur ressemblait trop à un conquérant.

## V

Tout en se refusant à la soumission, l'Europe se convertissait. La Révolution était en elle et l'envahissait. Les nations prenaient conscience d'elles-mêmes, les poètes chantaient l'ère nouvelle. « Goethe, le poète sceptique, Schiller, le poète républicain[1], Klopstock, le poète sacré, enivraient de leurs strophes les universités et les théâtres[2] ».

Pour en revenir à l'arbitrage, Jérémie Bentham composait, vers 1789, un « Essai sur le droit inter-

---

1. Voir notamment l'*Ode à la joie* : « Tes prodiges réunissent ceux que de fausses mœurs ont séparés. Partout où tu planes paisiblement tous les hommes deviennent frères. »
2. Lamartine, *les Girondins*, l. V.

national. » Des fragments en ont été publiés en 1839.

Ils contiennent un projet de paix perpétuelle très analogue à celui de l'abbé de Saint-Pierre. Après avoir recherché les causes les plus fréquentes des guerres, parmi lesquelles il note l'incertitude des droits sur les pays nouvellement découverts par diverses nations, il propose comme remèdes préventifs la codification des lois internationales, de nouvelles conventions sur les points indéterminés qui peuvent devenir l'objet de disputes entre deux États, et le perfectionnement du style des lois.

Son projet de paix perpétuelle est fondé sur la réduction et la limitation en commun des forces militaires et navales des puissances européennes et sur l'émancipation des colonies.

La diète générale, composée de deux députés par puissance, était chargée de prononcer son verdict dans chaque question litigieuse, de le rendre public et de mettre, après un certain délai, l'État réfractaire au ban de l'Europe.

Un contingent commun devait, à la rigueur, assurer l'exécution de la sentence; mais la publicité des jugements motivés suffirait, en général, pour empêcher l'État condamné de persévérer dans sa résistance.

Le fondateur de l'école utilitaire comptait assez sur la sagesse des nations pour espérer qu'elles discerneraient leurs vrais intérêts en sacrifiant leur vanité aux profits réels de la paix.

## VI

Cependant, au milieu de la mêlée des peuples et
des rois, un penseur solitaire et encore ignoré,
« perdu dans une paisible université du Nord[1] »
rattachait la politique au droit et le droit à la morale.
Emmanuel Kant « place la justice au-dessus de l'État
et fonde le droit de cité sur le droit humain[2]. »

Son projet de paix perpétuelle est une des plus
nobles conceptions de droit métaphysique. « Son *veto*
opposé à la guerre n'est pas un *veto* relatif, condi-
tionnel; il est absolu. La raison ne dit pas que la
paix perpétuelle sera réalisée; cela ne la regarde pas.
Elle dit qu'il faut agir comme si cette paix devait
être réalisée un jour. Cela seul la regarde[3]. »

Le projet de Kant est divisé en deux sections : la
première contient les articles préliminaires d'une
paix perpétuelle. Ils sont au nombre de six dont
voici le résumé :

« 1° On ne regardera pas comme valide tout traité
de paix où l'on se réserverait tacitement la matière
d'une nouvelle guerre.

---

1. Janet, ouvrage cité.
2. Janet, ouvrage cité.
3. Caro, *Communication à l'Académie des Sciences morales et
politiques.*

» 2° Tout État n'est pas un patrimoine comme le sol où il se trouve... c'est un tronc qui a ses propres racines... L'incorporer à un autre État comme une simple greffe, c'est le réduire de personne morale qu'il était à l'état d'une chose.

» 3° Les troupes réglées *(miles perpetuus)* doivent être abolies avec le temps... Il en est tout autrement d'exercices militaires entrepris volontairement et à des époques déterminées par les citoyens pour se garantir, eux et leur patrie, des agressions du dehors.

» 4° On ne doit point contracter de dettes nationales pour soutenir les intérêts de l'État au dehors.

» 5° Aucun État ne doit s'ingérer de force dans la constitution ni dans le gouvernement d'un autre État.

» 6° On ne doit point se permettre dans une guerre des hostilités qui seraient de nature à rendre impossible la confiance réciproque quand il sera question de la paix[1]. »

La seconde section contient les articles définitifs. Pour les hommes, l'état de nature n'est pas un état de paix, mais de guerre sinon ouverte au moins toujours prête à s'allumer.

Tous les hommes vivant en société doivent avoir une constitution civile : ou bien cette constitution est conforme au droit civil et se borne à un peuple ;

---

1. Kant, *Projet de paix perpétuelle.*

ou bien elle se rapporte au droit des gens et règle les relations des peuples civilisés entre eux; ou bien elle se réfère au droit cosmopolitique, les hommes et les États influant les uns sur les autres, comme parties constituantes du genre humain.

Toute constitution légitime est conforme ou au droit civil ou au droit des gens ou au droit cosmopolitique.

1° La constitution civile de chaque État doit être républicaine[1]. « Quand j'examine la nature de la constitution républicaine, je trouve qu'outre la pureté de son origine qui se confond avec l'idée même du droit, elle est la seule qui puisse nous faire espérer une pacification permanente... Il faut que chaque citoyen concoure par son assentiment à décider la question de savoir si l'on fera la guerre ou non; tandis que là où les sujets ne sont pas citoyens de l'État le souverain résout une guerre comme une partie de plaisir[2] ».

2° « Il faut que le droit public soit fondé sur une fédération d'États libres... Le droit est entièrement étranger à la guerre, mais le mot de droit qu'on invoque est encore un hommage rendu à son principe... Le code des Grotius, Pufendorf, Vattel, ne peut pas avoir force de loi, puisque les États ne sont

---

1. Kant entend simplement par République un État où le pouvoir exécutif est séparé du législatif et lui est subordonné.
2. Kant, *Essai philosophique sur la paix perpétuelle.*

pas asservis à un pouvoir coactif... Le champ de
bataille est le seul tribunal où les États plaident
pour leurs droits, mais la victoire leur faisant gagner
le procès ne décide pas en faveur de leur cause...
Cependant la raison condamne la guerre comme
voie de droit. Il faut donc que les États forment une
alliance pacifique *fœdus pacificum*, différente du
traité de paix, *pactum pacis*... De là, l'idée de
fédération. Un État ne peut, vis-à-vis des autres
États, fonder sa confiance en ses droits que sur le
fédéralisme libre, supplément du pacte social qui est
le droit public... Au tribunal de la raison, il faut
enoncer à la liberté anarchique des sauvages pour
se soumettre à des lois coercitives et former un État
de nations... Or, vu l'idée fausse qu'on se fait du
droit public fondé sur la force, on ne peut substituer
à l'idée positive d'une république universelle que
le supplément négatif d'une alliance permanente ».

3° « Le droit cosmopolitique doit se borner aux
conditions d'une hospitalité universelle.

» On ne peut demander aux nations barbares que
le libre accès du pays, le respect de la vie et de la
propriété de ses nationaux ».

Dans un premier supplément, Kant démontre que
la nature travaille à assurer la paix par le développement de l'esprit de commerce incompatible avec
la guerre. Enfin, il insiste avec une spirituelle
bonhomie sur l'utilité de l'intervention des philosophes dans la politique. Il montre leur supériorité

sur les jurisconsultes qui se bornent à appliquer des lois en vigueur, non à examiner si elles auraient besoin de réformes : « La philosophie, dit-on, n'est que la servante de la théologie et les autres facultés en disent autant, mais on se garde bien d'examiner si elle précède sa dame le flambeau à la main ou si elle lui porte la queue ».

Si, comme Platon, Kant ne va pas jusqu'à demander que les philosophes gouvernent « comme Platon, il est un politique spéculatif qui regarde de haut les sociétés humaines et veut les plier à ses principes loin de plier ses principes aux préjugés des sociétés [1]. »

Son projet est l'application de sa morale au droit public : du respect de la personnalité des individus résulte le respect de la personnalité des peuples. Les États sont autonomes, en ce sens que chacun d'eux a le droit de réformer sa constitution et de se gouverner à son gré. Mais, comme ils se doivent les uns aux autres le même respect que les hommes entre eux, « la raison les oblige à se réunir dans une fédération générale qui soit comme une constitution cosmopolite et un état de législation universelle ». « La morale étant la règle supérieure de la politique ne doit pas seulement s'appliquer dans chaque État en particulier, mais encore entre les États eux-mêmes. »

Telle est exactement précisée la conception philo-

---

1. Janet, ouvrage cité.

sophique de l'arbitrage considéré comme régime normal des États.

Le penseur de Kœnigsberg n'y voit qu'une abstraction idéale. « S'il est du devoir, si l'on peut même concevoir l'espérance de réaliser, quoique par des progrès sans fin, le règne du droit public, la paix perpétuelle qui succédera aux trèves jusqu'ici nommées traités de paix, n'est donc pas une chimère, mais un problème dont le temps, vraisemblablement abrégé par l'uniformité des progrès de l'esprit humain, nous promet la solution [1]. »

## VII

Avec Kant, comme avec Fichte, son disciple, comme avec Schelling, « apôtre de la fédération et de l'âge d'or du droit » nous sommes dans les régions sereines du droit métaphysique. Nous rentrons dans la philosophie des faits, c'est-à-dire dans le domaine de la force, avec Hegel et Joseph de Maistre. Tous deux sont des apologistes systématiques de la guerre.

« La guerre, dit Hegel, n'est pas un mal absolu. La paix perpétuelle serait un état de stagnation morale pour les peuples. Les relations des États sont encore dans l'état naturel. Leurs droits mutuels dépendent de leurs volontés séparées. Il n'y a pas de juge suprême entre les États. La paix perpétuelle

1. Kant, *Essai philosophique sur la paix perpétuelle.*

reposant sur leur consentement, et la durée de ce consentement dépendant des volontés séparées de ces États, est toujours sujette à être interrompue [1].»

Pour Joseph de Maistre, la guerre est un fait divin, un instrument du règne de la Providence destiné à l'expiation nécessaire des crimes des hommes ; le soldat et l'exécuteur sont « deux tueurs de profession qu'il faut également honorer [2] ».

Détournons les yeux de ces sanglants paradoxes. Que la guerre soit une nécessité permanente ou un fléau accidentel, c'est un problème toujours posé et jamais résolu. Il appartient aux hommes de progrès de travailler « quand même » à la paix comme à une des lois définitives de l'humanité.

## VIII

L'un des penseurs qui ont conçu cette idée avec le plus de netteté et qui l'ont développée avec le plus de puissance a été le comte de Saint-Simon. Ce hardi réformateur mériterait d'être remis en valeur par la critique moderne.

Dégagé des excès qui furent plutôt le fait des dis-

---

1. Hegel.

2. « La guerre entre dans les vues, dans les desseins de la Providence ; elle est un moyen, pour les peuples dignes de remplir sur la terre une mission divine, de ne pas tomber dans la décadence, de retremper leur virilité. » (M. de Moltke.)

ciples que celui du maître, le saint-simonisme a donné un vif essor au mouvement d'activité industrielle et scientifique qui caractérise le XIXᵉ siècle.

Quoi d'étonnant si ces aspirations humanitaires ont entraîné tant d'esprits brillants, qui se sont ensuite tournés les uns vers les affaires, les autres vers l'action. « Y avait-il, en effet, un idéal plus séduisant que celui-ci : l'association universelle succédant à la rivalité des peuples ? Y a-t-il rien de plus attrayant que cette prophétie du maître [1] ?»

« L'imagination des poètes a placé l'âge d'or au berceau de l'espèce humaine parmi l'ignorance et la grossièreté des premiers temps : c'était bien plutôt l'âge de fer qu'il fallait y reléguer. L'âge d'or du genre humain n'est point derrière nous, il est au-devant : il est dans la perfection de l'ordre social. Nos pères ne l'ont point vu, nos enfants y arriveront un jour : c'est à nous de leur en frayer la route.»

Telle était la conclusion d'une petite brochure qui parut en 1814 sous le titre suivant : « Réorganisation de la société européenne » ou de la nécessité des moyens de rassembler les peuples de l'Europe en un seul corps politique en conservant à chacun sa nationalité, par le comte de Saint-Simon et Augustin Thierry son élève. [2] »

---

1. Hippolyte Carnot. Notice lue à l'Académie des sciences morales et politiques (année 1887).

2. 112 pages. Imprimerie d'Égrot. Bibliothèque nationale, 4ᵒ. 6.743.

Elle est dédiée aux parlements de France et d'Angleterre. Elle est écrite au moment où va se réunir le premier Congrès de Vienne, chargé de « rétablir la paix entre les puissances de l'Europe en réglant les prétentions de chacun et en conciliant les intérêts de toutes [1] ».

Saint-Simon ne croit pas au succès. Comme il n'y a point d'accord, les intérêts ne se concilieront pas. L'intérêt particulier sera donné pour mesure de l'intérêt général : « Vous ne détruirez pas la guerre, vous pourrez tout au plus la faire changer de lieu. »

Il faut s'élever au-dessus des faits actuels et passagers : « A toute réunion de peuples, il faut des institutions communes, il faut une organisation. Hors de là, tout se décide par la force. »

Le XIXe siècle ne doit pas être contraint de choisir « entre la barbarie et la sottise ».

Avant de s'élancer vers l'avenir, Saint-Simon prend son point d'appui au moyen âge. Du XVe siècle, il abaisse le pont jusqu'au XIXe siècle. Il passe par-dessus la politique d'équilibre, « la combinaison la plus fausse qui puisse être faite, puisque la paix en était le but et qu'elle n'a produit que des guerres, et quelles guerres ! » Il déborde d'enthousiasme pour l'organisation du moyen âge, sans s'apercevoir que la même critique s'applique à son époque de pré-

---

1. Cette brochure avait été envoyée à l'empereur Alexandre avec une lettre autographe qui n'a jamais été publiée.

dilection. Il la voit telle qu'il l'aurait désirée et non
telle qu'elle était. L'Europe, selon lui, « était une
grande aristocratie partagée en plusieurs aristocra-
ties plus petites » ; « une société confédérative unie
par des institutions communes... Les croisades dont
le but politique fut de dégoûter les Sarrasins de la
conquête de l'Europe, étaient des guerres de la confédération entière contre les ennemis de sa liberté. »
« Toutes les nations formaient un seul corps politique, paisible au-dedans de lui-même, armé contre
les ennemis de sa constitution et de son indépendance. La religion romaine était le lien passif de la
société, le clergé romain en était le lien actif. Répandu partout et partout ne dépendant que de lui-
même, compatriote de tous les peuples et ayant son
gouvernement et ses lois, il était le centre duquel
émanait la volonté qui animait ce grand corps,
l'impulsion qui le faisait agir. Un territoire indépendant de toute domination temporelle, trop grand
pour être facilement conquis, trop petit pour que
ceux qui le possédaient pussent devenir conquérants,
était le siège des papes, chefs de la chrétienté. Par
leur pouvoir, que l'opinion mettait au-dessus de
tous les autres, ils mettaient un frein aux ambitions nationales; par leur politique, ils tenaient la
balance de l'Europe... »

Au contraire, les traités de Westphalie ont par-
tagé l'Europe en deux confédérations, ont créé la
guerre, et l'entretiennent constitutionnellement...

Une organisation pacifique est impossible « sans une force coactive qui unisse les volontés, concerte les mouvements, rende les intérêts communs et les engagements solides ». Et Saint-Simon étudie les conditions auxquelles doit répondre cette organisation. Son système repose sur quatre principes :

» 1° Pour lier ensemble plusieurs peuples en conservant à chacun son indépendance nationale, il faut que toutes les institutions soient des conséquences d'une conception unique et que par conséquent le gouvernement, à tous ses degrés, ait une forme semblable;

« 2° Le gouvernement général doit être indépendant des gouvernements nationaux ;

» 3° Ceux qui composent le gouvernement général doivent s'occuper spécialement des intérêts généraux ;

» 4° Ils doivent être forts d'une puissance qui réside en eux, et qui ne doive rien à aucune force étrangère : cette puissance est l'opinion publique. »

Pour éviter les défauts de l'organisation papale, il faut de plus :

» 1° Que la meilleure constitution possible soit appliquée au gouvernement général et aux gouvernements nationaux ;

» 2° Que les membres du gouvernement général soient contraints par la force des choses de travailler au bien commun ;

» 3° Que leur force dans l'opinion soit fondée sur

des rapports que rien ne puisse ébranler et qui soient de tous les temps et de tous les lieux. »

La meilleure constitution possible est celle où chaque question d'intérêt public est traitée de la manière la plus approfondie et la plus complète *a priori* et *a posteriori*, c'est-à-dire sous le rapport de l'intérêt général et de l'intérêt particulier.

De là trois pouvoirs : le premier chargé des intérêts généraux; le second des intérêts locaux, tous deux liés ensemble de manière qu'aucune des décisions de l'un ne puisse être exécutée sans avoir été examinée et approuvée par l'autre; le troisième, réglant et modérant les deux autres : « La bonté de cette constitution est aussi certaine, aussi absolue, aussi universelle que celle d'un bon syllogisme. »

Du reste, elle existe, c'est la constitution anglaise, avec un roi chargé des intérêts généraux, la Chambre des communes chargée des intérêts particuliers, la Chambre des pairs, pouvoir modérateur. Pour que le pouvoir exécutif ne soit ni injuste ni arbitraire, il est divisé en deux parties, l'une de pompe héréditaire, qui est la couronne, l'autre, élective, qui est le cabinet; l'une, représentant « les honneurs sans le pouvoir », l'autre, « le pouvoir sans les honneurs ».

Telle est l'analyse du livre premier. Le livre II est consacré à l'organisation de la société européenne, calquée sur ce modèle amoureusement caressé,

L'Europe aurait la meilleure organisation possible si toutes les nations qu'elle renferme étaient gouvernées chacune par un parlement et reconnaissaient la suprématie d'un parlement général placé au-dessus de tous les gouvernements nationaux et investi du pouvoir de juger leurs différends.

La Chambre des députés du parlement national doit être composée d'hommes ayant une « volonté de corps », « une tendance à étendre leurs vues au delà de leur bien-être personnel et à confondre leurs intérêts propres dans l'intérêt de la société dont ils sont membres, ce que Saint-Simon appelle : « le patriotisme européen ».

Il faut donc n'y admettre que des hommes capables d'arriver à cette généralité de vues. Les sciences, les arts, la législation, le commerce, l'administration et l'industrie, voilà les intérêts généraux du corps européen.

La Chambre sera composée de deux cent quarante membres. Il y a soixante millions d'Européens sachant lire et écrire ; chaque million d'hommes nommera un négociant, un savant, un magistrat, un administrateur. Les députés seront nommés pour dix ans. « La propriété devant être jointe aux lumières », ils doivent avoir vingt-cinq mille francs de rente en terres. Vingt membres choisis parmi ceux qui ont « les lumières sans la propriété » feront partie de la Chambre et recevront une dotation légale.

6

La Chambre des pairs sera nommée par le roi : la pairie est héréditaire; et le nombre des membres n'est pas limité. Les pairs devront avoir cinq cent mille francs de rente en fonds. Vingt membres supplémentaires seront pris parmi les hommes ou descendants des hommes qui auront fait les choses jugées les plus utiles à la société européenne.

Au-dessus du parlement européen, il y aura un roi « qui doit être le chef scientifique de l'humanité en même temps que son chef politique[1] ».

Par malheur, l'auteur renvoie à un second ouvrage, qui n'a jamais paru, ce qui concerne le mode de nomination du pouvoir exécutif.

Le parlement européen examine et résout, dans l'intérêt des peuples, toute question d'intérêt général. Il doit avoir en propriété et en souveraineté exclusive une ville et son territoire. Il dirigera toutes les entreprises d'une utilité générale pour la société européenne. Il peuplera le globe de la race européenne supérieure à toutes les autres, le rendra voyageable et habitable comme l'Europe. Il rédigera un code de morale tant générale que nationale et individuelle.

Ainsi, il y aura entre les peuples européens ce qui fait le lien et la base de toute association politique : conformité d'institutions, union d'intérêts, rapport

1. Préface attribuée à M. Lemonnier. Édition des Œuvres choisies de Saint-Simon, publiée à Bruxelles en 1853.

de maximes, communauté de morale et d'instruction publique.

Enfin, dans son livre III, Saint-Simon examine les moyens de hâter l'établissement de ce parlement. Avant que tous les peuples de l'Europe adoptent le régime parlementaire, il y aura des guerres affreuses et des révolutions multipliées. On pourra, toutefois, l'établir dès que la partie de la population européenne soumise au gouvernement représentatif sera supérieure à l'autre.

Il faut que les Anglais et les Français forment un parlement commun composé pour un tiers de Français et pour les deux tiers d'Anglais « qu'une plus longue expérience a formés à la pratique de la liberté »... Les deux peuples sont menacés par de grandes secousses politiques dont l'auteur énumère les causes avec une admirable clairvoyance. L'union leur est nécessaire pour éviter ces révolutions. Les autres pays de l'Europe viendront ensuite s'agréger à ce noyau.

Dans sa conclusion, Saint-Simon reconnaît qu'il eût été préférable que cette réorganisation ait été conçue par un souverain : « Que ceux, dit-il fièrement, qui dirigent les affaires s'élèvent à la même hauteur que moi, et tous verront ce que j'ai vu... Il viendra sans doute un temps où tous les peuples de l'Europe sentiront qu'il faut régler les points d'intérêt général avant de descendre aux intérêts nationaux. »

Que ce plan n'ait pas souri aux diplomates du congrès de Vienne, on ne saurait s'en étonner. Mais on verra par la suite quelle influence, parfois inconsciente, ces idées ont eue sur le mouvement humanitaire du xixᵉ siècle. Nombreuse est la lignée de ceux qui ont cherché leurs modèles dans les écrits du fondateur du saint-simonisme, et l'on en retrouve la trace dans plus d'un manifeste des ligues de la paix et dans l'organisation récente des conférences interparlementaires.

Saint-Simon est le père de ceux qui rêvent l'association universelle par la liberté et par la communauté des intérêts dont se compose la civilisation moderne.

Ce qui domine sa noble chimère, ce qui la différencie des utopies antérieures, c'est la pensée de la perfectibilité individuelle et sociale et le sentiment de la solidarité humaine.

## IX

Avant le congrès de Vienne, il y avait une Europe politique qui connaissait ses droits et cherchait à les faire respecter. Mais la notion d'un devoir collectif échappait aux hommes d'État de l'ancien régime. On ne la trouvait que dans les écrits des philosophes. On la voit poindre pour la première fois dans un document diplomatique quand, le 17 juillet 1791, Kaunitz, chancelier de Léopold, invite « les gouvernements à faire cause commune afin de préserver la paix publique, la tranquillité des États, l'inviolabilité des personnes et la foi des traités[1]. »

C'était aussi l'idée de Louis XVI et de Marie-Antoinette lorsqu'ils demandaient, pour sauver leur trône, « un congrès des principales puissances de l'Europe appuyé par une force armée[2] ».

Chose singulière! la première fois que l'Europe concevait la notion d'un devoir collectif, c'était contre la France et contre la liberté qu'elle dirigeait ses coups. En 1815, quand cette notion se précise, c'est encore la France qui en est la victime.

La Sainte-Alliance est la revanche de l'Ancien Régime contre la Révolution, et c'est par le contre-coup de la Révolution que son principe pénètre dans l'esprit des hommes d'État: ainsi le droit nouveau se mêlait aux anciennes traditions dans le cerveau d'un Metternich[3].

La Sainte-Alliance est une forme mystique de l'alliance politique. Elle repose sur la religion, dont les préceptes, « loin d'être uniquement applicables

1. Sorel, *l'Europe et la Révolution*, t. II, p. 232.
2. Lamartine, *Histoire des Girondins*, t. I, p. 198.
3. Talleyrand conte dans ses Mémoires qu'à la séance préparatoire du 8 octobre 1814, il émit l'idée que les arrangements à intervenir devaient être « conformes au droit public. » « Ces derniers mots causèrent un véritable orage. M. de Hardenberg, représentant de la Prusse, se leva tout frémissant; debout, les poings sur la table, il criait : « Non,

à la vie privée, doivent, au contraire, influer directement sur les résolutions des princes et guider
leurs démarches [1] ». C'est une amphictyonie catholique. Elle érige la légitimité dynastique en règle
fondamentale du droit public. Elle se propose « de
préserver l'autorité du naufrage en sauvant les
peuples de leurs propres égarements [2] ». Les souvenirs du moyen âge s'y mêlent aux conceptions des
tsars, l'atavisme des croisades aux aspirations con-
fuses du panslavisme. On y voit le germe « d'un
système répressif des infractions à la paix européenne [3] ». Mais ce système se fonde sur la religion,
et cette répression s'accomplit au nom du droit
divin [4].

La Sainte-Alliance n'est d'abord qu'une triple al-

» monsieur, le droit public, c'est inutile. Pourquoi dire que nous
» agirons selon le droit public? cela va sans dire. » Je lui
répondis que si cela allait bien sans le dire, cela irait encore
mieux en le disant. M. de Humbold criait : « Que fait ici le
» droit public? » A quoi je lui répondis : « Il fait que vous y
» êtes. »

1. Déclaration du 14-26 septembre 1815.

2. Gentz, secrétaire des conférences d'Aix-la-Chapelle. Dépêches inédites citées par M. Debidour, *Histoire diplomatique*, t. I.

3. Portalis.

4. Pour comprendre le véritable esprit de la Sainte-Alliance,
il ne faut pas isoler les élucubrations nuageuses d'Alexandre et
de madame de Krudener des arrangements postérieurs par lesquels les alliés, en novembre 1815, réglèrent le sort de la
France. C'est ce qu'a démontré avec précision M. Debidour dans
son *Histoire diplomatique de l'Europe*, t. I, p. 93 et suivantes.

liance. Elle devient une pentarchie au traité d'Aix-la-Chapelle (1818). La Grande-Bretagne et la France viennent s'ajouter aux trois puissances de l'Europe orientale pour former une sorte de directoire européen. On convient, si les puissances le jugent nécessaire, d'établir, « des réunions particulières pour y traiter en commun de leurs propres intérêts, en tant qu'ils se rapportent à l'objet de leurs délibérations actuelles. L'endroit et l'époque de ces réunions seront arrêtés par voie diplomatique, et, s'il s'agit d'affaires intéressant les autres États de l'Europe, ces réunions n'auront lieu qu'à la suite d'une invitation formelle de la part de ceux de ces États que lesdites affaires concerneraient, et sous la réserve expresse de leur droit d'y participer directement ou par leurs mandataires [1] ».

Ce principe est respecté à Laybach (1821) : « Les changements utiles ou nécessaires dans la législation ou dans l'administration des États, dit M. de Metternich, ne doivent émaner que de la volonté libre, de l'impulsion réfléchie et éclairée de ceux que Dieu a rendu responsables du pouvoir. »

Mais à Vérone (1822) l'intervention de la France sera décidée sans la participation de l'Espagne.

Il faut du reste distinguer, dans l'œuvre du Congrès de Vienne, une partie politique et une partie juridique. L'œuvre politique était une réaction

1. Protocole du 15 novembre 1818.

« contre le principe de la nationalité consentie et celui de la liberté [1]... » « Ce tribunal suprême réuni pour établir en Europe le règne du droit a consacré, tant à l'égard des rois qu'à l'égard des peuples, les plus scandaleux abus de la force, et donné aux gouvernements sans scrupules des exemples trop souvent suivis depuis [2]. » Les peuples étaient répartis comme de vils troupeaux en diverses souverainetés auxquelles la Sainte-Alliance daignait promettre ou octroyer des constitutions. Les titres mêmes des princes étaient méconnus et leurs droits violés comme ceux des peuples : la Pologne était partagée pour la quatrième fois, la Saxe démembrée, la Norvège livrée à la Suède, le Holstein au Danemark, la Belgique à la Hollande, l'Italie du Nord à l'Autriche, les pays catholiques du Rhin à la Prusse...

Aussi cette œuvre n'a pas duré. Elle s'est détruite peu à peu. Les nationalités nouvelles ont brisé leurs bandelettes et réclamé leur place au soleil. Le nom même de la Sainte-Alliance est devenu synonyme de despotisme.

Il ne faut pourtant pas être injuste pour le Congrès de Vienne. Quelques règles de droit international y ont été reconnues pour la première fois. C'est ainsi que la libre navigation des rivières qui

1. Lavisse.
2. Debidour, *Histoire diplomatique de l'Europe*, t. I, p. 69.

traversent ou séparent plusieurs États y fut express-
sément consacrée, « afin, disait le traité du 31 mai,
de faciliter les communications avec les peuples et
les rendre toujours moins étrangers les uns aux
autres [1] ».

De même la confédération germanique était réor-
ganisée sur la base de la justice ostrégale, c'est-
à-dire de l'arbitrage fédératif. Le droit international
devenait un droit positif. On alla jusqu'à la sanction, puisque le droit d'intervention y fut admis
sous certaines conditions que la pratique ne respecta
pas toujours. Le manifeste du 13 novembre 1820
affirme pour la Sainte-Alliance le droit de faire la
police de l'Europe entière et d'intervenir souverainement « même par la force coercitive » lorsque
les États « dont le régime intérieur aurait été altéré
feraient craindre à d'autres pays un danger immi-
nent par leur proximité [2] ».

C'est au nom de ces principes qu'en 1820 l'armée
autrichienne réprima la révolution à Naples et dans
le Piémont.

Ici nous touchons à un point des plus délicats
Chateaubriand a posé la question avec éloquence :

1. « Des commissions nommées par les puissances riveraines
sont chargées d'appliquer ces principes au Rhin, au Neckar, à
la Moselle, à l'Escaut et à la Meuse. » Debidour, ouv. cité,
t. I, p. 66.

2. Déclaration du 13 novembre 1820. V. M. Debidour, ouvr.
cité, p. 152 et suiv.

« Ceux qui ont rattaché l'intervention au droit national, dit-il, tels que Bacon, Pufendorf, Grotius et tous les anciens, ont pensé qu'il est permis de prendre les armes au nom de la société humaine contre un peuple qui viole les principes sur lesquels repose l'ordre général, de même que dans un État particulier, on punit le perturbateur du repos public. Ceux qui voient la question dans le droit civil soutiennent, au contraire, qu'un gouvernement n'a pas le droit d'intervenir dans les affaires d'un autre gouvernement. Ainsi les premiers placent le droit d'intervention dans les devoirs et les derniers dans les intérêts. »

Au fond, rien n'est moins déterminé dans l'histoire que l'intervention. Elle revêt les formes les plus diverses ; elle est pacifique ou militaire, spontanée ou provoquée. Tantôt la puissance intervenante accourt à l'appel d'une nationalité opprimée et l'aide à reconquérir sa liberté : ainsi pour la Grèce en 1821, pour la Belgique en 1831... pour l'Italie en 1859. Tantôt un État vient défendre un autre État menacé par les périls du dehors ou du dedans ; ainsi la guerre d'Espagne en 1823, l'occupation d'Ancône en 1831, celle des États romains en 1849 et la guerre de Crimée en 1853.

Parfois l'intervention est désintéressée ; et parfois la puissance intervenante y trouve son profit.

L'histoire, on le voit, ne peut guère fournir de règles positives. Le jour où l'arbitrage serait une

institution permanente ; le jour où un tribunal international serait organiquement constitué pour statuer
sur des litiges limités et d'après des formes définies,
la question se poserait de savoir si le droit d'intervention n'est pas un moyen d'assurer une sanction
au nom de tous contre l'État réfractaire.

Les traités de Vienne, à cet égard, marquent un
point de départ. Par malheur, l'intervention viciée
par la coutume, n'a été le plus souvent qu'une ressource mise par la diplomatie au service de l'ambition et condamnée par le droit.

# LE PRÉSENT

# CHAPITRE PREMIER

Les tentatives d'arbitrage général et les Congrès depuis 1815 jusqu'à nos jours (1815-1891).

## I

Le Congrès de Vienne est une date capitale dans l'histoire des relations internationales. Il leur donne une sorte de légalité, il crée un embryon d'état juridique. Si imparfaite, si défectueuse que soit son œuvre, elle a assuré à l'Europe une longue période de calme. Avec lui, nous entrons dans le vif de notre sujet.

Le passé est fini : c'est le présent qui commence. Au début de cette période nouvelle, nous diviserons les tentatives faites par les États en faveur de la paix en deux catégories :

Les premières sont des essais d'arbitrage général ; elles tendent à introduire dans les conventions diplomatiques soit des clauses compromissoires, soit des recours facultatifs, afin de prévenir les différends ou de les résoudre par d'autres moyens que par la guerre. Ici se placent aussi les commissions internationales chargées d'assurer en commun l'exécution des conventions définies ou d'exercer collectivement dans des pays placés sous le protectorat européen certains attributs de souveraineté.

Après avoir exposé ces essais d'arbitrage général, nous consacrerons un chapitre aux arbitrages spéciaux qui s'appliquent à des litiges déterminés et les règlent par des compromis, et nous essayerons d'en dégager peu à peu les principes de la jurisprudence internationale.

Ici aussi, il convient de définir les différents procédés que le droit public moderne met à la disposition de la diplomatie pour empêcher la guerre.

Cette classification n'a rien d'absolu. L'histoire contemporaine a souvent embrouillé et débrouillé l'écheveau des fils que la science s'efforce de séparer et de discerner. La politique n'a point à raisonner sur des abstractions ; elle combine des intérêts, elle apaise ou elle excite des passions, les plus mobiles et les plus ardentes qui soient, puisqu'elles touchent aux rivalités des nations entre elles. La diplomatie est un art et se plie aux circonstances. La science du droit public doit s'élever au-dessus de ces réalités contingentes et s'essayer à en tirer, dans l'intérêt de son propre progrès, des formules précises.

Quand les États sont divisés par un conflit, ils ont à leur disposition divers procédés pacifiques

pour le régler. C'est ce qu'on appelle négocier.
Tantôt leurs négociations sont directes et se poursuivent entre souverains ou entre représentants ac-
crédités; tantôt elles sont indirectes et passent par
l'intermédiaire d'un tiers.

Si ce tiers se borne à s'entremettre au nom d'une
commune amitié et en vue d'une solution pacifique,
il offre ou accorde ses « bons offices ».

S'il ne s'en tient pas aux conseils et qu'il participe
d'accord avec les parties aux négociations, ses bons
offices se transforment en « médiation ».

S'il est désigné d'avance par les parties pour trancher leur différend, de médiateur il devient « arbitre ».

Ce sont là comme trois degrés de l'entente entre
les États. Le but à atteindre est le même : c'est le
maintien de la paix; les moyens seuls diffèrent.

Le médiateur peut être appelé par les deux parties
ou s'offrir de sa propre initiative; l'arbitre doit dé-
férer à un appel commun. Le médiateur concilie ou
réconcilie les adversaires; l'arbitre doit les juger.
Le premier n'est lié par aucune règle; le second
doit motiver sa décision. Les parties restent libres
d'accepter ou de rejeter la médiation ; l'arbitrage est un jugement auquel elles sont tenues de
se soumettre. La médiation procède plutôt d'une idée
morale; l'arbitrage d'une idée juridique.

L'arbitrage peut être soit unique, soit collectif. S'il
est collectif, les commissions qui statuent sont sur-

tout administratives et techniques. Nommées du consentement volontaire des parties, elles choisissent en cas de dissentiment un surarbitre qui les départage. Le choix des arbitres, les opérations préliminaires, la durée de l'arbitrage, la procédure intérieure et extérieure, la compétence sont réglés soit par la coutume, soit par les stipulations du compromis, c'est-à-dire du traité préliminaire spécial, soit par une convention générale.

Quand il s'agit d'intérêts variés et considérables, par exemple de remaniements de territoires après une longue période de guerre, les États se réunissent en congrès qui doivent aboutir à un traité de pacification générale. Leur œuvre vaut ce que valent l'intelligence des hommes qui les composent et la sincérité des États qui s'y font représenter. Ce sont avant tout des assemblées politiques. Ils n'en servent pas moins la cause du droit public; ils préparent ou enregistrent ses progrès.

## II

Le régime créé à l'Europe par les traités de Vienne lui donna trente-trois ans de paix relative et de prospérité matérielle. La révolution de 1830 ne troubla le calme que quelques instants. On pouvait craindre que la France dénoncée par Metternich comme la « haute vente de la Révolution[1] » ne se bornât pas à renverser sa dynastie et que, dans un accès de cosmopolitisme libéral, elle conviât les nationalités opprimées à former la Sainte-Alliance des peuples.

Le caractère conservateur de la politique de Louis-Philippe, « le Napoléon de la paix », ne tarda pas à rassurer les cabinets. L'entente cordiale avec l'Angleterre fut le fondement de son système diplomatique et dura, sauf l'accès de fièvre belliqueuse de 1840, pendant le règne tout entier.

Pour rester dans notre sujet, nous n'avons à signaler, pendant cette période que les médiations collectives dont les unes aboutirent à la guerre et les autres à l'intervention armée.

Le traité du 6 juillet 1827, signé par l'Angleterre, la France et la Russie conduisit, après Navarin, à la reconnaissance du royaume de Grèce sous la protection des puissances. Ce n'est que le 3 février 1830 que la question hellénique fut définitivement résolue et l'indépendance de la Grèce reconnue après dix ans de négociations et de conférences diplomatiques.

En 1830 et 1831 se réunit la conférence de Londres sur les affaires de Belgique. L'arbitrage, la médiation et l'intervention s'y mêlèrent et s'y entre-croisèrent. Elle aboutit, malgré le désaveu du roi de

1. Dépêche de Metternich au prince Esterhazy du 21 octobre 1830.

Hollande, premier promoteur de la conférence, à la reconnaissance du royaume de Belgique par les cinq grandes puissances (1838). Le roi des Pays-Bas ne se soumit pas à cette décision, et les cours du Nord refusèrent de prendre part à des mesures coercitives. La médiation de la France se tourna en intervention armée et la conduisit en 1832 au bombardement de la citadelle d'Anvers occupée par les Hollandais.

En 1836, l'Angleterre s'interposa entre la France et les États-Unis au sujet de l'exécution du traité de Paris du 4 juillet 1830.

En 1844, médiation commune de la France et de l'Angleterre entre le Maroc et l'Espagne, à propos des attaques des Marocains de la province de Rif contre la place de Ceuta.

Parfois, la médiation est motivée par les dissensions intérieures des États : telles sont l'occupation de Naples et du Piémont en 1820; la guerre d'Espagne en 1823; l'occupation d'Ancône amenée en 1831 par l'insurrection des Romagnes contre le Souverain Pontife; la médiation de l'Angleterre entre le Portugal et les insurgés d'Oporto en 1847.

Enfin, en 1847, la France, l'Autriche et la Prusse essayèrent dans l'affaire du « Sonderbund » d'une médiation collective entre les cantons catholiques et l'autorité fédérale suisse[1].

---

1. Debidour, *Histoire diplomatique de l'Europe*, t. Ier, ch. xiii, p. 450 et suiv.

## III

De 1848 à 1891, il s'en faut beaucoup, comme le dit M. Arthur Desjardins [1] que le ciel ait exaucé les vœux de l'abbé de Saint-Pierre. A la guerre de 1854 ont succédé coup sur coup celles de 1859, de 1860, de 1861, de 1864, de 1865, de 1866, de 1870, de 1877, de 1883...

Pour se consoler du douloureux spectacle donné par le conflit des ambitions personnelles ou nationales, il faut se tourner vers les progrès du droit des gens et de l'arbitrage.

La République de 1848 proclama les idées de paix et répudia les idées de conquête. « La République, disait l'article 5 du préambule de la Constitution [2] respecte les nationalités étrangères comme elle entend faire respecter la sienne; elle n'entreprend jamais aucune guerre dans des vues de conquête et n'emploie jamais ses forces contre la liberté d'un peuple. »

Tout était improvisé dans l'organisation du gouvernement. Son premier ministre des affaires étran-

1. *Le Congrès de Paris et la Jurisprudence internationale*, Acad. des Sciences mor. et pol., 1888.
2. Constitution du 4 novembre 1848. Préambule, 5.

gères fut un poète. Lamartine avait chanté la *Marseillaise de la Paix* [1].

> L'égoïsme, la haine, ont seuls une patrie.
> La fraternité n'en a pas.
>
> . . . . . . . . . . . . .
>
> « Ce ne sont plus des mers, des degrés, des rivières,
> Qui bornent l'héritage entre l'humanité ;
> Les bornes des esprits sont leurs seules frontières.
> Le monde en s'éclairant s'élève à l'unité.
> Ma patrie est partout où rayonne la France,
> Où son génie éclate aux regards éblouis
> Chacun est du climat de son intelligence,
> Je suis concitoyen de toute âme qui pense :
> La vérité, c'est mon pays. »

Au pouvoir, l'homme d'État resta poète. « La République française, disait-il [2], est décidée à ne jamais voiler son principe démocratique au dehors. Elle ne laissera mettre la main de personne entre le rayonnement pacifique de la liberté et le regard des peuples. Elle se proclame l'alliée intellectuelle et cordiale de tous les droits, de tous les progrès, de tous les développements d'institutions des nations qui veulent vivre du même principe que le sien. Elle ne fera point de propagande sourde et incendiaire chez ses voisins... Mais elle exercera par la lueur de ses idées, par le spectacle d'ordre et de paix qu'elle espère donner au monde, le seul et

---

1. Lamartine : *Poésies diverses. La Marseillaise de la Paix.* Saint-Pont, 28 mai 1847.
2. Manifeste du 5 mars 1848.

honnête prosélytisme, le prosélytisme de l'estime et de la sympathie. Ce n'est point là la guerre, c'est la nature. Ce n'est point là incendier le monde, c'est briller de sa place sur l'horizon des peuples pour les devancer et les guider à la fois... »

C'était vouloir arranger l'univers au gré de sa muse. Malheureusement pour elle, la République de 1848 n'eut guère le loisir d'avoir une politique extérieure. Considérée comme une revanche contre l'œuvre de réaction de 1815, elle faillit soulever la Sainte-Alliance des peuples. Son nom seul réveilla les nationalités et donna des forces au libéralisme, en lutte contre les monarchies absolues. Celles-ci restèrent maîtresses du terrain et réduisirent leurs concessions au minimum nécessaire. « La démocratie qui devait donner à la France la liberté et à l'Europe la fraternité des peuples, conduisit la France au césarisme et l'Europe à la lutte des nations[1]. »

IV

Après 1852, l'Empire essaya à maintes reprises d'organiser des congrès européens. Napoléon III avait été dans sa jeunesse séduit par la chimère de la paix perpétuelle. Dans ce cerveau de carbonaro cou-

1. Sorel, *La Seconde République*, dans le journal *le Temps* du 10 août 1891.

ronné, la haine atavique pour les traités de 1815
se mêlait aux rêves de grandeur pour son pays et
au désir d'assurer l'avenir de sa dynastie. Il rêvait
d'établir l'équilibre politique de l'Europe non comme
autrefois le tsar Alexandre Ier sur l'union fraternelle des rois, mais sur l'accord et le groupement
des races émancipées[1]. De là des conceptions incon-

---

1. M. Debidour (t. II, p. 89, de l'*Histoire diplomatique de
l'Europe*) cite un passage curieux d'une lettre écrite le 17 novembre 1852 par Frédéric-Guillaume IV à son ministre Bunsen.
Le roi y parle « des engagements pris par Louis-Napoléon envers les chefs des partis révolutionnaires dispersés dans toute
l'Europe. Un signe de l'homme qui est la révolution incarnée
mettra le feu à la Pologne, à la Hongrie, à l'Italie, à l'Allemagne du Sud, à la Belgique. Alors Bonaparte interviendra dans
les pays voisins de ses frontières comme l'Empereur de la paix
et garant du droit de tous les peuples. »

En effet, à partir de 1856, le désir de faire triompher le
principe des nationalités devint le moteur de la politique française ; mais, selon le mot de M. Thiers, nous en laissâmes profiter les autres sans oser la pratiquer pour nous-mêmes.

Dans une lettre récemment publiée, M. de Banneville, alors
ministre à Berne, juge assez sévèrement cette politique humanitaire, cosmopolite, démocratique et sociale... « Faites de la politique révolutionnaire si c'est votre goût, votre tempérament,
votre nécessité,... mais au nom du ciel, faites de la politique
française... L'Empereur n'a pas charge des peuples, il a charge
du peuple français, et tenez pour certain que celui-là ne tiendra pas son souverain quitte envers lui, quand on lui aura
expliqué que le peuple allemand et le peuple italien sont pleinement satisfaits !... Le jour où vous aurez constitué les races
européennes dans les grands groupes que vous rêvez, vous ferez
bien d'avoir votre million de soldats disponible, car vous aurez
en perspective, au premier choc, des guerres abominables... »

ciliables, « l'extension de la France et la formation des grandes nationalités, l'appel des peuples à l'unité nationale et la reprise par la France des limites césariennes de la Gaule devenues les limites naturelles de la République » [1]. De là aussi la confusion dans les programmes du gouvernement de la politique économique de Saint-Simon, de la politique cléricale de M. de Falloux, de la politique internationale des idées napoléoniennes.

Chaque fois qu'une crise menaçait d'éclater en Europe, Napoléon III lançait l'idée d'un congrès afin d'y faire prévaloir ses vues. « C'était pour lui un moyen de réaliser cette fédération européenne qu'il considérait comme la plus belle et la plus féconde des idées napoléoniennes [2]. »

Il réussit en 1856. Le Congrès de Paris fut convoqué pour essayer de sauver l'intégrité de l'Empire ottoman. La Turquie fut admise pour la première fois dans le concert européen « et l'on reconnut ainsi le côté universel du droit international [3] ».

Le Danube et la mer Noire furent ouverts à la libre navigation de toutes les nations, comme la mer de Marmara l'avait été par le traité d'Andrinople de 1829. Le passage des navires de guerre y était seul interdit comme il avait été interdit, par la

---

1. Sorel, *La Seconde République.* (Voir le journal *le Temps* du 10 août 1891.)
2. Funck-Brentano et Sorel, *Traité du droit des gens*, p. 165.
3. Bluntschli, *Le droit international codifié.*

convention du 13 juillet 1841 dans les Dardanelle et dans le Bosphore. Enfin trente-quatre États des deux mondes acceptèrent l'abolition de la course, l'immunité de la propriété ennemie sous pavillon neutre et de la propriété neutre sous pavillon ennemi, la contrebande de guerre exceptée, et la suppression des blocus fictifs.

« La paix de Westphalie, disait un des plénipotentiaires du Congrès de Paris[1], a consacré la liberté de conscience; le Congrès de Vienne en 1815, l'abolition de la traite des noirs et la libre navigation des fleuves. Il serait digne du Congrès de Paris de mettre fin à de trop longues dissidences en posant les bases d'un droit maritime uniforme en temps de guerre. »

Nous n'irons pas jusqu'à dire avec un diplomate, que la déclaration de 1855 a été « l'acte le plus sublime et le plus humanitaire du xixe siècle ». La vérité est qu'il constituait pourtant une réponse péremptoire « aux hommes d'État et aux hommes de guerre qui contestaient encore, quelques années plus tard, enivrés par l'abus de la force, l'existence du droit international ».

Le vingt-troisième protocole est célèbre dans l'histoire de l'arbitrage. Il mérite d'être cité en entier.

« M. le comte Clarendon ayant demandé la

1. Discours du 8 avril 1856.

permission de présenter au Congrès une proposition qui lui semble devoir être favorablement accueillie, dit que les calamités de la guerre sont encore trop présentes à tous les esprits pour qu'il n'y ait pas lieu de rechercher tous les moyens qui seraient de nature à en prévenir le retour; qu'il a été inséré à l'article 7 du traité de paix une stipulation *qui recommande de recourir à la médiation d'un État ami avant d'en appeler à la force*, en cas de dissentiment entre la Porte et l'une ou plusieurs des autres puissances signataires.

» M. le premier plénipotentiaire de la Grande-Bretagne pense que cette heureuse innovation pourrait recevoir une application plus générale, et devenir ainsi une *barrière opposée à des conflits qui souvent n'éclatent que parce qu'il n'est pas toujours possible de s'expliquer et de s'entendre.*

» Il propose donc de se concerter sur une résolution propre à assurer, dans l'avenir, au maintien de la paix cette chance de durée, sans toutefois porter atteinte à l'indépendance des gouvernements.

» M. le comte Walewski se déclare autorisé à appuyer l'idée émise par le premier plénipotentiaire de la Grande-Bretagne. Il assure que les plénipotentiaires de France sont disposés à s'associer à l'insertion au protocole d'un vœu qui, *en répondant pleinement aux tendances de notre époque, n'entraverait d'aucune façon la liberté d'action des gouvernements.*

» Après diverses observations de M. le comte de Buol, ministre d'Autriche, l'acceptation pleine et entière de M. le baron Manteuffel, ministre de Prusse, la demande du comte Orloff, ministre de Russie, d'en référer à sa cour, des demandes d'explication sur la portée de la proposition par M. le comte Cavour, ministre d'Italie, « MM. les » plénipotentiaires n'hésitent pas à exprimer, au » nom de leurs gouvernements, le vœu que les » États entre lesquels s'élèverait un dissentiment » sérieux, avant d'en appeler aux armes, eussent » recours, en tant que les circonstances l'admettraient » aux bons offices d'une puissance amie.

» MM. les plénipotentiaires espèrent que les gou- » vernements non représentés au Congrès s'asso- » cieront à la pensée qui a inspiré le vœu consigné » au présent protocole. »

» A la séance du 16 avril, M. le comte Orloff annonça qu'il était en mesure, en vertu des instructions de son gouvernement, d'adhérer définitivement au vœu consigné à l'avant-dernier paragraphe du protocole XXIII. »

Ainsi la clause d'arbitrage était admise dans un traité où figuraient toutes les grandes nations européennes, sauf une restriction exprimée comme suit: Les plénipotentiaires conviennent que le désir « exprimé par le Congrès n'entraverait en rien la libre appréciation dans les questions qui touchent à sa dignité, qu'aucune puissance ne saurait abandonner ».

M. Gladstone avait raison de considérer cette clause comme un puissant instrument de nature à favoriser les progrès de l'humanité et de la civilisation. Mais le comte Derby se faisait des illusions en croyant que ce principe serait désormais admis dans tous les protocoles. Il eut surtout une portée morale : il fut regardé comme un vœu, non comme une obligation.

## V

La règle fut moins souvent invoquée que la restriction. Pourtant, en 1857, elle servit à arrêter la Prusse et la Suisse sur le point d'en venir aux mains lors de l'affaire de Neuchâtel[1]. La France prévint ainsi un conflit auquel toutes les grandes puissances eussent sans doute été mêlées. Mais la Russie et la France offrirent vainement leur médiation aux États-Unis du Nord et du Sud lors de la guerre de sécession (1860-1865).

Pendant la guerre des duchés danois (1863), une conférence se réunit à Londres et dura six semaines, « juste l'espace d'un carnaval », disait Disraeli. Elle avorta. Le traité de partage du 30 octobre et la

1. Conférence entre les huit puissances signataires du traité de Vienne et les représentants de la Suisse réunie à Paris le 5 mars 1857 ; convention du 26 mai 1857.

convention de Gastein du 14 août 1865 commencèrent la série des violations du droit des gens qui coûtèrent si cher à la France.

Le principe des nationalités invoqué par la Prusse « demandait deux conditions pour rendre une annexion légitime : identité de race et consentement des populations.

» Elle se passa des deux conditions pour la conservation du duché de Posen et des parties danoises du Sleswig[1]. »

La politique d'arbitrage international resta le rêve de prédilection de Napoléon III. « Par malheur, il s'aperçut qu'il était souvent difficile de se consacrer à la délivrance des peuples sans porter atteinte à leurs susceptibilités et sans se trouver tôt ou tard en opposition avec leurs intérêts[2]. »

Le 5 novembre 1863, au moment des affaires de Pologne, il convia dans un discours solennel les puissances de l'Europe à délibérer en commun sur les questions qui les divisaient. Il déchirait les traités de 1815 et demandait aux grandes puissances si l'on entretiendrait toujours de mutuelles défiances par des armements exagérés, et si l'on continuerait « à s'opposer par d'étroits calculs aux légitimes aspirations des peuples[3] »

1. Prévost-Paradol, *La France nouvelle*, p. 378.
2. Rothan.
3. Discours prononcé à l'ouverture des Chambres le 5 novembre 1863.

En 1864, à la conférence de Londres au sujet des duchés, la France propose de nouveau un congrès. Sir Russell voulut offrir à Napoléon III d'être arbitre. La Prusse et l'Autriche n'acceptèrent qu'à condition de rester libres de ne pas se soumettre à sa décision, et la conférence fut rompue le 25 juin[1].

En mai 1866, après avoir derechef dénoncé à Auxerre[2] les traités de Vienne et donné à la Prusse la permission d'aller de l'avant, l'empereur, se posant en modérateur, revient à l'idée d'un congrès dont le programme comprendrait « la question des duchés d'Elbe », celle du différend italien, « les réformes du pacte fédéral de l'Allemagne, en tant qu'elles pourraient intéresser le pacte européen[3] ». La Prusse et l'Italie acceptèrent. La Diète de Francfort fit des réserves ; et l'Autriche demanda qu'on exclût toute combinaison qui « tendrait à donner à un des États invités un agrandissement territorial ou un accroissement de puissance[4] ». Cette prétention fit échouer la proposition.

Après le coup de foudre de Sadowa, la médiation de l'empereur fut purement nominale. Il reçut la Vénétie d'une main, et la donna de l'autre et cette

---

1. Voir Debidour, ouvrage cité, t. II, p. 272.
2. Discours d'Auxerre, contre les traités de 1815.
3. Note du 1er juin 1866.
4. M. Rothan raconte qu'en recevant communication de cette note, M. de Bismarck laissa éclater sa joie et s'écria : « Vive le roi ! c'est la guerre. »

satisfaction d'amour-propre couvrit mal l'atteinte
portée à la grandeur de la France.

La conférence provoquée à Londres en 1867, lors
de l'affaire du Luxembourg, fut plus efficace et réussit à maintenir la paix. La Prusse évacua la forte-
resse, le grand-duché fut déclaré neutre, et le traité
du 11 mai 1867 mit fin à une crise qui pendant
six semaines tint l'Europe dans l'anxiété.

La conférence de Paris de 1869 ne fut d'abord
qu'une sorte de conseil international offrant ses
bons offices à la Turquie et à la Grèce au sujet des
querelles éternelles dont la Crète est le théâtre. Le
tribunal arbitral était composé du ministre des affaires étrangères de France et des ambassadeurs des
autres puissances intéressées. Il eut le tort de donner
à la Grèce voix consultative seulement et à la Turquie voix délibérative. C'était faire fonction de juge
et de juge partial plutôt qu'office de conciliateur. La
sentence[1] demandait au gouvernement hellénique
de ne favoriser ni la formation d'aucune bande agres-
sive ni l'équipement d'aucun bâtiment destiné à
soutenir l'insurrection crétoise. La Grèce se soumit
et l'Orient parut pacifié[2].

---

1. 18 février 1869.

2. Le règlement organique de 1868 fut modifié par l'acte
additionnel de Halépa. Ces deux actes bien que garantis par le
traité de Berlin, ont été abolis par un simple iradé du 1er décembre 1889, sous prétexte d'amnistie aux Crétois, comme s'il
s'agissait d'une mesure de police intérieure et non d'un acte

## VI

Le 6 décembre 1869, le président Grant, dans son message, annonçait la formation d'un large droit public qui devait prévenir les conflits.

L'Année Terrible donna à ces espérances un cruel démenti. Le 15 juillet 1870, après le retrait de la candidature du prince de Hohenzollern au trône d'Espagne, l'Angleterre proposa à la France et à l'Allemagne le recours aux bons offices conformément au protocole XXIII du traité de 1856. L'offre fut déclinée par la France, puis par la Prusse. La France invoqua la réserve faite par l'Angleterre elle-même au Congrès de Paris et se retrancha, suivant les termes du protocole, derrière « la liberté d'appréciation qu'aucune puissance ne peut aliéner dans les questions qui touchent à sa dignité ».

Semblables à deux convois de chemin de fer qui partants de points opposés et éloignés seraient « placés sur la même voie par une erreur funeste [1], » les deux pays étaient lancés l'un contre l'autre, par le plus coupable des malentendus.

Pendant la guerre, les grandes puissances se bor-

international. De là des difficultés qui ne sont pas encore résolues (1892).

1. Prévost-Paradol, *La France nouvelle.*

nèrent à recommander la paix et à faciliter les en-
trevues matérielles des ministres des deux nations.
Mais elles évitèrent de se prononcer avec netteté et
formèrent la ligue des neutres [1], assurance mutuelle
fondée sur l'égoïsme et sur l'indifférence. Un homme
d'État autrichien fit seul entendre une protestation
timide. « L'inertie de l'Europe, disait M. de Beust [2],
en présence de la guerre actuelle est une chose regrettable, et nous croyons que si les cabinets s'entendaient pour offrir leurs bons offices, leurs voix
pourraient exercer une influence salutaire. » L'Europe n'écouta pas; elle laissa les destinées s'accomplir.

Le traité de Francfort resta muet sur le droit des
populations arrachées à la France à disposer d'elles-
mêmes. Lors de l'exécution du traité de Prague
(1866), la clause de l'option était restée lettre morte
pour les populations du Sleswig; on n'en parla
même pas en 1871. L'Allemagne avait oublié les
leçons de Kant pour suivre aveuglément celles de
M. de Bismarck [3].

Au cours même des hostilités, une conférence s'é-

1. Le cabinet de Londres en fit la proposition à la Russie le
10 août; l'Italie y adhéra le 19 août et la Russie le 31 (Voir
Debidour, ouvr. cité, t. II, p. 399 et 409.

2. Dépêches de M. de Beust des 3, 12, 13 octobre dans la
*Revue du droit international* de 1870.

La proposition de médiation collective avait été faite une première fois le 23 août.

3. Caro.

tait réunie à Londres pour modifier certains articles
du traité de Paris. Lors de la première séance, le
17 janvier 1871, pendant qu'on bombardait Paris,
les plénipotentiaires jugeaient utile d'affirmer comme
un principe essentiel du droit des gens « qu'aucune
puissance ne peut se délier des engagements d'un
traité ni en modifier les stipulations qu'avec l'assentiment des parties contractantes au moyen d'une
entente amicale ».

La France n'assistait pas à la séance d'ouverture.
Notre ministre des affaires étrangères était dans Paris
investi. Il avait vainement essayé de subordonner
son acceptation à la condition que l'Europe garanti-
rait l'intégrité du territoire français [1]. Le plénipotentiaire français, M. de Broglie, ne put prendre séance
que le 13 mars 1871; son premier mot fut pour
déclarer qu'il saisissait avec empressement l'occasion
« de maintenir la règle salutaire de la société européenne de n'apporter aucun changement essentiel
aux relations des peuples entre eux sans l'examen
et le consentement de toutes les grandes puissances...
pratique tutélaire, véritable garantie de paix et de
civilisation à laquelle trop de dérogations ont été
apportées dans ces dernières années [2] ».

La conférence revisa dans une certaine mesure le

---

1. Sur cette période douloureuse de notre histoire, voir Debidour, t. II, p. 426 et suiv.
2. Sir Travers Twiss, *Droit des gens.*

traité de 1856. Elle permit au sultan d'ouvrir les Dardanelles et le Bosphore aux bâtiments de guerre de puissances amies dans le cas où elle le jugerait nécessaire. Elle maintint la libre navigation de la mer Noire et la commission du Danube.

## VII

Le Congrès de Berlin de 1878 a été une atteinte de plus à la situation créée par les traités de 1815. Il a disposé, sans les consulter, de peuples et de territoires. La Turquie a été démembrée. La Bosnie et l'Herzégovine ainsi que le district de Novi-Bazar furent remis à l'Autriche; l'indépendance de la Serbie, de la Roumanie et du Monténégro fut reconnue, la liberté des détroits, confirmée. La France eut l'honneur de faire consacrer l'égalité civile et la liberté de conscience dans les nouveaux États créés. Le traité fut signé le 13 juillet 1878. Il semble avoir été fait pour brouiller entre elles toutes les puissances, plutôt que pour assurer la paix générale. Les petits peuples de la péninsule des Balkans paraissent toujours prêts à s'entre-déchirer. Aussi la diplomatie s'est-elle laissée vite dépasser par les événements, et l'insurrection de la Roumélie orientale n'a-t-elle pas tardé à montrer ce que son œuvre avait d'arbitraire et d'artificiel.

La Grèce a provoqué en 1880 une conférence

nouvelle. Celle-ci se réunit à Berlin et proposa une délimitation de frontières qui fut rejetée par la Porte. Un projet d'arbitrage fut présenté par la France, mais les parties ne s'entendirent pas, chacune d'elles voulant marquer préalablement le sens de la décision.

## VIII

L'Europe, dans la période contemporaine, a continué à se répandre sur le monde. Elle en achève aujourd'hui l'occupation. « Elle n'a plus rien à prendre sur l'Amérique, mais elle s'est rejetée sur le continent noir[1]. » Elle procède à l'amiable au partage de ces immenses territoires au nom d'une commune civilisation. Le droit public a créé sur les rives du Congo un État international neutre par essence et par le choix même du souverain placé à sa tête. Les diplomates suivent les explorateurs et consacrent leurs conquêtes[2].

Quatorze États, parmi lesquels les États-Unis d'Amérique, se sont réunis à Berlin en 1885, sur l'invitation de la France et de l'Allemagne, pour y « régler, dans un esprit de bonne entente mutuelle, tout ce qui touche au développement du commerce

1. Lavisse, *Vue générale sur l'Histoire de l'Europe.*
2. Ces conquêtes ne sont malheureusement pas toujours pacifiques, témoin les derniers événements de l'Ouganda et les exploits des compagnons de Stanley.

et de la civilisation dans certaines régions de
l'Afrique, assurer à tous les peuples les avantages
de la libre navigation sur les deux principaux fleuves
africains qui se déversent dans l'océan Atlantique,
prévenir les malentendus et les contestations que
pourraient soulever à l'avenir les prises de possession nouvelles sur les côtes de l'Afrique, accroître
le bien-être moral et matériel des populations indigènes ». Tel est l'objet de l'acte général du Congrès
de Berlin du 16 février 1885.

Il établit d'abord la liberté complète du commerce
dans le bassin du Congo, ses embouchures et pays
circonvoisins. Les puissances contractantes s'engagent à concourir à la suppression de l'esclavage
et surtout de la traite des noirs[1], à protéger et à
favoriser, sans distinction de nationalité ou de culte,
toutes les institutions religieuses, scientifiques ou
charitables; à garantir aux indigènes comme aux
nationaux et aux étrangers la liberté de conscience,

---

1. Dès 1791, le Danemark abolit la traite coloniale. Le parlement anglais la proscrivit en 1808, la France s'engagea à la
faire disparaître de ses possessions par un article additionnel
au traité du 30 mai 1814. En 1815, le congrès de Vienne déclare supprimée la traite des nègres. L'Angleterre entama en
1830 des négociations pour établir sur les côtes d'Afrique une
étroite surveillance. Par les traités du 30 novembre 1831 et
du 22 mars 1833, la France et la Grande-Bretagne s'étaient
concédé réciproquement le droit de visite dans une zone res-
treinte à une partie du littoral africain. Le traité du 29 décembre 1841 établissait un accord entre les cinq grandes puis-

la tolérance religieuse, le libre et public exercice de tous les cultes. Chaque puissance s'oblige, par tous les moyens en son pouvoir, à mettre fin au commerce des esclaves, à l'interdire et à punir ceux qui s'en occupent.

La neutralité des territoires compris dans le bassin conventionnel du Congo doit être observée, même en temps de guerre. L'article 12 est une application du principe de l'arbitrage :

« Dans le cas où un dissentiment sérieux, ayant pris naissance au sujet ou dans les limites des territoires mentionnés à l'article premier et placés sous le régime de la liberté commerciale, viendrait à s'élever entre des puissances signataires du présent acte ou des puissances qui y adhéreraient par la suite, ces puissances s'engagent, avant d'en appeler aux armes, à recourir à la médiation d'une ou de plusieurs puissances amies. Pour le même cas les mêmes puissances se réservent le recours facultatif à la procédure de l'arbitrage. »

---

sances, étendait la zone de visite aux côtes de l'Europe et de l'Amérique, et supprimait la limite fixée à l'Angleterre quant au nombre de ses croiseurs. On sait les attaques violentes que ce traité valut au ministère Guizot. La Chambre le blâma en janvier 1842, et le protocole fut clos sans la signature de la France le 2 mai suivant. Les traités de 1831 et 1833 furent dénoncés à la suite des débats parlementaires de janvier 1843. L'entente cordiale fut fortement entamée par ces dissentiments. (Voir *la France, l'Esclavage africain et le droit de visite*, par M. A. Desjardins, *Revue des Deux Mondes* du 15 octobre 1891.)

Liberté complète est assurée à la navigation du Congo et de ses affluents, ainsi qu'aux routes, chemins de fer et canaux latéraux : « Aucun privilège exclusif de navigation ne sera concédé soit à des sociétés ou corporations quelconques, soit à des particuliers. » Ces dispositions sont reconnues par « les puissances signataires comme faisant désormais partie du droit public international ». Une commission internationale est chargée d'assurer leur exécution. Les puissances signataires peuvent s'y faire représenter chacune par un délégué.

Aucun délégué ne peut disposer de plus d'une voix. Ils sont rétribués par leurs gouvernements respectifs. Les agents et employés de la commission sont payés sur les recettes provenant des taxes ou droits de navigation. Ces droits n'auront que le caractère de rétribution.

Les membres de la commission internationale sont inviolables. Elle élabore les règlements de navigation, et, en cas d'infraction, en assure la répression. Elle connaît en premier ressort des plaintes portées par les nationaux contre les abus de pouvoir ou les injustices de ses agents. Elle décide des travaux propres à assurer la navigabilité du Congo, elle fixe les tarifs des droits de navigation et en perçoit les revenus ; elle surveille ses établissements sanitaires. « Dans l'exercice de ses attributions, elle ne dépend pas de l'autorité territoriale. » Elle peut recourir aux bâtiments de guerre des puissances signataires. Elle a le droit de négocier en son nom propre des emprunts gagés sur ses revenus.

En ce qui touche le Niger et ses affluents, la France et la Grande-Bretagne se sont engagées à appliquer les mêmes principes et à assumer les mêmes obligations. Enfin, aucune nation ne peut s'attribuer une parcelle du continent africain sans avoir régulièrement notifié son acquisition à l'aéropage européen.

Les prescriptions de l'acte de Berlin ont été développées par la conférence de Bruxelles. L'acte du 2 juillet 1890 « constitue l'effort le plus considérable qui ait été encore fait par les nations civilisées contre une des pires formes de la barbarie [1] ». Il est signé par dix-sept puissances : les quatorze puissances signataires de l'acte de Berlin, auxquelles se sont joints le shah de Perse, le sultan de Zanzibar et l'État du Congo, pris en cette qualité. C'est tout un code contre l'esclavage.

L'acte énumère d'abord les mesures à prendre aux lieux d'origine. Il restreint dans certaines parties de l'Afrique [2] l'importation des armes perfectionnées, principal moyen d'action des recruteurs et des marchands d'esclaves. Il prévoit et prescrit des lois nationales destinées à punir la chasse à l'homme,

---

1. Rapport de M. Francis Charmes à la Chambres des députés, page 5.

2. Du vingtième parallèle nord au vingt-deuxième parallèle sud.

la mutilation et la capture des esclaves... Viennent
ensuite la surveillance des routes, des caravanes,
des transports d'esclaves par terre, le rapatriement
et la protection des libérés et de leurs enfants.

La répression de la traite sur mer est assurée
par des règlements sur l'usage des pavillons, l'arrêt
des bâtiments suspects, l'enquête et le jugement
des bâtiments saisis.

L'article 55 organise l'arbitrage dans le cas où le
bâtiment ayant été arrêté illégalement, il y a lieu
de lui accorder une indemnité. La quotité de cette
indemnité est fixée par l'autorité qui a dirigé l'enquête. Si le différend porte sur le chiffre, « l'officier
capteur et l'autorité qui aura dirigé l'enquête dé-
signeront, chacun dans les quarante-huit heures, un
arbitre, et les deux arbitres choisis auront eux-
mêmes vingt-quatre heures pour désigner un surarbitre. Les arbitres devront être choisis autant que
possible parmi les fonctionnaires diplomatiques,
consulaires ou judiciaires, des puissances signataires. La décision sera prise à la majorité des voix.
Elle doit être reconnue comme définitive. »

Sont annulées, dans les pays de destination dont
les institutions comportent l'esclavage domestique,
toutes ventes et transactions portant sur les esclaves
libérés ou fugitifs. Un bureau international maritime
est organisé à Zanzibar pour protéger les esclaves
libérés et pour centraliser tous les renseignements.
Des mesures minutieuses sont prises pour restreindre

le trafic des spiritueux. Une déclaration annexe autorise les puissances, par dérogation à l'acte de Berlin, à établir sur les marchandises importées dans le bassin conventionnel du Congo, des droits dont le tarif ne doit pas dépasser dix pour cent de la valeur [1].

. Cet acte n'était que le développement régulier et normal de l'acte de Berlin. Mais, malgré les précautions prises pour distinguer le droit de vérification des papiers du droit de visite, et pour le limiter, la Chambre des députés, égarée par une susceptibilité exagérée et regrettable, avait d'abord refusé d'y apposer la signature de la France.

Heureusement, la représentation nationale n'a pas voulu sacrifier à une noble chimère le véritable intérêt de la France.

A la suite d'une heureuse négociation, les Chambres françaises ont autorisé, en décembre 1891, la ratification de l'acte de Bruxelles à l'exception des articles sur la délimitation de la zone de surveillance et sur l'arrêt des bâtiments suspects. Le vote laisse debout et fait entrer définitivement dans le droit international les dispositions sur le commerce des spiritueux et des armes à feu et les mesures générales en vue de la répression de l'esclavage et de la traite sur terre.

---

1. Livre jaune 1891 (18 novembre 1889, 2 juillet 1890. Protocole et acte final).

Si nous nous sommes étendu aussi longuement sur les résultats des deux conférences africaines, ce n'est pas seulement parce qu'elles consacrent le recours à l'arbitrage et parce qu'elles organisent des commissions investies d'attributions vraiment souveraines. C'est surtout parce qu'elles formulent scientifiquement des règles de droit international public. Les nations civilisées se sont senties stimulées, soutenues et portées par un besoin de haute moralité. Elles ont compris qu'elles devaient être les éducatrices et les initiatrices de ces peuples déshérités et plongés dans les ténèbres; elles veulent les garantir contre l'odieux trafic dont ils sont victimes. Avec la liberté, elles doivent leur apporter les bienfaits du commerce et de la civilisation. Le droit a été pour elles l'expression de leur conviction commune, de leur commune volonté et de leurs intérêts collectifs. « La répression de la traite, dit M. de Vogüé [1], donne aux tentatives communes de l'Europe un caractère de moderne croisade. » Lors même que la politique et le négoce poursuivent des desseins pratiques, les idées d'humanité s'y mêlent pour une forte part; ce sont elles qui entraînent l'assentiment des masses. L'Europe a la conscience d'accomplir un grand devoir encore plus que de réaliser une opération avantageuse.

1. M. de Vogüé, *Spectacles contemporains; les Indes noires.*

## IX

Nous arrivons maintenant aux commissions européennes chargées d'assurer en commun l'exécution
des conventions. Ces commissions rentrent dans
notre sujet, car elles marquent de la part des parties
contractantes le désir d'éviter par une entente
préalable les difficultés éventuelles d'interprétation
et d'exécution.

De ce nombre sont les deux commissions du
Danube dont l'une est composée des représentants
des grandes puissances et de la Turquie, l'autre des
délégués des États riverains [1]. Toutes deux sont
chargées, en vertu des articles 16 et 17 du traité de
Paris de 1856, d'assurer la libre navigation du
fleuve [2]. Elles ont leur flotte, leur pavillon et la
liberté de leurs décisions techniques.

On peut citer comme un embryon de juridiction la

1. La commission des riverains n'a jamais été convoquée et
n'a jamais fonctionné.
2. Le principe de la neutralité des fleuves fut proclamé pour
la première fois par un arrêt de la Convention du 20 novembre 1792, en ce qui touche l'Escaut et la Meuse. Le traité
de Paris du 30 mars 1856 l'a étendu au Danube à partir des
Portes de Fer. Le traité de Berlin a précisé la neutralité et dé-
fendu aux stationnaires de remonter au delà de Galatz. La
commission de Londres de 1883 a étendu les pouvoirs de la
commission européenne jusqu'à Braïla.

commission centrale de Mannheim « devant laquelle, en vertu de la convention du 17 octobre 1868 intervenue entre la Hollande, la Russie et la France, la partie qui aura perdu en première instance un procès touchant la navigation du Rhin, peut interjeter appel, au lieu de le porter devant une juridiction supérieure[1] ».

En Egypte, l'Europe a organisé une commission financière internationale chargée de contrôler le budget égyptien dans l'intérêt des bondholders[2].

Les tribunaux mixtes qui ont remplacé les juridictions nationales des consuls constituent une des créations les plus originales du droit moderne. Des conventions diplomatiques renouvelées à échéances fixes leur ont conféré des attributions judiciaires et ont ainsi assuré aux justiciables, au-dessus de l'autorité khédiviale, la protection d'une justice impartiale, d'une compétence unique et d'un seul droit civil[3].

Le canal de Suez, création française, est une œuvre internationale. L'Europe a compris la nécessité d'en garantir le libre passage. Tel a été l'objet

1. Kamarowsky, *le Tribunal international*, page 166.
2. Convention du 18 mars 1885 relative au règlement de la dette égyptienne, promulguée par décret du 28 novembre 1886 : voir aussi *Revue de droit international 1891*, articles de M. le Dr Wilhelm Kauffmann.
3. Loi du 24 février 1889, autorisant la prorogation du régime des tribunaux mixtes en Égypte.

de la convention du 29 octobre 1888 signée par la France, l'Allemagne, l'Autriche-Hongrie, la Russie, la Grande-Bretagne, l'Italie, l'Espagne, les Pays-Bas et la Porte. Le canal et ses annexes sont déclarés neutres, libres, et ouverts à tous navires de commerce ou de guerre en temps de guerre comme en temps de paix. Aucun bâtiment de guerre n'y peut séjourner ; deux vaisseaux de chaque nation pourront seulement stationner à Port-Saïd et à Suez. La neutralité est étendue à trois milles marins des ports d'accès. L'article 8 établit une commission internationale de vigilance. « En toute circonstance qui menacerait la sécurité ou le libre passage du canal, les agents des puissances se réunissent sur la convocation de trois d'entre eux et sous la présidence du doyen, et avertissent le khédive. Ils doivent, en tout état de cause, siéger une fois par an pour constater la bonne exécution du traité ; leurs conférences sont présidées par le commissaire ottoman. »

## X

Dans son *Essai philosophique sur la paix perpé tuelle*[1], Kant parle d'un État de nations *civitas gentium* qui, croissant insensiblement, finirait par embrasser tous les peuples de la terre. « Cette

1. Kant, *Essai philosophique sur la paix perpétuelle*, page 21

alliance n'établirait aucune domination d'État à État ; son seul effet serait de garantir la liberté de chaque État particulier qui participerait à l'association sans que ces États eussent besoin de s'assujettir à la contrainte légale d'un pouvoir public. »

Il semble que le philosophe ait été prophète et qu'il ait prévu le mouvement dont l'Amérique est le théâtre : l'arbitrage international s'y épanouit en pleine liberté ; les traités d'arbitrage permanent qui s'y concluent chaque année sont bien un acheminement vers cette alliance pacifique prédite par le penseur.

Au nord, la race anglo-saxonne, fécondée par l'immigration, se multiplie, se développe, s'étend et manifeste dans tous les domaines son activité pacifique. Sortie triomphante des épreuves de la guerre de sécession, la république des États-Unis étonne le monde par le spectacle d'une incroyable prospérité.

Au centre et au sud, une série de révolutions ont engendré une poussée de républiques agitées, mais vivaces. Les colonies espagnoles ou portugaises sont devenues des peuples. « L'Amérique n'est plus une annexe de l'ancien continent. Comme l'Europe, elle est pleine de nations. [1] »

Malgré le sentiment très vif que chacune de ces républiques nouvelles a de son individualité, malgré

1. Lavisse, *Vue générale sur l'histoire de l'Europe*, page 237.

les dissensions intestines et les guerres civiles, malgré certains démentis tels que le conflit qui a été récemment à la veille d'éclater entre le Chili et les États-Unis[1], on constate les signes visibles d'une tendance vers l'unité ou au moins vers l'union. La République des États-Unis, dont les institutions ont réalisé la forme la plus parfaite de la liberté politique, sert de guide et d'inspiratrice. Les plus soupçonneux mettent en doute son désintéressement et voient poindre à l'horizon politique la menace d'une hégémonie nouvelle. Les esprits aventureux parlent de pan-américanisme et les esprits timorés de domination.

De cette tendance à l'union sont nés de curieux essais d'arbitrage permanent. Ainsi, les États-Unis ont conclu avec différents États américains des conventions comprenant l'institution de commissions mixtes chargées de concilier les parties intéressées dans le cas où elles ne se mettraient pas d'accord. Telles sont les conventions passées avec la Nouvelle-Grenade le 10 septembre 1857 et le 10 février 1864, avec le Paraguay le 4 février 1859, avec le Costa-Rica le 2 juillet 1860, avec l'Équateur le 28 novembre 1862, avec le Pérou le 12 janvier 1863 et le 4 décembre 1868, avec la Colombie le 10 fé-

1. Cette contestation internationale se présentait absolument comme un litige entre particuliers. Le président des États-Unis, qui est un des fervents promoteurs de l'arbitrage, n'a pas voulu donner un démenti à ses principes en recourant à la force.

vrier 1864, avec le Venezuela le 25 avril 1866, avec le Mexique le 4 juillet 1868, etc., etc.

Quant au traité de Washington avec l'Angleterre (8 mai 1871), il posa un certain nombre de principes généraux dont les applications se retrouvent dans plusieurs arbitrages spéciaux, notamment dans la célèbre affaire de l'*Alabama* [1].

Dès 1868, la République Argentine et la Bolivie concluaient un traité de paix inaltérable et d'amitié perpétuelle. L'article 20 disait : « Que les questions pour des points de limites qui seront survenues et n'auront pas pu être résolues à l'amiable entre les parties contractantes, seront soumises à l'arbitrage d'une nation amie. » L'article 21 stipulait que le traité était fait pour une période de douze ans, et que, sauf dénonciation préalable, il serait renouvelé de plein droit.

En 1880, la république de Colombie a conclu avec celles de San Salvador, de Saint-Domingue, de l'Uruguay, du Honduras et quelques autres des conventions arbitrales d'un caractère permanent. En voici le type :

« ARTICLE PREMIER. — La république de Salvador et les États-Unis de Colombie contractent à perpétuité l'obligation de soumettre à l'arbitrage, lorsqu'ils n'auront pu y mettre fin par voie diplomatique, toutes controverses ou difficultés qui s'élè-

---

1. Voir nos deux chapitres suivants, VI et VII.

veraient entre les deux nations, nonobstant le zèle
que leurs gouvernements respectifs apporteront toujours à les éviter. »

« ART. 2. — La désignation de l'arbitre pour les
cas où il faudra en élire un, sera faite dans une convention spéciale, par laquelle on déterminera clairement aussi la question en litige et la procédure à
observer au cours de l'arbitrage. Si l'on n'était pas
d'accord pour conclure cette convention, ou si l'on
convenait expressément de s'abstenir de cette forma-
lité, l'arbitre pleinement autorisé à exercer les hautes
fonctions arbitrales serait le président des États-Unis
de l'Amérique du Nord. »

Un Congrès avait été convoqué à Panama pour le
30 septembre 1881, afin d'y étudier les principes
fondamentaux du droit public américain. Des difficultés politiques en ont empêché la réunion. Le
mouvement n'en a pas moins continué. Divers États
américains ont tendu la main aux nations d'Europe
et leur ont proposé de prévenir par des traités analogues les luttes futures.

Dans son message du 4 décembre 1882, le président Garfield se disait prêt à participer à toute
mesure contribuant « à garantir la paix sur la terre ».
Le gouvernement suisse répondit à son appel en lui
proposant un traité général d'arbitrage.

Déjà du temps de Vattel, dit M. Martens, « les
Suisses ont eu la précaution dans toutes leurs alliances entre eux et même dans celles qu'ils ont con-

tractées avec les puissances voisines de convenir d'avance de la manière en laquelle les différends devront être soumis à des arbitres au cas qu'ils ne puissent s'ajuster à l'amiable. Cette sage précaution n'a pas peu contribué à maintenir la république helvétique dans cet état florissant qui assure sa liberté et qui la rend respectable en Europe[1]. »

« Bien que la distance qui sépare les deux pays, disait le Conseil fédéral dans le rapport du département politique de 1883, diminue beaucoup l'importance qu'aurait une pareille convention si elle pouvait être conclue avec nos voisins immédiats, on ne peut méconnaître les avantages qu'aurait pour nous un traité d'arbitrage passé avec la Grande Confédération de l'Amérique du Nord.... Ce qui serait surtout important ici pour la Suisse, ce serait d'introduire dans notre droit public ce précédent si conforme à nos sentiments et à notre neutralité. »

Le projet fut adopté par le Conseil fédéral le 24 juillet 1883. En voici la teneur :

« 1° Les deux États contractants s'engagent à soumettre à un tribunal arbitral toutes les difficultés qui pourraient naître entre eux pendant la durée du présent traité, quels que puissent être la cause, la nature ou l'objet de ces difficultés.

» 2° Le tribunal arbitral sera composé de trois personnes. Chacun des États désignera l'un des arbitres.

---

1. Voir Vattel, t. II, p. 306

Il le choisira parmi les personnes qui ne sont ni les ressortissants de l'État, ni les habitants de son territoire. Les deux arbitres choisiront eux-mêmes leur surarbitre. S'ils ne peuvent s'entendre sur ce choix, le surarbitre sera nommé par un gouvernement neutre. Ce gouvernement sera lui-même désigné par les deux arbitres ou, à défaut d'entente, par le sort.

» 3° Le tribunal arbitral, réuni par les soins du surarbitre, fera rédiger un compromis qui fixera l'objet du litige, la composition du tribunal et la durée des pouvoirs de ce dernier. Ce compromis sera signé par les représentants des parties et par les arbitres.

» 4° Les arbitres détermineront leur procédure. Ils useront pour éclairer leur justice de tous les moyens d'information qu'ils jugeront nécessaires, les parties s'engageant à les mettre à leur disposition. Leur sentence sera communiquée aux parties. Elle sera exécutoire de plein droit un mois après cette communication.

» 5° Chacun des États contractants s'engage à observer et à exécuter loyalement la sentence arbitrale.

» 6° Le présent traité est fait pour la durée de trente années à partir de l'échange des ratifications. S'il n'est pas dénoncé avant le commencement de la trentième année, il sera renouvelé pour une nouvelle période de trente ans et ainsi de suite. »

Par suite de la mort du principal négociateur M. Frelinghuysen, secrétaire d'État américain aux affaires étrangères, ce projet de traité n'a pas encore abouti.

En 1888, une clause d'arbitrage fut stipulée dans un traité d'amitié, de commerce et de navigation passé le 12 mai entre la République française et la République de l'Équateur[1].

Il était aussi réservé à l'Amérique de montrer pour la première fois les représentants officiels des États réunis, en dehors de toute guerre, pour négocier des traités d'arbitrage permanent.

En octobre 1889, dix-huit États comprenant cent vingt millions d'hommes et occupant trente et un millions de kilomètres carrés, c'est-à-dire le triple de l'Europe, se sont fait représenter à Washington pour y étudier non seulement l'unification du droit privé, mais encore un plan définitif d'arbitrage « pour toutes les difficultés existantes entre les États en vue de les régler pacifiquement ».

La conférence a duré du 2 octobre 1889 au 2 avril 1890. Les États-Unis y comptaient dix délégués. Les débats devaient être publiés en anglais et en espagnol. Le 15 janvier 1890, la République Argentine et le Brésil proposèrent un traité de paix et d'amitié générale ou de bien-être général en huit

---

1. Projet de loi du 20 octobre 1888, Documents parlementaires, p. 400. Cette stipulation, disait M. Goblet, ministre des affaires étrangères, qui figure pour la première fois dans un traité signé par la France, est conforme aux propositions dont la Chambre a été saisie en faveur de l'arbitrage.... La place qu'elle occupe dans le traité en marque le caractère exclusivement politique.
Les Chambres n'ont pas encore ratifié cette convention (mai 1892).

articles. Ce projet fut discuté et amendé. Aux termes du traité définitif, l'arbitrage international est la règle du droit public américain. Il est obligatoire dans toutes les questions ayant pour objet les privilèges diplomatiques, les règlements de délimitation de territoires, d'indemnités, de navigation, l'interprétation des traités, etc. Il peut être unipersonnel ou collectif. La procédure est réglée d'avance. Le traité est fait pour vingt ans. Les ratifications devaient avoir lieu le 1er mai 1891 [1]. Dès le 27 avril 1890, la convention était ratifiée par le Brésil, l'Équateur, la Bolivie, Haïti, le Guatemala, le Salvador [2], le Honduras, et les États-Unis.

Au traité fut joint un avis supplémentaire qui consacrait sous forme de vœux les plus hardies d'entre les propositions primitives. Le principe de conquête y est déclaré contraire au droit public américain. La guerre ne confère pas au vainqueur de droits sur le territoire du vaincu, et l'arbitrage peut s'appliquer même aux cessions de territoires. Les actes par lesquels les États s'engageraient à renoncer à l'arbitrage sont nuls.

Le Venezuela demanda que l'arbitrage fût appliqué

1. Ces ratifications ont eu lieu, ainsi que cela résulte d'une lettre adressée en juin 1891, par M. William Curtis à la ligue internationale de la paix. (Voir le Journal des États-Unis d'Europe, août 1891.)

2. Malgré leur adhésion le Guatemala et le Salvador sont retombés dans la guerre (octobre 1891).

à la solution des différends entre les républiques américaines et l'Europe.

Les délégués chiliens, à raison sans doute de la situation de leur pays, critiquèrent le projet et refusèrent de l'approuver. On retrouve dans leurs déclarations toutes les objections classiques contre le principe de l'arbitrage obligatoire et absolu.

Suivant eux, toute énumération est insuffisante ou casuistique : « Une nation blessée dans sa dignité ou atteinte dans son honneur ne demandera pas à l'arbitrage la réparation de l'offense. Il ne peut être effectif, que si l'on crée une autorité supérieure aux parties contractantes... Or cette autorité est un péril pour la souveraineté des nations... Il serait dérisoire et absurde qu'on entreprît une guerre pour rendre hommage à la paix permanente. »

Les Chiliens préfèrent la médiation d'un gouvernement ami des parties, désintéressé dans le différend et animé d'un esprit de rigoureuse impartialité. Ils repoussent donc l'arbitrage absolu, et se rallient à l'institution d'arbitrages facultatifs et spéciaux.

A ces objections de principe s'ajoutaient des objections de forme. Les Chiliens niaient que la conférence fût compétente pour s'occuper d'un projet aussi étendu. D'après eux, le décret de convocation et la circulaire de M. Blaine du 29 novembre 1881 ne visaient que les différends à naître et non des différends nés; et le traité en aucun cas, ne pouvait avoir d'effet rétroactif.

Que l'on traite les Américains d'idéologues, les Chiliens d'esprits positifs et pratiques, c'est le fond même du débat. Que ce plan d'arbitrage trahisse de la part des États-Unis le désir d'absorber les républiques de l'Amérique espagnole ou, du moins, de s'emparer de leur vie industrielle et commerciale; que ce cri : « l'Amérique aux Américains » puisse se traduire par la formule : « l'Amérique aux États-Unis », d'aucuns peuvent le croire qui consultent les exemples de l'histoire. Un fait incontestable se dégage de ces manifestations multiples. Jamais des diplomates investis d'un mandat officiel n'ont essayé plus sincèrement de faire entrer l'idéal dans le moule de la réalité. Ils ont jeté dans le Nouveau Monde « un cri de paix, de confiance et d'amour[1] ». Ce cri sera-t-il entendu par l'Europe[2]?

1. Pradier-Fodéré, *Revue de l'Institut de droit international.* (Voir la Revue ci-dessus, année 1888, p. 510, et année 1889, p. 537, et le *Congrès des trois Amériques,* par Amédée Prince, Paris, 1891.)

2. Le gouvernement des États-Unis a notifié le texte du traité d'arbitrage permanent à tous les États d'Europe, en faisant remarquer qu'une clause spéciale réserve à chacun d'eux la faculté d'y adhérer par une simple déclaration. Il résulte de la lettre de M. Curtis citée plus haut et de la discussion qui a eu lieu pendant la dernière session du parlement danois que la question est encore l'objet de négociations diplomatiques. (Voir le *Journal des États-Unis d'Europe,* 1891, n° 4.)

# CHAPITRE II

## Les arbitrages spéciaux depuis 1794 jusqu'à nos jours.
### (1794-1891.)

I

Ce chapitre contient une énumération résumée des principaux arbitrages intervenus depuis un siècle à propos de litiges déterminés. Nous en avons élagué les détails inutiles, en ne retenant de chaque espèce que les particularités intéressantes pour la formation de cette jurisprudence internationale.

Les querelles entre les nations sont aussi complexes que l'est, de nos jours, la vie internationale elle-même. Les arbitrages s'appliquent donc aux litiges les plus différents. On peut néanmoins les ramener à deux catégories :

Les uns portent sur des intérêts particuliers : arrestations de sujets d'États étrangers, dommages-intérêts réclamés par un État en faveur de ses nationaux, indûment lésés par l'autorité publique de

l'autre État; c'est ce que le droit public, en Angleterre et en Amérique, appelle des « claims ». Les
autres arbitrages se réfèrent à des intérêts généraux
et plus particulièrement territoriaux : délimitation
de frontières, interprétation de la neutralité en temps
de guerre, interprétation d'anciens traités.

## II

### (1794-1848)

Dès la fin du xviiie siècle, l'Amérique commence
à servir de champ d'expérience à l'arbitrage international.

1. En 1794, un conflit avait éclaté entre les États-
Unis et l'Angleterre à propos d'une question de
frontières. Il s'agissait de la ligne médiane de la
rivière Sainte-Croix.

Un compromis fut signé le 19 novembre 1794.
C'est le traité célèbre connu sous le nom de traité
Jay, du nom de son négociateur américain [1]. Deux
commissaires furent désignés, l'un par Sa Majesté
britannique, l'autre par le président des États-Unis,
d'accord avec le Sénat. En cas de partage, tous deux
devaient se concerter sur le choix d'un tiers arbitre.

Par le même traité, deux commissions étaient

1. *Revue de Droit international*, t. VI, p. 118, année 1874.

chargées de statuer sur les indemnités pour dommages causés aux deux nations par la capture de vaisseaux marchands.

C'est la première application circonstanciée de l'arbitrage tel que l'entend et le pratique la diplomatie contemporaine.

2. Les diplomates du congrès de Vienne eurent fort à faire pour résoudre, non seulement les grands problèmes politiques que vingt-cinq ans de guerres avaient laissés en suspens, mais les questions d'indemnités, de délimitation ou de liquidation qui se rattachaient à la nouvelle organisation de l'Europe. Pour les régler, ils eurent souvent recours à l'arbitrage.

Le traité du 20 novembre 1815 avait pour but de liquider les sommes dues par la France dans les pays hors de son territoire à des individus, à des communes ou à des établissements particuliers [1].

Il établissait des commissions de liquidation chargées de s'occuper de l'examen des réclamations et des commissions d'arbitrage chargées de décider dans le cas où les premières ne s'accorderaient pas. Il fixait les fonctions des commissaires liquidateurs, des commissaires juges et les règles pour la nomination des arbitres, leur compétence et les délais.

3. En 1815, le gouvernement français refusa de

---

1. Ces obligations incombaient à la France en vertu des traités des 30 mai et 20 novembre 1814. De Clercq, *Recueil des traités*, t. II, p. 665.

reconnaître la réclamation du gouvernement des Pays-Bas relative au paiement des intérêts de la dette de Hollande non acquittés pour les semestres de mars-septembre 1813. On constitua une commission de sept membres ; deux étaient nommés par la France, deux par les Pays-Bas, et les trois autres choisis parmi les neutres, « de manière qu'un d'eux soit désigné par le gouvernement français, l'autre par le gouvernement des Pays-Bas, et le troisième par les deux commissaires réunis [1] ».

La décision arbitrale fut rendue le 10 octobre 1816 et décida la question en faveur de la France [2].

4. Voici maintenant un arbitrage s'appliquant à un litige territorial, mais entre deux particuliers investis d'attributions souveraines.

Des contestations s'étaient élevées, au sujet du duché de Bouillon, entre Philippe d'Auvergne, vice-amiral au service de la Grande-Bretagne, et Gabriel de Rohan-Guéménée, se prétendant tous deux héritiers de Godefroy-Maurice de Bouillon. Un jugement arbitral devait prononcer sans appel [3]. Des arbitres furent nommés, un par chacun des deux compétiteurs, et les autres, au nombre de trois, par les cours d'Autriche, de Russie et de Sardaigne.

---

1. Convention du 20 novembre 1815. De Clercq, t. II, p. 662.

2. Texte de la sentence. De Clercq, t. III, p. 45.

3. Acte 69 de l'Acte final du Congrès de Vienne du 9 juin 1815.

La décision arbitrale fut prononcée le 1er juillet 1816[1]. Elle relate le nom et l'opinion de chaque arbitre. Les droits du prince de Rohan furent reconnus à la majorité de quatre voix contre une.

Dans l'intervalle avait surgi un troisième compétiteur, Maurice de la Tour-d'Auvergne, qui présenta à la Diète un mémoire tendant à se faire réintégrer dans la possession du duché de Bouillon. La Diète se déclara incompétente par décision du 13 décembre 1816[2].

5. En 1818, les États-Unis et l'Angleterre se trouvèrent en désaccord sur l'interprétation du traité de Gand. Les parties devaient restituer, avec les propriétés publiques et privées y compris les esclaves, tout le territoire occupé avant ou après la guerre[3].

En vertu de cette clause, les États-Unis réclamaient, au profit de leurs concitoyens, la restitution des esclaves qui se trouvaient le jour de la ratification sur un point quelconque du territoire indiqué par le traité. Il s'agissait aussi de statuer sur les esclaves qui étaient à bord des vaisseaux anglais mouillés dans les limites du territoire et de la juridiction des États-Unis.

1. De Clercq, *Recueil des traités*, t. II, p. 557.
2. De Clercq, t. III, p. 41.
3. Par cet exemple et par plusieurs de ceux qui suivent, on voit combien, avant l'abolition de l'esclavage, ce honteux trafic a engendré de litiges internationaux.

L'empereur de Russie fut pris pour arbitre[1]. Le 22 avril 1822, il condamnait l'Angleterre à payer une indemnité pour les esclaves emmenés hors des limites du territoire désigné au traité de Gand.

Par une nouvelle convention, en date du 12 juillet 1822, une commission mixte était nommée pour fixer le prix des esclaves. Réunie à Washington, elle se sépara sans avoir abouti par suite d'un dissentiment. Cependant le conflit fut clos par la convention de Londres de 1826, et l'Angleterre paya aux États-Unis un million deux cent quarante mille neuf cent soixante dollars.

6. Une autre commission, convoquée en vertu du traité de Gand, était chargée de déterminer la frontière nord-est entre les États-Unis et les possessions anglaises. Les commissaires devaient présenter séparément leurs rapports, et l'affaire devait être ensuite soumise à l'arbitrage d'un souverain ou d'un État ami.

Le 29 septembre 1827, les États-Unis concluaient avec l'Angleterre une convention nouvelle fixant la procédure. Le roi de Hollande fut choisi comme arbitre. La sentence fut rendue le 10 janvier 1831. Aux termes de cette sentence, les dispositions du traité de 1783 et les cartes topographiques ne rendaient pas possible de discerner la ligne de démarcation en litige; de nouvelles recherches devaient

1. Convention du 20 octobre 1818.

être faites afin de définir le tracé du 45ᵉ degré de latitude nord et la frontière qui devait le suivre depuis la rivière Connecticut jusqu'au Saint-Laurent.

C'était laisser la question de droit en suspens. L'État du Maine et celui de Massachusetts se prononcèrent contre l'exécution de la sentence. D'après eux, l'arbitre n'étant plus roi des Pays-Bas, mais seulement roi de Hollande au moment du prononcé, ce changement de qualité viciait ses pouvoirs. De plus, sa sentence ne précisant pas la ligne de démarcation, n'était plus qu'un simple conseil et n'avait pas force obligatoire.

Le Sénat américain, à son tour, rejeta la décision arbitrale, et l'affaire ne fut tranchée que par le traité du 9 octobre 1842 qui fixa sans arbitrage la frontière nord-est actuelle des États-Unis.

7. En 1839, la reine d'Angleterre fut choisie comme arbitre par la France et le Mexique[1]. Deux questions lui étaient posées. Le Mexique était-il en droit de réclamer de la France soit la restitution des vaisseaux de guerre, mexicains capturés après la prise du fort de Saint-Jean-d'Ulloa, soit une compensation? Y avait-il lieu, d'autre part, d'allouer des indemnités aux Mexicains lésés par les hostilités postérieures et aux Français expulsés par le gouvernement mexicain?

---

1. Traité de la Vera-Cruz du 9 mars 1839. De Clercq, t. IV, p. 416.

Le 1ᵉʳ août 1814, la reine d'Angleterre répondit négativement, « les actes des deux pays étant justifiés par l'état de guerre existant entre eux[1] ».

8. En 1842, le roi de Prusse est pris pour arbitre par la France et par l'Angleterre dans l'affaire de Portendick[2]. Il est chargé de décider si des dommages ont été effectivement causés aux sujets britanniques par suite du blocus de la côte de Portendick au Sénégal. Le 30 novembre 1843[3], il rend sa sentence. La France est condamnée à payer une indemnité pour la non-notification du blocus au gouvernement britannique. Des commissaires liquidateurs sont désignés; ils seront départagés au besoin par un surarbitre. Une commission mixte est nommée en 1844 et alloue aux négociants anglais quarante et un mille sept cent soixante-dix francs au lieu de deux millions cent quatre-vingt-trois mille six cent vingt et un francs qu'ils réclamaient. Cette somme est votée par les Chambres en 1845 à la suite d'un rapport de M. Baude, et la loi qui la comprend dans les crédits supplémentaires est adoptée le 20 juin 1845.

9. En 1845, une contestation s'éleva entre la Sardaigne et l'Autriche au sujet de l'interprétation de l'article 2 de la convention de 1751 qui interdisait à

1. De Clercq, t. V, p. 105.
2. Déclaration du 14 novembre 1842. De Clercq, t. IV, p. 658.
3. De Clercq, t. V, p. 133.

la Sardaigne d'acheter son sel ailleurs qu'à Milan et d'en faire commerce avec les Suisses. Cependant le gouvernement sarde avait autorisé le passage de Gênes au Tessin de quatre mille quintaux de sel, estimant que le commerce de transit n'était pas interdit par la convention et qu'en outre cette convention elle-même avait cessé d'être valable.

L'empereur Nicolas fut choisi comme arbitre. Il accepta « non le rôle d'arbitre, mais celui de conciliateur », par ce motif que, d'après lui, « on était loin d'avoir épuisé tous les moyens d'entente[1] ». Cette réserve faite, il fut d'avis que, d'après l'esprit de la convention de 1751, le droit était du côté de la Sardaigne, mais que, d'après la lettre, le droit était du côté de l'Autriche.

Cet avis fut considéré par les deux puissances comme tranchant la question.

### III

### (1818-1870)

10. En 1851, le roi des Pays-Bas fut choisi par la France et l'Espagne[2]. « La diplomatie n'avait pu

1. Dépêche du comte de Nesselrode 13 juillet 1845, citée par Martens, traduction Léo, t. III, p. 149.
2. Convention de Madrid du 15 février 1851. De Clercq, t. VI, p. 81.

résoudre les divergences entre les deux gouvernements. Il s'agissait de statuer sur les conséquences
de prises maritimes réciproques remontant à 1823
et 1824. La convention du 5 février 1824 avait réglé
la portée de ces captures, mais la question était
restée douteuse pour deux navires espagnols la *Veloce
Mariana* et la *Vittoria* et pour la frégate française la
*Vigie*. Le détail des faits importe peu.

Le 13 avril 1852, par un avis fortement motivé
rendu en forme de sentence[1] et contresigné par le
ministre des affaires étrangères, l'arbitre décida que
pour le navire *Vittoria* il n'y avait pas lieu à
indemnité, mais que des indemnités réciproques
étaient dues aux propriétaires de la *Veloce Mariana*
et de la *Vigie* dont les prises avaient eu lieu avant
la déclaration de guerre et après la cessation des
hostilités. La liquidation définitive de ces séquestres
et de ces prises maritimes ne s'opéra que par la
convention du 15 février 1862. Chacun des deux
gouvernements se substitua à l'autre pour le paiement de l'indemnité due à ses nationaux.

11. En 1851, Louis Napoléon, président de la
République française, fut choisi par les États-Unis et
le Portugal[2]. Il s'agissait d'un corsaire américain, le
*Général Armstrong*. Une rixe avait eu lieu aux
Açores, le 26 septembre 1814, entre les matelots

1. De Clercq, t. VI, p. 171.
2. Convention de Washington du 22 février 1851.

de ce corsaire et des marins d'une escadre anglaise.
Le lendemain, un vaisseau de l'escadre était venu
canonner le corsaire, ce qui avait déterminé le capitaine à abandonner son navire. Les États-Unis prétendaient faire retomber la responsabilité de cet acte
sur le gouvernement portugais, parce que les autorités locales ne l'avaient pas empêché. Le Portugal
proposa d'abord l'arbitrage du roi de Suède qui
fut refusé. Le ministre des États-Unis demanda
même ses passeports. Ils lui furent expédiés avec la
note suivante : « Nul gouvernement ne peut se considérer comme infaillible dans ses opinions ; et si un
dissentiment survient entre deux nations amies sur
des questions de fait ou de droit, il faut reconnaître
que le refus d'accepter l'arbitrage proposé dans ce
cas-là par la partie la plus faible laisse planer des
doutes sur l'équité de la réclamation formée par la
partie la plus puissante. »

La sentence fut rendue le 30 novembre 1852[1]. Le
gouvernement portugais était déclaré irresponsable
« par le motif principal que le capitaine américain
n'ayant pas eu recours dès le principe à l'intervention du souverain neutre et ayant employé la voie
des armes pour repousser une injuste agression dont
il prétendait être l'objet, avait ainsi méconnu la
neutralité du souverain étranger et dégagé ce souverain de l'obligation où il se trouvait de lui assurer

1. De Clercq, t. VI, p. 237.

protection par toute autre voie que celle d'une intervention pacifique ».

Cette sentence eut des conséquences curieuses. La
question se posa de savoir aux États-Unis si, en cas de
décision défavorable, un gouvernement est responsable envers ses nationaux des réclamations soumises
à un arbitrage. Les propriétaires de l'*Armstrong*
ayant demandé aux États-Unis le remboursement
de l'indemnité que celui-ci n'avait pu obtenir du
Portugal, la Cour suprême déclara, contrairement
à l'avis du Sénat et de la Chambre des représentants, que la décision arbitrale était obligatoire pour
les pétitionnaires comme pour le gouvernement.
Leurs prétentions furent donc rejetées.

En soumettant des réclamations particulières à
l'arbitrage, le gouvernement se trouvait dégagé de
toute responsabilité.

12. Un traité de commerce et de navigation avait
été conclu entre la France et la Sardaigne le 14 février 1852. Une note du même jour, annexée au
procès-verbal des ratifications [1], prévoyait l'arbitrage
pour le cas où une modification dans les droits d'ac-
cise ou de consommation perçus pour le compte du
trésor de l'État susciterait des réclamations. En cas
de partage des voix des quatre commissaires, un cin-
quième devait être nommé par une des trois puissances suivantes : Espagne, Hollande ou Suède.

---

1. De Clercq, t. VI, p. 167.

13. En 1853, une commission mixte fut formée par l'Angleterre et les États-Unis. Les faits remontaient à 1841. Pendant la traversée du navire américain *la Créole*, de Richmond à la Nouvelle Orléans, des esclaves se révoltèrent, s'emparèrent du navire et le dirigèrent vers le port anglais de Nassau. Dix-neuf esclaves rebelles furent arrêtés par le consul américain. Les cent seize autres échappèrent, sans qu'il fût possible de savoir s'ils avaient d'eux-mêmes gagné la terre ou s'ils avaient été mis en liberté.

Le cabinet de Washington demandait qu'on les rendit. Le gouvernement anglais refusait en se fondant sur ce fait qu'ayant touché le sol de l'Angleterre, ils étaient devenus des hommes libres.

La commission mixte fut divisée, et M. Bates, un des jurisconsultes les plus éminents d'Angleterre, choisi comme tiers arbitre, se décida en faveur de la restitution des esclaves ou du paiement d'indemnités en compensation de ceux qui ne seraient pas rendus. D'après sa sentence, les autorités anglaises n'avaient aucun droit sur les esclaves trouvés à bord d'un navire américain dans les ports d'Angleterre. Elles devaient protéger le capitaine dans l'exercice de ses droits, alors surtout qu'il n'avait commis aucun délit.

14 et 15. En 1858, le Sénat de Hambourg fut choisi comme arbitre par la Grande-Bretagne et le Portugal dans l'affaire Croft et, en 1861, dans l'affaire Shortridge.

16. En 1858, le roi des Belges fut arbitre entre les États-Unis et le Chili. En 1821, le vice-amiral de l'escadre chilienne s'était emparé d'une somme de 70.400 piastres provenant de la vente de marchandises importées par le *Macedonian*, vaisseau de la marine marchande des États-Unis. La contestation faillit aboutir à un conflit armé.

Le 15 mai 1863, l'arbitre décida que le Chili devait restituer les trois cinquièmes de la somme saisie, plus les intérêts, du jour de la réclamation jusqu'au jour de l'acquiescement réciproque à un arbitrage.

17. En 1859, une commission fut désignée pour statuer sur les conséquences d'une guerre entre les États-Unis et le Paraguay. Elle était composée de deux membres, l'un nommé par le Paraguay, l'autre par les États-Unis. On avait pourvu au choix d'un surarbitre et l'on paraissait d'accord sur le principe d'une indemnité dont le montant seul semblait être en question. Le commissaire américain fut pourtant d'avis que, malgré tous les préparatifs de guerre faits par les États-Unis, ceux-ci n'avaient rien à réclamer du Paraguay[1].

18. En 1862, le roi des Belges fut pris pour arbitre entre l'Angleterre et le Brésil. Le 7 juin 1862, trois officiers du vaisseau *La Forte* avaient été arrêtés à Rio-de-Janeiro à la suite d'une rixe avec une sentinelle brésilienne et conduits en prison.

---

1. *Revue de droit international*, t. VI, p. 127.

Le cabinet de Saint-James avait vu dans cette arrestation une offense à la marine britannique. L'arbitre donna raison au Brésil, par ce motif que l'origine du conflit n'était point imputable aux agents brésiliens et que les officiers anglais n'étant pas revêtus des insignes de leurs grades, aucune offense n'avait pu être faite à la marine britannique.

19. Par une convention du 20 décembre 1862, le roi des Belges fut encore choisi dans un différend entre les États-Unis et le Pérou au sujet de la saisie et de la confiscation des deux navires américains *Lizzie Thompson* et *Mariana*. Le roi des Belges ayant refusé ces fonctions, toutes les contestations furent soumises à des conventions arbitrales, aux termes de deux conventions de 1863 et de 1868.

20. Le 1er juillet 1863, des arbitres furent choisis par l'Angleterre et les États-Unis au sujet du détroit de Puget. La sentence fut rendue le 10 septembre 1867 sans surarbitre.

21. En 1864, le Sénat de Hambourg fut pris pour arbitre par l'Angleterre et le Pé.    . Le 23 mars 1864, le capitaine anglais White avait été arrêté à Callao sous l'inculpation de meurtre commis sur la personne du président du Pérou atteint par une main inconnue. Il était resté en prison jusqu'au 9 janvier 1862 et avait été mis en liberté à cette époque, faute de preuves suffisantes.

1. Voir *Calvo*.

Le 12 avril 1864, l'arbitre rendait sa sentence. La demande d'indemnité formée par le gouvernement anglais était déclarée caduque. Il était jugé que la procédure suivie par les tribunaux péruviens avait été régulière, et les frais du procès furent partagés entre les deux gouvernements.

22. En 1864 [1], Napoléon III fut choisi pour arbitre par le vice-roi d'Égypte et la Compagnie universelle du Canal de Suez. Il s'agissait de diverses questions relatives à l'emploi d'ouvriers indigènes, à la propriété d'une partie du canal d'eau douce, à l'étendue des terrains nécessaires à la construction et à l'exploitation du canal maritime, à la rétrocession de certains terrains litigieux. C'était en somme un procès de droit civil.

La sentence fut rendue le 6 juillet 1864. Elle remplit dix pages du recueil de M. de Clercq, statue sur toutes les questions, et fixe les indemnités, le mode et le terme des paiements. Elle fut suivie d'un firman du 19 mars 1868, réglant de nouveau la concession sur les bases prescrites.

23. Le 4 juillet 1868, les États-Unis et le Mexique formèrent une commission pour statuer sur les réclamations nées depuis la paix de Guadeloupe-Hidalgo (1848). Les Américains demandaient cinq cents millions de dollars et les Mexicains quatre-vingt-trois millions environ. La commission arbitra

---

1. *Compromis du 21 avril 1864.* De Clercq, t. IX, p. 108.

ces réclamations et l'affaire fut terminée sans incidents.

24. En 1869, le président des États-Unis fut choisi par l'Angleterre et le Portugal au sujet de la propriété de l'île de Bulama sur la côte occidentale d'Afrique. La sentence rendue en 1870 fut favorable au Portugal, et l'Angleterre s'y soumit [1].

IV

(1870 à 1880).

25. Le 12 février 1871, une commission fut convoquée par les États-Unis et l'Espagne à Washington pour examiner les réclamations produites depuis le dernier soulèvement de l'île de Cuba, c'est-à-dire depuis le 1er octobre 1868. Ces réclamations dépassaient trente et un millions de dollars.

La commission élabora à ce sujet un règlement de procédure particulier. Ses travaux se prolongèrent pendant plusieurs années.

26 et 27. Le traité de Washington du 8 mai 1871 comprenait outre le compromis sur l'*Alabama*, auquel nous consacrons un chapitre spécial à raison de son importance, le règlement des réclamations des sujets anglais contre les États-Unis et des citoyens

---

1. *Revue de l'Institut de droit international*, année 1874, p. 127, note de M. Lawrence.

américains contre l'Angleterre, à propos des actes
illégaux commis envers leurs personnes et leurs biens
du 13 avril 1861 jusqu'au 9 avril 1865. Cette commission était composée de trois membres nommés
l'un par l'Angleterre, l'autre par les États-Unis, le
troisième par les deux pays ou, en cas de difficultés,
par l'envoyé de l'Espagne à Washington. Elle siégea
jusqu'au 25 septembre 1873 ; quatre cent soixante-
dix-huit réclamations furent présentées par l'Angleterre et dix-neuf par les États-Unis. Ceux-ci furent
condamnés à payer un million neuf cent vingt-neuf
mille huit cent dix-neuf dollars. Ainsi furent réfor-
més les arrêts injustes des tribunaux américains au
sujet de prises faites sur les Anglais.

Les décisions de cette commission ont été très discutées [1].

28. Le même traité de Washington chargea l'empereur d'Allemagne de statuer sur la question de
San Juan litigieuse entre l'Angleterre et les États-
Unis. Il s'agissait de prononcer sur l'interprétation
exacte du traité de Washington de 1846. La question était de savoir si la ligne frontière mentionnée
à l'article premier entre les territoires nord-ouest
des États-Unis et ceux de l'Angleterre devait passer
par le détroit de Rosarion, ou, suivant la prétention
des États-Unis devait être reculée jusqu'au canal de
Haro. A six reprises différentes, les États-Unis s'é-

---

1. Voir Kamarowsky, le *Tribunal international*, p. 171.

taient refusés à l'arbitrage. Trois savants connus, Kiepert, Goldschmidt et Grimm, un géographe, un juriste et un diplomate, furent chargés par l'empereur d'étudier la question. La sentence fut rendue à Berlin, le 21 octobre 1872 en faveur des États-Unis [1].

29. Le 25 septembre 1872, le président de la République française fut choisi par l'Angleterre et le Portugal, au sujet de la propriété de la baie de Lourenço-Marques ou Delagoa, et des territoires adjacents situés sur la côte orientale d'Afrique.

Le différend durait depuis 1823. Le protocole constate que la décision devra être accueillie « comme absolument définitive et concluante » ; plein effet lui sera donné sans aucune objection, échappatoire ou délai. Quant à la procédure, l'arbitre demeure absolument libre de décider soit en personne, soit par personnes désignées, soit à huis clos, soit en public, soit de vive voix, par discussion écrite ou autrement [2]. La sentence fut rendue le 24 juillet 1875. Le maréchal de Mac-Mahon qui avait remplacé M. Thiers adjugea tous les territoires litigieux au Portugal [3]. Dans les considérants il remontait, pour établir ses droits, jusqu'aux découvertes du XVIe siècle.

30. Le 31 décembre 1873, l'Italie et la Suisse conclurent à Berne un compromis au sujet de la dé-

---

1. Voir Kamarowsky, ouvrage cité.
2. De Clercq, t. XI, p. 40.
3. De Clercq, t. XI, p. 360. *Annuaire de l'Institut de droit international*, 1878, p. 270.

limitation de la frontière du Tessin. La contestation
fut tranchée par décision du 23 septembre 1874 sans
surarbitre.

31. En 1873, les représentants des États-Unis et
l'Italie furent choisis comme arbitres pour statuer
sur une réclamation d'un Anglais, le comte Doun-
donald, contre le Brésil, au sujet de dommages par
lui éprouvés. Le 6 octobre 1873, ils lui allouèrent
38.675 livres sterling [1].

32. En 1873, l'empereur de Russie fut désigné
pour trancher un différend entre le Japon et le
Pérou. L'année précédente, la *Maria-Luz*, navire
péruvien, porteur de coolies, avait relâché à Kana-
gawa. Sur la protestation du représentant de l'Angleterre les coolies furent débarqués ; ils refusèrent
de retourner à bord et le tribunal japonais saisi de
l'affaire, déclara illicite le contrat passé entre eux
et le capitaine. Le Pérou vit dans cet acte une offense
à l'un de ses sujets.

D'après la sentence prononcée par le tsar à Ems,
le 17-29 mai 1875, il était jugé que le gouvernement
japonais avait agi de bonne foi « sans enfreindre ni
les prescriptions générales du droit des gens, ni les
stipulations des traités particuliers [2] ».

33. En 1874, les États-Unis et le Mexique s'en re-

1. *Archives de droit international*, 1874, p. 178.
2. *Archives diplomatiques*, 1874, p. 117 et *Annuaire de l'Institut de droit international*, 1877, p. 358.

mirent à l'arbitrage au sujet des réclamations formulées par un citoyen américain. La sentence fut rendue le 16 avril 1874 par le surarbitre, sir Edward Thornton. Celui-ci accueillit les réclamations. Le gouvernement mexicain s'exécuta [1].

Deux ans après, il formait contre la sentence une requête en revision fondée sur la découverte d'une série de faux témoignages et d'escroqueries. Le tiers-arbitre reconnut qu'il pouvait bien avoir été trompé, mais il répondit par une fin de non recevoir à la demande du Mexique. Cette sorte de requête civile était inadmissible, aucun recours n'ayant été réservé dans le compromis. Il était impossible de revenir sur des faits accomplis et sur une sentence exécutée. Le Mexique dut se contenter de faire des réserves pour la poursuite des délits.

34. En 1874 [2], une commission mixte fut formée par les États-Unis et par la Colombie au sujet de la capture et de la détention du steamer *Montijo* arrêté en avril 1871 dans les eaux colombiennes. Le ministre d'Angleterre à Bogota fut choisi comme tiers arbitre.

35. En novembre 1874, les autorités du Nicaragua avaient saisi des armes à bord du navire français *le Phare* dans le port de Corinto. La saisie fut validée par les autorités judiciaires de la République

---

1. Voir *Revue du droit international*, 1875, p. 57.
2. Convention du 17 avril 1874.

américaine. La France protesta par voie diplomatique. Des pourparlers n'ayant pu amener une entente, le gouvernement du Nicaragua proposa l'arbitrage de la Cour de cassation de France.

Ce fait était sans précédent. Quand les anciens parlements avaient été pris pour arbitres par des gouvernements étrangers, c'était dans les litiges où la France était désintéressée. « La souveraineté du Nicaragua, disait le procureur général, M. Renouard, a consenti à tenir pour l'expression de la raison et de la justice une solution qui sera l'œuvre d'une juridiction instituée par une souveraineté, son adversaire. Elle rend par là un grand et solennel hommage au droit et à la Cour de cassation qui en sera l'interprète [1]. »

Après acquiescement du gouvernement français, la Cour rendit un premier arrêt le 27 avril 1879. Elle acceptait à l'unanimité l'offre d'arbitrage, mais :

« Considérant que, tant pour la garantie des intérêts engagés dans la contestation dont s'agit, que pour la fixité de la sentence à intervenir il convient que les pouvoirs de l'arbitre soient précisés, et qu'il soit fixé un mode de procédé suivant lequel il devra être donné suite à l'arbitrage », elle fixait un certain nombre de points préliminaires.

Le compromis devait indiquer l'objet de l'arbitrage et l'étendue des pouvoirs que les parties en-

---

1. *Revue de l'Institut de droit international*, 1879, p. 445.

tendaient conférer à la Cour. Le ministère des avocats, la communication des pièces, les formalités de l'instruction, du délibéré, du jugement : tout était réglé d'après la procédure habituellement suivie devant la Cour.

Le 15 octobre 1879, le compromis était signé [1]. Il donnait tout pouvoir à la Cour dont la sentence arbitrale devait constituer une décision souveraine et sans appel.

Malgré les précautions prises, un désaccord s'éleva sur la question de savoir si la chose jugée par les tribunaux du Nicaragua était opposable à la France.

Le 29 juillet 1880, la Cour rendait sa sentence [2]. Elle rejetait l'exception de la chose jugée, et décidait qu'étant tribunal arbitral elle était investie de la toute-puissance de juridiction, à l'effet de reprendre et d'apprécier les faits litigieux dans leur ensemble.

Statuant au fond, elle condamnait le Nicaragua à payer à M. Alard, propriétaire du navire *le Phare*, quarante mille deux cent vingt francs et aux dépens.

36. Le 5 janvier 1875, une commission mixte fut chargée d'apprécier les réclamations de la maison Cotesworth et Powel, de Londres, contre le gouvernement colombien.

37. En 1875, le ministre de la Grande-Bretagne

---

1. De Clercq, t. XII, p. 490.
2. Journal le *Droit*, numéro du 6 août 1880.

à Pékin fut choisi comme arbitre par la Chine et le Japon. Un conflit avait failli éclater à la suite du meurtre d'un sujet japonais commis par les Chinois à Formose. La sentence fut favorable au gouvernement japonais à qui la Chine dut payer une indemnité.

38. En cette même année, le ministre des États-Unis à Valparaiso fut chargé par le Chili et le Pérou de statuer sur la liquidation des comptes entre les flottes de ces deux puissances alors alliées.

Le 7 avril 1875, la sentence arbitrale attribuait au Chili un million cent trente mille dollars, d'où il fallait déduire six cent cinquante mille dollars de paiements acompte faits par le Pérou.

V

(1880-1891)

39. En 1880, une commission mixte fut chargée d'examiner les réclamations des Français lésés par la guerre de sécession et des Américains lésés par la guerre franco-allemande et par la Commune, et celles qui étaient nées de la guerre du Mexique[1].

Les commissaires étaient désignés : l'un par le gouvernement français, l'autre par le gouverne-

---

1. Convention du 13 janvier 1880. *Revue de l'Institut de droit international*, p. 229 et 457. De Clercq, t. XII, p. 519.

ment américain, le troisième par l'empereur du Brésil. Les parties contractantes s'engageaient à considérer leurs décisions comme définitives et concluantes.

Les travaux n'ayant pas été terminés dans le délai de deux ans d'abord fixé, les conventions successives prolongèrent les pouvoirs de la commission jusqu'au 1er avril 1884 [1].

**40.** En 1880, l'empereur d'Autriche rendit une décision arbitrale au sujet de la dissension entre la Grande-Bretagne et le Nicaragua à propos du traité de Managua du 28 janvier 1860 [2].

**41.** Le 2 novembre 1882, une convention d'arbitrage fut conclue à Santiago entre la France et le Chili pour la réparation des dommages causés à des Français durant la guerre entre le Chili, le Pérou et la Bolivie. Les trois membres de la commission mixte étaient désignés par les deux parties contractantes et par le Brésil. Ses décisions devaient être exécutées au Chili par la force publique, de la même manière que celles qui sont rendues par les tribunaux ordinaires du pays, et les décisions exécutives à l'étranger « suivant les règles du droit international privé » [3].

---

1. Convention du 19 juillet 1882. De Clercq, t. XIV, p. 42; convention du 8 février 1883. De Clercq, t. XIV, p. 133.

2. *Revue de l'Institut de droit international*, 1884, p. 99. Staatsarchiv, XIV, nos 76.665 à 7.683.

3. De Clercq, t. XIV, p. 63.

42. En 1882, le président de la République française fut choisi par les Pays-Bas et la République dominicaine[1]. Il s'agissait de la saisie du navire hollandais, *Havana Packer*, opérée au mois d'août 1877. Les tribunaux locaux avaient confisqué le bâtiment par application d'une loi qui prohibait l'importation des armes. Le gouvernement des Pays-Bas protestait contre cette condamnation et réclamait une indemnité pour le préjudice causé au propriétaire du navire. La sentence a condamné la République dominicaine à cent quarante mille francs de dommages-intérêts[2].

43. En 1885 éclata le conflit des Carolines entre l'Allemagne et l'Espagne. Deux navires espagnols, le *San Quintin* et le *Corriedo* étaient arrivés dans le port de l'île de Yap qui fait partie des Carolines. Trois jours après, le 25 août 1885, survint une corvette allemande : l'*Iltis*. Le pavillon allemand fut hissé et l'officier qui commandait le détachement prit possession de l'île et de toutes celles qui composent le groupe des Pelevo ou Palass ainsi que des Strong-Islands. Ces événements provoquèrent une vive émotion en Espagne. Le représentant officiel de l'Allemagne à Madrid fut menacé, le drapeau allemand déchiré et piétiné.

Des notes aigres-douces furent échangées entre les

1. Voir Calvo, t. XI, p. 560.
2. Dépêche de M. P. Challemel-Lacour, ministre des affaires étrangères du 16 mars 1883. Documents diplomatiques.

deux gouvernements. L'Espagne invoquait le droit du premier occupant, la bulle du pape Alexandre VI, le consentement tacite des puissances, les données géographiques, l'intention d'établir sur ces îles sa souveraineté effective. L'Allemagne répondait par le texte de l'acte de Berlin, et prétendait que l'Espagne avait négligé de notifier à toutes les puissances le fait de l'occupation. La situation s'envenimait. C'est le chancelier de l'empire d'Allemagne qui fit la proposition, bien inattendue, de soumettre le différend au pape.

Il était ainsi donné à Léon XIII « de ressusciter le rôle important joué par la papauté au moyen âge [1] ».

Le 22 octobre 1885, le souverain pontife formula sa proposition de médiation. Cette proposition fut acceptée par l'Allemagne et par l'Espagne.

« Son avis respecté à l'égal d'une sentence [2] », servit de base au traité du 17 décembre 1885. L'Espagne fut déclarée souveraine et dut introduire aux Carolines une administration régulière, à charge de laisser à l'Allemagne l'entière liberté de navigation, de commerce et de pêche.

« Quand on voit, a dit Frédéric Passy [3], l'orgueil castillan et l'orgueil germanique aux prises après de

1. De Martens, traduction André Léo, t. III, p. 148.
2. Lacointa, Préface du *Tribunal International* de M. Kamarowsky.
3. Conférence de M. Frédéric Passy du 8 avril 1891 à Guise.

telles injures, et la guerre n'en pas résulter, on est bien forcé de reconnaître que l'esprit de paix a fait du chemin dans la conscience publique et dans l'esprit des gouvernements. »

44. Le 7 octobre 1886, la République Argentine et le Brésil signèrent la convention de Rio-de-Janeiro au sujet des limites des territoires nationaux des missions. Une commission scientifique fut désignée et les territoires neutralisés jusqu'à l'achèvement de ses travaux.

45. En 1887, le représentant de l'Espagne à Bogota servit d'arbitre à l'Italie et à la Colombie, à propos de la nationalité d'un prétendu sujet italien poursuivi devant les tribunaux colombiens et de l'intervention de fait d'un commandant de navire italien qui l'avait reçu à son bord [1].

46. Citons au cours de l'année 1887 les traités de délimitation de frontières avec clauses d'arbitrage entre le Nicaragua et le Costa-Rica [2] (9 février), entre le Honduras et le Salvador (9 février), entre la Bolivie et le Paraguay (17 février) [3], etc.

47. En 1887, l'Espagne servit d'arbitre à la Colombie et au Venezuela pour une question de démarcation de frontières.

48. En mars 1858, une sentence fut rendue par

1. *Revue de droit international*, 1887.
2. Les arbitres désignés furent un avocat et un arpenteur.
3. Pour ces arbitrages et les suivants, voir la *Revue*, années 1887, 1888 et 1889.

le président Cleveland, entre les républiques de Nicaragua et de Costa-Rica.

Il s'agissait de juger de la validité du traité de 1858 pour la délimitation des frontières; et, en cas de non-validité, de savoir si la République de Costa-Rica avait droit à la navigation sur la rivière San Juan pour les navires de commerce ou de guerre.

49. Le 20 avril 1888, un traité de délimitation est conclu entre le Pérou et la Bolivie. En cas de désaccord, le gouvernement espagnol est chargé de désigner le tribunal arbitral qui fixera la ligne de partage.

Comme le dit M. Pradier-Fodéré, « ces fréquents appels des anciennes colonies espagnoles à l'arbitrage de la mère patrie doivent satisfaire les mânes de Charles-Quint et de Philippe II ».

50. La reine d'Espagne décida aussi, en 1888, entre le Pérou et l'Équateur à propos d'un vaste territoire s'étendant à l'est de Riobamba, arrosé par les fleuves Tambez et Maragnon. Le Pérou fondait ses droits sur une cédule royale du 15 juillet 1802; l'Équateur les combattait en s'appuyant sur un traité de 1809. De longues recherches furent faites pour résoudre ce point d'histoire et de géographie américaines.

51. En 1888, l'Angleterre et l'Allemagne ont soumis à l'arbitrage du baron Lambermont, secrétaire général du ministère des affaires étrangères de Bel-

gique, un conflit sur l'île de Samoa. Celui-ci s'est prononcé en septembre 1889 contre la Compagnie allemande et en faveur de la Compagnie anglaise de l'Afrique orientale qui a pris possession de Lamu[1].

52. Le 20 novembre 1888, l'empereur de Russie fut choisi par la France et les Pays-Bas pour statuer sur la délimitation des frontières des deux Guyanes. Aux termes du compromis, il s'agissait de décider à qui appartenait le territoire contesté entre les rivières l'Aoua et le Taponahoni.

Mais une convention nouvelle fut signée le 28 avril 1890. Elle autorisait éventuellement l'arbitre à adopter et à déterminer une autre limite passant par le territoire contesté. C'était le transformer en amiable compositeur en lui donnant le droit d'imposer aux parties une solution transactionnelle.

Aux termes de la sentence du 27 mai 1891, l'Aoua devra être considéré comme fleuve limite et servir de frontière entre la Guyane française et la Guyane hollandaise.

Le territoire en amont des rivières de Taponahoni et Aoua doit désormais appartenir à la Hollande. Seront respectés, d'ailleurs, tous les droits acquis de bonne foi par les ressortissants français dans les limites du territoire litigieux[2].

1. *Revue de l'Institut de droit international*, année 1889, t. XXI, p. 354.
2. Voir la conférence faite à la Société des études coloniales et maritimes, le 25 juin 1891, par M. Coudreau.

53. En 1888, le Danemark et les États-Unis ont déféré à l'arbitrage de sir Edmund Monson, ministre d'Angleterre à Athènes, un différend remontant aux années 1854 et 1855 [1]. Il s'agissait de deux vaisseaux, le vapeur *Ben-Franklin* et la barque *Catherine-Augusta*, appartenant à une maison américaine, qui avaient été, au dire du gouvernement des États-Unis, saisis et retenus par les autorités de l'île de Saint-Thomas, alors possession danoise. Un coup de canon avait même été tiré sur le *Ben-Franklin*. De là une réclamation en dommages-intérêts.

L'arbitre commença par écarter l'exception de prescription opposée par le gouvernement danois. Aucune règle positive n'a été, en effet, sanctionnée par les nations en ce qui touche la péremption d'instance en droit international, et, dans l'espèce, le Danemark par la signature du compromis avait renoncé à se prévaloir de toute prescription.

Sur le fond, l'arbitre décida : 1° que les autorités locales avaient eu des motifs légitimes de suspicion les autorisant à prendre des précautions ; 2° Que les mesures prises par les autorités danoises n'avaient été ni déraisonnables ni oppressives ; 3° qu'elles n'avaient pas été prolongées au delà du temps nécessaire.

Quant au coup de canon, la sentence déclara que

1. Compromis du 6 décembre 1888 : Foreign relations of the U. S. 1889, n° 151, *Revue*, t. XXII, p. 360.

le *Ben-Franklin* ayant quitté le port de Saint-Thomas sans s'astreindre aux formalités imposées aux vaisseaux marchands, le gouvernement danois ne pouvait répondre des conséquences qui avaient suivi l'infraction à cette règle.

La réclamation des États-Unis a donc été jugée mal fondée [1].

54. Le 12 juillet 1890, un compromis fut signé par les États-Unis et le Venezuela. Il s'agissait de statuer sur la saisie, la capture, la détention et l'emploi à la guerre de navires à vapeurs appartenant à une Compagnie américaine, et sur l'emprisonnement des employés de cette Compagnie, citoyens des États-Unis.

Chaque État désigna son commissaire; le tiers arbitre devait être, en cas de désaccord, nommé par le représentant de la Belgique ou, à son défaut, par celui de la Suède.

Le litige complet leur était soumis. La sentence devait être rendue dans un délai de trois mois, les frais supportés par moitié [2].

55. En 1890, est intervenu à propos des îles Samoa un traité entre l'Allemagne, les États-Unis et la Grande-Bretagne. Aux termes de l'article 3 un arbitre ou juge supérieur est nommé par les

1. Sentence arbitrale du 24 janvier 1890.
2. Documentos relativos à la reclamation intentada por la legacion de los Estados-Unidos de América en Caracas. — Caracas, 1890.

puissances signataires et, à leur défaut, par le roi de Suède.

56. Le 11 mars 1891, un arrangement aux fins d'arbitrage a été signé à Londres entre la France et la Grande-Bretagne. Il s'agissait de statuer sur certaines difficultés survenues sur la partie des côtes de Terre-Neuve comprise entre le cap Saint-Jean et le cap Raye en passant par le Nord. Voici le texte des principaux articles de cette convention :

« PREMIER ARTICLE. — La commission arbitrale jugera et tranchera toutes les questions de principe qui lui seront soumises par l'un ou l'autre gouvernement ou par leurs délégués concernant la pêche du homard et sa préparation sur la partie susdite des côtes de Terre-Neuve.

» ART. 2. — Les gouvernements s'engagent, chacun en ce qui les concerne, à exécuter les décisions de la commission arbitrale...

» ART. 4. — Une fois que les questions relatives à la pêche du homard et à sa préparation auront été tranchées par la commission, elle pourra être saisie d'autres questions subsidiaires relatives aux pêcheries de la partie susdite des côtes de Terre-Neuve, et sur le texte desquelles les gouvernements seront préalablement tombés d'accord.

» ART. 5. — La commission arbitrale sera composée : *a)* de trois spécialistes ou jurisconsultes désignés d'un commun accord par les deux gouvernements; *b)* de deux délégués de chaque pays qui

seront les intermédiaires autorisés entre le gouvernement et les autres arbitres.

» ART. 6. — La commission arbitrale ainsi formée de sept membres statuera à la majorité des
voix et sans appel [1]. »

Aux termes des annexes 2 et 3 à la dépêche du
11 mars, les deux gouvernements ont désigné d'un
commun accord les trois arbitres dont voici les noms :

M. de Martens, professeur de droit à l'Université
de Saint-Pétersbourg; M. Rivier, consul général de
Suisse à Bruxelles, président de l'Institut de droit
international ; M. Gram, ancien membre de la cour
suprême de Norvège.

Les frais généraux de l'arbitrage et les honoraires
des trois arbitres seront supportés par moitié par
les deux gouvernements. Tous deux, avant la mise
à exécution de l'arrangement précité, ont réservé
l'approbation de leurs parlements respectifs.

Les projets de loi portant approbation de cet
arrangement ont été déposés au Parlement anglais
et à la Chambre des députés de France, et la question est encore pendante [2].

57. Le 3 août 1891, se sont réunis à Brunnen
(Suisse) les arbitres chargés de statuer sur le différend anglo-portugais au sujet du chemin de fer de

---

1. Affaires de Terre-Neuve, documents diplomatiques, Livre
jaune 1891.

2. Juin 1892.

la baie de Delagoa. Les Sociétés de la paix étaient intervenues et avaient envoyé à toutes les nations européennes une note à laquelle douze gouvernements ont répondu [1].

Les arbitres chargés de trancher le différend ont arrêté la procédure à suivre. Elle aura lieu par pièces écrites. Il a été admis en principe que les parties auraient la faculté de plaider devant la cour arbitrale.

58. En novembre 1891, les États-Unis et l'Angleterre ont signé un compromis fixant les conditions dans lesquelles sera exercé l'arbitrage, déjà admis en principe, qui doit trancher un différend survenu entre ces deux puissances [2].

En 1888, le gouvernement des États-Unis émit la prétention de réglementer dans la mer de Behring la pêche des phoques à fourrures, dont la concurrence ardente des pêcheurs américains et canadiens menaçait de faire sous peu disparaître l'espèce, et il fit saisir plusieurs bateaux canadiens qui avaient contrevenu aux règlements émanés de lui. L'Angleterre protesta et les bateaux saisis furent relâchés. Mais le Congrès de Washington vota peu après un projet de loi interdisant la pêche du phoque dans la mer de Behring à tout pêcheur non autorisé par le gouvernement américain, et le nouveau président,

1. Conférence de M. Frédéric Passy du 8 avril 1891.
2. Voir le journal *le Temps* du 16 novembre 1891 et le journal *des Débats* de même date.

M. Harrison, déclara « que tous les contrevenants verraient leurs vaisseaux, engins de cargaison, saisis et confisqués ». Cette prétention souleva au Canada et en Angleterre d'énergiques protestations.

Sir John Macdonald, premier ministre du Dominion, la qualifia « d'attentat inique » et le Foreign-Office adressa des réclamations à Washington.

Une controverse juridique s'engagea ; elle vient de se terminer par la signature du compromis.

La France, l'Italie et la Suède nommeront chacune un arbitre ; l'Angleterre et les États-Unis auront deux délégués.

Les questions seront les suivantes : « Quels étaient les droits de la Russie dans la mer de Behring avant la cession de l'Alaska ? Jusqu'à quel point l'Angleterre les avait-elle reconnus ? Quels sont ceux des États-Unis, relativement à la pêche en dehors des limites territoriales ? Enfin, si les arbitres se prononcent contre les prétentions de ce pays, quels dommages et intérêts conviendra-t-il d'accorder aux bâtiments anglais et canadiens qui ont été saisis ?

Le jugement devra être rendu dans les quatre mois qui suivront la clôture des débats.

## VI

Ici s'arrête notre énumération. Le lecteur la trouvera longue et pourtant nous n'avons cité que les principaux cas d'arbitrage spéciaux intervenus depuis un siècle.

On voit que nous en avons compté neuf pendant la première période (1794-1848), c'est-à-dire en cinquante-quatre ans ; quinze pendant la seconde période (1848-1870), c'est-à-dire en vingt-deux ans; quatorze pendant la troisième période (1870-1880), c'est-à-dire en dix ans, et vingt pendant la dernière période (1880-1891), c'est-à-dire en onze ans.

Les statisticiens de l'arbitrage ont dressé des tableaux qui, en plusieurs points, diffèrent du nôtre. Ainsi, d'après M. Henri Bellaire[1], il y aurait eu de 1783 à 1872 vingt-deux arbitrages, dont six de 1783 à 1828, soit en trente-six ans, trois de 1828 à 1850, soit en vingt-deux ans, treize de 1850 à 1872, soit pendant une période égale.

M. Donnat[2] en compte soixante-douze jusqu'en 1890, mais il confond avec les arbitrages spéciaux les arbitrages généraux et les médiations, par exemple celle de 1867 entre la France et la Prusse, la Turquie et la Grèce, l'Angleterre et l'Espagne, et même le Congrès de Berlin de 1878 et le Congrès pan-américain de 1890.

Au point de vue des États intéressés, sur les cin-

1. Note pour le congrès de la paix de 1872. M. Bellaire a commis dans son étude un certain nombre d'erreurs qui ont été relevées par M. B. Lawrence. (*Revue de droit international* t. VI, p. 107.)

2. *Revue libérale*, Les traités d'arbitrage international.

quante-huit arbitrages cités par nous, treize intéressent les États-Unis et d'autres États américains,
vingt-trois intéressent les États-Unis, d'autres États
d'Amérique et des États européens, trois intéressent des États d'Asie ou des États d'Afrique,
et dix-huit les nations d'Europe.

Aucune de ces statistiques n'a de prétention
à l'exactitude mathématique. Elles n'ont d'importance qu'en ce qu'elles attestent une pratique sans
cesse croissante du procédé. La diplomatie prend
ainsi une attitude nouvelle; elle reconnaît pour la
solution des difficultés internationales une sorte de
tribunal supérieur spécial à chaque affaire qu il faut
essayer de convaincre par avance de la justice de sa
cause. On ne s'efforce plus comme autrefois d'intéresser les autres gouvernements. On se place sur le
terrain du droit : on plaide, on invoque les principes du droit des gens. N'est-ce point là, malgré
le manque trop fréquent de sincérité, reconnaître
le droit lui-même et lui rendre hommage?

# CHAPITRE III

L'affaire de l'*Alabama* et le tribunal de Genève (1872).

### I

Le plus célèbre exemple d'arbitrage dans notre siècle est connu sous le nom d'arbitrage de l'Alabama [1]. C'est la première fois, dit M. Rolin-Jaequemyns qu'une affaire internationale de cette importance a été confiée en Europe à un collège de simples particuliers et instruite par eux dans les formes généralement considérées chez les peuples civilisés comme protectrices de la justice civile.

Les débats qui ont précédé la sentence et cette sentence elle-même ont fait faire au droit maritime de sérieux progrès; ils constituent en même temps un essai complet de procédure arbitrale. A ce titre, cette cause mérite une place spéciale dans cette étude.

1. Voir Alphonse Rivier. *L'affaire de l'Alabama et le tribunal de Genève.* (*Revue suisse*, décembre 1872.)

## II

On connaît les faits. Pendant la guerre de sécession, une agence de confédérés du Sud s'établit à Liverpool pour acheter et construire des navires de guerre. Ces vaisseaux quittaient leur chantier sans armement et sans équipage militaire. Arrivés à des points fixés à l'avance, ils y attendaient les munitions et le complément d'équipage que leur apportaient des embarcations parties de Liverpool.

Parmi ces corsaires, plusieurs tels que la *Georgia* la *Florida*, la *Shenandoah*, allèrent porter la ruine au milieu de la marine marchande des États-Unis. Dans l'intervalle de leurs croisières ils venaient aborder aux ports des colonies anglaises pour y réparer leurs avaries et s'y procurer des vivres et des munitions.

Le plus célèbre fut la canonnière l'*Alabama*. Le 29 juillet 1862, elle quitte le Mersey avec des dames et des amis à bord, comme s'il s'agissait d'une simple promenade d'essai. Elle va à Terceire attendre son supplément d'équipage et son armement qui lui viennent de Liverpool et de Londres. Elle porte à la marine marchande des États-Unis un coup terrible; elle coule, rançonne ou brûle soixante navires marchands et un navire de guerre, et, après une campagne mémorable, elle est coulée à fond en vue de Cherbourg par la corvette *Kearsage*[1].

### III

Les États-Unis du Nord furent profondément blessés par la négligence de l'Angleterre secrètement sympathique à la cause du Sud : « De ce rivage, s'écriait Cobden à la Chambre des communes le 13 mai 1864, vous avez fait la guerre au peuple des États-Unis. »

Dès le 7 avril 1865, le gouvernement américain reprochait à la Grande-Bretagne d'avoir violé la neutralité en fournissant des corsaires aux États du Sud et en procurant à ces corsaires des moyens d'approvisionnement. Il la rendait responsable de tous les faits accomplis.

Le gouvernement anglais répondait que les arme-

---

1. On a longuement discuté sur le caractère de l'*Alabama*. Les uns l'ont considéré comme un corsaire. M. Arthur Desjardins a reconnu qu'il était armé en guerre et non en course. « Mais, ajoute-t-il, les États-Unis le regardaient à juste titre, comme illégalement équipé, parce qu'il n'avait jamais touché un port de belligérant; que construit et équipé en Angleterre, armé avec un matériel anglais, il avait assumé ailleurs que dans les eaux du belligérant sa nouvelle nationalité et sa qualité militaire; et ce vice d'origine, aux yeux des fédéraux, entacha d'illégalité, au point de vue international, toutes ses opérations. » (Arthur Desjardins, *le Congrès de Paris et la Jurisprudence internationale*. Note des pages 10 et 11.)

ments et les équipements avaient eu lieu hors du territoire britannique, et, le 2 août 1865, il déclarait avec hauteur qu'il ne consentirait « jamais à porter le litige devant les arbitres ».

Le débat s'était envenimé, lorsque le ministre des États-Unis à Londres, M. Reverdy Johnson, offrit au chef du Foreign Office, lord Stanley, de soumettre le différend à une commission mixte composée de deux Anglais et de deux Américains (1869).

Cette fois-ci, ce fut le Sénat fédéral qui refusa l'arbitrage. M. Summer, président du Comité des affaires étrangères, se prononça dans la séance du 13 avril 1869 contre un traité qui, « au lieu de rétablir la paix, laissait planté au cœur de la nation le ressentiment d'une grande injustice ». Les clauses aléatoires proposées étaient peu compatibles avec la majesté d'un pareil acte. La convention fut repoussée par cinquante voix contre une.

Les négociations durèrent deux ans encore, et, par moments, la rupture parut imminente.

En janvier 1871, le gouvernement anglais offrit aux États-Unis de résoudre par un règlement a iable les différends qui les divisaient et notam nt la question de l'*Alabama*.

Le 8 mai 1871 était conclue la conventi n de Washington. D'après l'article 1er, le tribunal arbitral était composé de cinq membres nommés par le président des États-Unis, la reine d'Angleterre, le roi d'Italie, le président de l a Confédération suisse et l'empereur du Brésil.

En cas de refus ou d'omission de la part de l'un de ces trois derniers, la désignation appartenait au roi de Suède et de Norvège.

Ainsi la majorité des membres du tribunal était nommée par des neutres. Dans les débats préliminaires, M. Westlake avait signalé la difficulté de trouver un souverain désintéressé et compétent ; M. Lieber avait proposé une faculté de droit ; M. Bluntschli, une liste permanente de jurés. Le système de la haute commission qui prépara le traité rappelle le congrès international proposé par M. Westlake : le tribunal est un congrès restreint.

Les arbitres devaient se réunir à Genève et rendre leur sentence dans un délai déterminé. La décision devait être prise à la majorité des voix.

Afin de guider les arbitres, les deux parties fixaient dans le compromis trois grandes règles générales que le tribunal n'aurait plus qu'à appliquer. Ces règles détermineraient les devoirs des neutres en temps de guerre maritime.

Aux termes de l'article 6, « un gouvernement neutre est tenu :

» 1° D'user de toute diligence pour empêcher dans sa juridiction l'équipement et l'armement de tout vaisseau qu'il a des motifs raisonnables de croire destiné à croiser ou à faire la guerre, contre une puissance avec laquelle il est en paix, et aussi d'em-

ployer la même diligence à empêcher le départ de
sa juridiction de tout vaisseau destiné à croiser ou
à faire la guerre, comme il a été dit ci-dessus, ce
vaisseau ayant été spécialement adapté, en tout, ou
en partie, dans la juridiction de ce gouvernement, à
un usage guerrier;

» 2° De ne permettre à aucun des belligérants de
faire de ses ports ou de ses eaux la base de ses opérations maritimes contre l'autre, ni de s'en servir
pour augmenter ou renouveler ses approvisionnements militaires, ses armes, ou pour recruter des
hommes;

» 3° D'exercer toute diligence dans ses propres
ports et dans ses eaux; et à l'égard de toutes personnes, dans sa juridiction; d'empêcher toute violation des obligations et des devoirs qui précèdent.

» Et les hautes parties contractantes conviennent
d'observer ces règles entre elles à l'avenir et de les
porter à la connaissance des autres puissances maritimes en les invitant à y accéder ».

S'il était jugé que l'Angleterre avait violé une de
ces trois règles, le tribunal pouvait fixer en bloc la
somme due aux États-Unis. Le lieu et le mode de
paiement des dommages-intérêts étaient réglés avec
soin. Les parties s'engageaient à considérer les décisions du tribunal comme définitives.

Ce traité fut ratifié par les parlements des deux
pays, non sans débats. La valeur morale d'un compromis si important, intervenant après des négo

ciations si difficiles ne pouvait échapper aux représentants des deux nations. Je crois, disait lord Grey, « que ce traité exercera une grande influence sur le monde pour lui procurer le premier des bienfaits terrestres, la paix ». Et le vice-président des États Unis, M. Colfax, disait au Sénat : « Quand même l'arbitrage ne devrait pas nous donner un seul dollar, je me lèverais devant mes concitoyens et je leur crierais : — Acceptez, quelle qu'elle soit, la résolution des arbitres; ... renoncez à toute indemnité, plutôt que de rétrograder d'une seule ligne de la haute position morale dans laquelle vous vous êtes placés avec l'Angleterre vis-à-vis des autres nations du monde. »

## IV

Les travaux du tribunal commencèrent le 15 décembre 1871. Il eut d'abord à déterminer sa compétence; il écarta du débat un certain nombre de faits généraux qui lui étaient complètement étrangers. Le rapport de M. Staempfli fixa la procédure.

Les faits relatifs à chaque navire devaient être d'abord appréciés. Chaque arbitre donnait son opinion par écrit et pouvait la modifier jusqu'à la décision définitive. Cette décision devait être motivée. Après l'examen des faits, le tribunal avait à fixer la somme que l'État responsable était condamné à payer.

Ces opérations préliminaires prirent de longs mois. Les contre-mémoires furent déposés le 15 avril et les brefs le 15 juin.

Les États-Unis réclamaient des indemnités non seulement pour dommages directs, résultant de la destruction des navires et des propriétés, mais aussi pour dommages indirects résultant de la prolongation de la guerre. Pour ce dernier chef, comme une estimation exacte n'en paraissait pas possible, ils demandaient au tribunal d'adjuger une somme en bloc.

L'émoi fut grand en Angleterre quand on y connut ces conclusions. Il semblait qu'elles fussent absolument inattendues ; on avait oublié les comptes rendus de la haute commission et la teneur même du traité. L'imagination du public anglais, surexcitée par les clameurs de la presse, se lança dans des calculs insensés. On crut un moment que l'Amérique exigeait des milliards. Les théoriciens se mirent à discuter la question de l'admissibilité des dommages purement indirects. Le message royal en parla. M. Gladstone, interpellé, affirma que « les arbitres n'étaient pas compétents pour statuer sur des prétentions aussi formidables ».

Mais, au bout de quelques semaines, cet orage était passé. Le gouvernement n'a pas soulevé l'exception d'incompétence, qui n'avait aucune raison d'être et sur laquelle d'ailleurs personne n'aurait eu à se prononcer sauf les arbitres eux-mêmes. Grâce aux explications de quelques jurisconsultes autorisés parmi lesquels M. Rolin Jaequemyns, on a fini par comprendre que les arbitres étaient nommés, aux termes du compromis, pour connaître de toutes les réclamations connues sous le nom générique de « The Alabama Claims », que les réclamations dites pour dommages indirects en faisaient partie ; ... et enfin que les arbitres ayant mission de les examiner, avaient aussi mission de les repousser, s'ils ne les trouvaient pas raisonnables et justes. — C'est précisément ce qu'ils ont fait [1]. »

Le tribunal jugea, en effet, que les dommages indirects ne pouvaient faire l'objet d'une réclamation internationale. Ce principe mérite de faire jurisprudence dans la coutume du droit des gens.

A partir du 15 juillet, le tribunal tint des séances régulières. Les agents et conseillers des deux gouvernements pouvaient y assister ; le public et la presse n'y étaient pas admis. A partir du 26 août, les agents et conseillers ne purent plus pénétrer dans la salle des délibérations.

Le 9 septembre, la sentence était définitivement rédigée ; le 14 septembre avait lieu la dernière séance du tribunal et une salve de canon de la Vieille Treille saluait l'achèvement de l'œuvre de paix « ce bien de tous les biens [2] ».

La sentence peut se diviser en deux parties : la

---

1. A Rivier. L'affaire de l'Alabama et le tribunal de Genève. — *Revue Suisse*, déc. 1872.

2. Discours du comte Sclopis à la séance de clôture.

première comprend l'exposé des principes d'après les trois règles du compromis primitif; la seconde distingue trois groupes de navires et règle les points contentieux qui les concernent.

Voici le texte de la partie fondamentale du jugement : « Considérant que les arbitres sont tenus en vertu dudit article 6 [1], de se conformer, dans la décision des questions qui leur sont soumises, aux trois règles qui y sont énoncées, et à tels principes du droit des gens qui, sans être en désaccord avec ces règles, auront été reconnus par les arbitres comme ayant été applicables dans l'espèce ;

» Considérant que les « dues diligences » dont il est parlé dans la première et dans la troisième des dites règles doivent être employées par les gouvernements neutres en raison directe des dangers qui pourraient résulter pour l'un ou l'autre des belligérants du manque d'observance des devoirs de la neutralité de leur part ;

» Considérant que les circonstances au milieu desquelles se produisirent les faits qui forment le sujet de la cause, étaient de nature à éveiller toute la sollicitude de Sa Majesté britannique touchant les droits et les devoirs de la neutralité proclamée par la reine le 13 mai 1861 ;

» Considérant que les conséquences de la violation de neutralité commise par la construction, l'é-

---

1. Voir plus haut.

quipement et l'armement d'un navire, ne s'effacent
point par le fait d'une commission départementale
que le belligérant au profit duquel la neutralité a
été violée aurait par la suite accordée au dit navire ;

» Qu'il est en effet inadmissible que la cause finale
du délit devienne le motif de l'absolution du délinquant, et que de l'œuvre de la fraude accomplie
surgisse le moyen d'innocenter le fraudeur ;

» Considérant que le privilège d'exterritorialité
accordé aux navires de guerre a été introduit dans
le droit public, non comme un droit absolu, mais
seulement comme un procédé de courtoisie et de
déférence entre les différentes nations et qu'il ne
saurait être invoqué pour couvrir des actes contraires à la neutralité ;

» Considérant que l'absence d'un avis préalable
ne peut être envisagé comme un manque aux égards
commandés par le droit des gens, là où le navire
porte avec lui sa propre condamnation ;

» Considérant que pour attribuer aux approvisionnements de charbon un caractère contraire à la
deuxième règle, concernant l'interdiction pour un
port ou pour des eaux neutres de servir de base
d'opérations navales pour un belligérant, il faut que
lesdits approvisionnements se rattachent à des circonstances particulières de temps, de personnes et
de lieux qui concourent pour leur attribuer ce caractère ;

» Attendu, quant au navire nommé *Alabama*, que de tous les faits relatifs à la construction de ce vaisseau, désigné d'abord par le chiffre *Deux cent quatre-vingt-dix*, dans le port de Liverpool, à son équipement et armement sur les côtes de Terceire, par les soins des bâtiments l'*Agrippina* et le *Bahama* venus d'Angleterre, il ressort clairement que le gouvernement de la Grande-Bretagne a négligé d'employer les « dues diligences » pour le maintien des devoirs de sa neutralité, puisque malgré les avis et réclamations officielles des agents diplomatiques des États-Unis, pendant la construction du *Deux cent quatre-vingt-dix*, ledit gouvernement ne prit aucunes mesures convenables en temps utile, et que celles finalement prises pour arrêter ledit navire furent si tardivement ordonnées qu'elles ne purent pas être exécutées;

» Attendu que les mesures prises après l'élévation dudit navire pour le faire poursuivre et arrêter furent si incomplètes qu'elles n'amenèrent aucun résultat, et ne peuvent être considérées comme suffisantes pour dégager la responsabilité encourue par la Grande-Bretagne;

» Attendu que malgré les infractions à la neutralité de la Grande-Bretagne commises par le *Deux cent quatre-vingt-dix*, ce même navire, alors connu croiseur confédéré *Alabama*, fut encore à plusieurs reprises librement admis dans les ports des colonies britanniques, quand il aurait fallu procéder contre lui dans tous les ports soumis à la juridiction britannique où il aurait été rencontré ;

» Attendu que le gouvernement de Sa Majesté britannique ne saurait se justifier du manque de « due diligence » en alléguant l'insuffisance des moyens légaux dont il pouvait disposer... ;

» Le tribunal, à la majorité de quatre voix contre une, adjuge aux États-Unis la somme en bloc de quinze millions et cinq cent mille dollars en or. »

Quatre arbitres seulement signèrent la sentence : le comte Sclopis, Jacques Staempfli, le baron d'Itajuba et Charles Adam.

Sir Alexandre Cockburn refusa sa signature, présenta au dernier moment un volumineux mémoire, et quitta brusquement la salle des séances après le discours du président.

Il contestait le bien fondé du jugement et même la portée des règles de Washington. Il concluait néanmoins en espérant « que le peuple anglais accueillerait la sentence avec la soumission et le respect dus à la décision d'un tribunal dont il a librement consenti à accepter l'arrêt ».

La sentence fut exécutée par la partie condamnée. En mai 1873, la Chambre des communes votait une indemnité de trois millions deux cent mille livres sterling. Des critiques très vives furent dirigées contre la conduite du gouvernement, mais personne n'exprima l'idée que l'on pût se soustraire à l'exécution, et le 5 août 1873, dans son discours de clôture, la reine remercia la Chambre « de l'avoir mise à même de satisfaire aux obligations qui lui avaient été imposées par la sentence de Genève ».

L'Angleterre négligea pourtant de remplir un des engagements du traité de Washington en ne portant pas à la connaissance des autres puissances les règles sur la neutralité qui y sont formulées. Cette omission volontaire a été jusqu'ici un obstacle aux progrès sur ce point du droit maritime international.

V

L'affaire de l'*Alabama* eut une grande portée morale et juridique. Elle stimula le zèle des amis de la paix et montra que deux grandes nations pouvaient rester assez maîtresses d'elles-mêmes pour préférer l'arbitrage au recours aux armes.

Certes, comme on l'a dit [1], les règles du traité de Washington rendaient de prime abord la condamnation de l'Angleterre presque inévitable. Elle n'en a pas moins eu le mérite d'accepter un compromis dont l'issue devait lui être défavorable. Elle a pratiqué une fois de plus la doctrine de l'intérêt bien entendu, en faisant bon marché de sa vanité nationale.

De plus, des règles capitales de droit international

---

1. M. Geffcken.

positif ont été formulées et appliquées dans cet arbitrage. Les obligations des neutres y ont été définies.
A l'avenir, ils ne sépareront pas l'accomplissement
de leurs devoirs de l'exercice de leurs droits. « Ceci
est particulièrement important, a dit M. Rivier, pour
les petits États dont la neutralité est la garantie. »

Les formes judiciaires y ont été soigneusement
observées comme dans les procès privés. Les arbitres ont été non des chefs d'État, mais des particuliers connus par leur compétence scientifique. Ils
n'ont pas eu à s'ériger en législateurs. Le tribunal
de Genève a fait fonction de juge n'ayant qu'à
appliquer des règles de droit à des espèces prévues.
Enfin, il s'est trouvé aux prises avec des difficultés
de procédure qu'il a su heureusement surmonter.

Il restera dans l'histoire de l'arbitrage comme un
souvenir et un exemple.

# CHAPITRE IV.

L'arbitrage devant les parlements et devant l'opinion[1].

I

Depuis cinquante ans, des hommes éminents ont provoqué dans tous les pays libres des discussions sur la nécessité de l'arbitrage. La tribune, la chaire, la presse, tous les moyens de propagande ont été employés pour faire pénétrer l'idée dans les masses populaires ou pour l'accréditer auprès des gouvernements.

Par malheur, ceux-ci se montrent généralement réfractaires. Ils consentent volontiers à adopter l'arbitrage spécial dans les questions qui, à leurs yeux, sont d'une importance minime et dans lesquelles

1. Nous avons consulté avec fruit pour ce chapitre le livre de M. Rouard de Card, celui du comte Kamarowsky, *le Tribunal international*, la *Revue de droit international* et les *Annuaires de la Ligue de la Paix et de la Liberté*.

leur grandeur ou leur amour-propre ne leur paraissent pas sérieusement engagés. Ils se défient des
tentatives d'arbitrage général et, sauf quelques
exceptions, telles que MM. Gladstone et Mancini,
les hommes d'État placés à la tête des affaires ac-
cueillent avec un indulgent scepticisme les propositions faites en ce sens.

C'est une naïveté de le dire : depuis vingt ans surtout, la politique de l'Europe n'est pas orientée vers la
paix : la guerre est suspendue au-dessus de toutes les
têtes comme une menace tantôt lointaine et tantôt
rapprochée ; l'atmosphère est pesante ; les armements croissent sans cesse ; la blessure faite à l'une
des grandes nations du continent par sa voisine est
toujours cuisante ; et l'observateur se rappelle in-
volontairement le mot de l'abbé de Saint-Pierre :
« Le bois est sec, le feu en est proche, le vent
souffle la flamme sur le bois ; pourquoi le bois ne
s'allumerait-il pas ? »

## II

Plus la conflagration est menaçante, plus il faut
suivre avec attention et avec sympathie les efforts de
ceux qui cherchent à la prévenir et à éteindre le
feu qui couve avant que tout soit embrasé.

Dès 1835, le Sénat du Massachusetts approuvait

une pétition présentée par l'Association américaine de la paix. Cette pétition est le point de départ du mouvement parlementaire : au lieu d'en appeler aux armes, il faut chercher un moyen de résoudre à l'amiable et définitivement tous les dissentiments internationaux... Le meilleur procédé serait « un tribunal international *(court of nations)*, soit permanent, soit érigé d'une autre manière, selon la sage opinion des nations ».

Des pétitions analogues étaient présentées aux Chambres des États du Maine et du Vermont. Le Congrès des États-Unis en fut saisi en décembre 1837 ; mais le comité des affaires étrangères émit un avis défavorable. « Les rapports fédéraux de l'Europe, disait le rapporteur Legaré, n'admettent pas en théorie stricte d'autres moyens de solution des différends que le fer, et la plupart des États sauvegardent leur indépendance aux dépens de la liberté des peuples. »

On comprend qu'avec de telles idées un Code international lui parût superflu, et qu'il s'en remit à l'action du temps, « le meilleur réformateur » dans ces sortes de choses.

Le représentant dévoué de l'Association de la paix, M. Ladd, ne perdit pas courage. En 1839, dans une nouvelle pétition, il se prononçait hardiment pour un congrès européen composé de diplomates et pour un tribunal permanent et périodique formé de jurisconsultes éminents. La pétition ne fut même pas examinée. La réforme était trop hardie, même pour l'Amérique; l'idée ne pouvait aboutir qu'avec la condition d'être présentée avec plus de réserve.

En douze ans, elle fit son chemin. En 1851 le même comité qui avait rejeté la motion Ladd demanda l'insertion dans chaque traité de clauses tendant à soumettre tous les différends non susceptibles d'être aplanis à des arbitres qui les décideront en première instance.

En février 1853, le Sénat, sur la proposition de M. Underwood, se prononçait pour la clause compromissoire. Les arbitres devaient être « des jurisconsultes éminents peu ou point engagés dans la politique ».

Vingt ans après, dans son message de 1873, le président Grant s'écriait avec un singulier accent de mysticisme : « Je suis disposé à croire que l'Auteur de l'Univers prépare ce monde à devenir une seule nation parlant une même langue, ce qui rendra armées et marines désormais superflues ».

Le 17 juin 1874, le Sénat et la Chambre des représentants adoptaient à l'unanimité et sans débats une résolution qui avait été présentée l'année précédente par le sénateur Sumner. « Le peuple des États-Unis recommandait de remplacer la guerre par un tribunal arbitral » et se prononçait de nouveau pour la clause compromissoire. Les deux Chambres autorisaient le président à ouvrir des négociations à l'effet d'établir « un système international de règlement des différends sans avoir, autant que possible, recours à la guerre ». En avril 1888, le sénateur Allison a proposé un crédit de quatre-vingt mille dollars pour les frais de négociations d'un traité permanent d'arbitrage entre les États-Unis, la Grande-Bretagne et la France.

On a vu plus haut que le gouvernement des États-Unis avait joint le précepte à l'exemple. Représentant de la nation la plus libre du monde, placé dans une situation qui le met à l'abri d'une guerre continentale, il lui appartient de montrer la voie aux peuples de l'Europe.

## III

Ni le Parlement français, ni le Reichstag, ni les Chambres autrichiennes n'ont été le théâtre de discussions intéressantes sur l'arbitrage international.

En Allemagne, des motions de désarmement ont été faites dans quelques Chambres des États secondaires et même au Reichstag, mais à titre de simples protestations contre les charges financières [1].

En France, le 12 janvier 1840, l'Assemblée législ-

1. Les motions de M. Buelher du 11 mars 1870 et du 10 avril 1880 furent repoussées sans débats. Le Reichstag autrichien agit de même à l'égard d'une pétition de M. Mayrhofer.

lative fut saisie d'une proposition de M. Francisque Bouvet qui demandait un Congrès ayant pour but « un désarmement proportionnel entre les puissances; l'abolition de la guerre et la substitution à cet usage barbare d'une juridiction arbitrale dont ledit Congrès ferait immédiatement les fonctions ». Ce Congrès devait s'ouvrir le 1er mai 1849 à Constantinople.

Par l'organe de M. Sarrans, le comité des affaires étrangères proposa le rejet de la proposition qui ne fut même pas discutée. Il reconnaissait qu'une juridiction internationale permanente serait la plus belle conquête de l'ère moderne. Il rendait justice à l'idée de faire appel aux petits États et de neutraliser ainsi l'arbitraire des grandes puissances par l'autorité du droit commun et de la raison politique. Mais il se demandait avec inquiétude si les grandes puissances armées s'inclineraient devant « la paix juridique proposée par la France », et s'il était bien opportun de présenter aux États un projet de paix perpétuelle alors que les événements révolutionnaires s'accumulaient sur plusieurs points de l'Europe [1]. »

Trente ans après, la commission des pétitions de la Chambre des députés proposa l'ordre du jour sur une pétition analogue [2]. Des motions isolées et sans écho furent faites par M. Gaillard, député, lors de la guerre du Tonkin.

---

1. Assemblée législative : Impressions n° 777, rapport n° 976.
2. *Revue de droit international* année 1880, p. 127.

A la fin de 1886, M. Antide Boyer déposa une proposition de désarmement et de tribunal arbitral. La Chambre lui refusa l'urgence le 13 janvier 1887.

M. Frédéric Passy déposa en 1887 et en 1888 des propositions pour établir l'arbitrage permanent entre la France et les États-Unis [1] « en vue de substituer les solutions pacifiques aux solutions hasardeuses de la force ». La vingt-deuxième commission d'initiative en proposa la prise en considération [2]. La législature s'est terminée sans qu'elles aient été discutées.

Enfin, en 1890, M. Boyer a proposé l'organisation d'une conférence ayant pour but la codification de toutes les lois utiles de droit international, l'établissement d'un tribunal arbitral et un désarmement général, simultané et progressif.

IV

Le parlement anglais a devancé tous les autres parlements européens.

Le 12 juin 1849, Richard Cobden demandait que le gouvernement conclût des traités par lesquels il s'engagerait à en appeler à l'arbitrage dans tous

1. Documents parlementaires 1888, p. 663, nos 1461 et 2649.
2. Documents parlementaires. Rapport de M. Gadaud, no 2768.

les cas où les différends n'auraient pas été aplanis par voie diplomatique. Il se déclarait contre une Cour suprême s'appuyant sur une force armée. Il recommandait l'arbitrage comme une sorte de nouvelle instance en faveur de la paix et en tous cas comme « plus raisonnable, plus équitable et plus humaine » que le recours aux armes.

Cette motion souleva de vifs débats. Cochrane la trouva inopportune et ridicule. Urquhart la considéra comme contraire à l'indépendance, à la nationalité des États et au droit international lui-même. Hobhouse, au contraire, fit l'éloge du projet d'« Henri-le-Grand » sur le « Congrès des nations ».

Lord Palmerston intervint. Il insista sur les différences entre l'arbitrage dans l'ordre civil qui est appuyé par le pouvoir supérieur, et l'arbitrage international qui, dépourvu de sanction, n'aboutit qu'à la médiation.

Les gouvernements, d'après lui, sont meilleurs juges que les particuliers en matière d'incidents internationaux. L'Angleterre trouverait plus difficilement que les autres des arbitres impartiaux. La conclusion de ce discours ironique et spirituel fut que le tribunal arbitral était impraticable dans la situation actuelle de l'Europe, mais qu'il fallait appliquer le plus largement possible la médiation; 176 voix contre 97 repoussèrent la proposition de Cobden.

Les Anglais sont persévérants. Le 8 juillet 1873,

M. Henry Richard, un des apôtres de la paix, demanda que la reine chargeât son ministre des affaires étrangères de faire des démarches en vue d'instituer un système permanent et général d'arbitrage international.

M. Richard se disait appuyé par le clergé et par un million d'ouvriers. « Le droit international n'est, suivant lui, qu'un ensemble de coutumes et de conventions. » Il faut le reviser, le mettre en ordre et en harmonie. Les souverains et les diplomates de l'Europe sont « comme des polissons qui joueraient à cache-cache au milieu de caves pleines de poudre, de pétrole et d'allumettes ». Les nations sont rassasiées de la guerre. Elles gémissent sous la charge des budgets militaires et aspirent à s'en délivrer... Il faut établir un tribunal permanent et faire un Code. Il est digne de l'Angleterre de prendre l'initiative. L'arrêt de l'*Alabama* lui a fourni une excellente occasion de montrer au monde son respect pour les lois et sa bonne volonté de se conformer à la décision du tribunal, alors même qu'elle serait contraire à ses propres intérêts. »

M. Gladstone, alors premier ministre, répondit. Comme jadis lord Palmerston, il trouva la motion prématurée. « Il ne faut, dit-il, pour le moment que recommander aux nations l'arrangement amiable « sous forme d'arbitrage ou autrement ». Il rappela qu'en 1870 l'Angleterre avait échoué dans sa tentative d'arbitrage (il aurait dû dire de médiation)

entre la France et l'Allemagne. « Le traité de Washington, ajouta-t-il, ne peut pas même être exécuté en entier; puisque l'Angleterre et les États-
Unis ne s'entendent pas sur l'interprétation des
trois règles, comment concevoir qu'elles invitent les
autres nations à s'entendre pour la confection d'un
Code international et d'un système permanent et
général d'arbitrage ? »

Malgré ce discours, le projet fut adopté. Le
11 juillet, la réponse de la reine fut communiquée
au parlement. Elle reconnaissait « toute la force
des motifs philanthropiques » qui avaient dicté cette
adresse. « De tout temps, ajoutait-elle, j'ai cherché
à étendre par mon avis et par mon exemple,
chaque fois que l'occasion s'en est présentée, l'usage
de mettre fin aux différends entre nations par le
jugement impartial de puissances amies et à encou-
rager l'adoption des règles internationales conformes à l'avantage de tous. Je continuerai à
suivre cette conduite, en tenant compte du temps
et des circonstances, toutes les fois qu'il paraîtra
possible de le faire utilement. »

Sous ses formes diplomatiques, cette réponse est
une satisfaction donnée au principe de l'arbitrage
spécial. L'Angleterre a tenu parole. En contact sur
tous les points du globe avec les grandes nations
européennes et avec les États-Unis, elle a eu en ces
dernières années dans sa vie internationale bien
des difficultés ; il n'est point de question liti-

gieuse qu'elle n'ait essayé de résoudre à l'amiable [1].

Mais l'esprit utilitaire de son gouvernement ne va pas plus loin.

Le 25 juillet 1887, M. le marquis de Bristol propose à la Chambre des lords l'établissement d'une Cour internationale. Lord Stanley d'Alderley intervient dans le débat et se prononce en faveur de l'intervention du Saint-Siège. Le marquis de Salisbury répond par les objections habituelles : « Jamais les peuples n'ajouteront foi à l'impartialité de la Cour... Il n'y a point de pouvoir compétent pour exécuter ses décisions... La sentence ne ferait qu'ajourner la guerre et donnerait au gouvernement le moins prêt le moyen de lutter contre son adversaire mieux préparé. »

Le ministre anglais récuse l'existence d'une loi internationale. Elle n'a, selon lui, d'autre fondement que les opinions des auteurs de manuels... Aucun tribunal n'est à même de la faire exécuter... « Il n'y a pas un homme sur cent qui affirme que le résultat désiré sera vu par nous, par nos enfants ou par nos petits-enfants. Il est inutile d'essayer de nous dissimuler la terrible réalité [2]. »

---

1. Voir, outre l'*Alabama*, les questions de Terre-Neuve, des phoques de la mer de Behring et le discours de la reine du 5 août 1891.

2. *Journal de Droit international privé*, 1887, p. 428. — Le 10 juillet 1891, dans la discussion du budget, M. Morton, d

## V

Les débats du Parlement anglais eurent leur écho au delà des Alpes. Dès 1871, M. Morelli demanda au Parlement italien d'adopter un ordre du jour en faveur de la création d'un tribunal amphictyonique[1].

En 1873, un jurisconsulte homme d'État qui devait être premier ministre, M. Mancini, déposa une motion ainsi conçue :

« La Chambre exprime le vœu que le gouvernement du roi dans les relations étrangères s'efforce de faire de l'arbitrage un moyen accepté et fréquent de résoudre, selon la justice, les controverses internationales dans les matières susceptibles d'arbitrage; qu'il propose, lorsque l'occasion s'en présentera, d'introduire dans les traités une clause portant que les difficultés sur l'interprétation et l'exécution de ceux-ci seront déférées à des arbitres, et qu'il persévère dans l'excellente initiative prise par lui depuis plusieurs années pour la conclusion des conventions entre l'Italie et les autres puissances en vue de rendre uniformes et obligatoires, dans l'intérêt des peuples

---

propos de l'affaire de Terre-Neuve, demandait que le gouvernement favorisât l'arbitrage pour la solution des différends internationaux.

*Revue de Droit international.* 1873, p. 474.

respectifs, les règles essentielles du droit international privé[1]. »

Comme le dit dans sa réponse le ministre des affaires étrangères, M. Visconti Venosta, cette motion était la plus pratique de toutes les formules soumises jusque-là à un congrès ou à une assemblée politique.

Le discours de M. Mancini fut un commentaire éloquent, et scientifique de sa proposition. Il signale les origines de l'arbitrage. Il est trop homme politique pour croire à l'abolition de la guerre. Il n'admet que la guerre défensive, « guerre sainte et morale quand elle se tient dans de justes limites... » La clause compromissoire n'est point applicable aux conflits « où sont en jeu soit l'existence, l'indépendance, l'intégrité nationales, soit un de ces droits absolus et fondamentaux que la nature reconnaît à tous les peuples et que l'on ne peut détacher par la pensée de l'essence constitutive de toute nation[2] ». Mais elle peut être efficace quand il s'agit de l'interprétation d'une convention, de son exécution, de la violation des limites territoriales, d'offenses causées, de préjudices apportés... Cette clause peut être facilement insérée dans les traités de commerce, d'extradition, et dans les conventions postales et télégraphiques.

1. Voir à ce sujet le mémoire lu par M. Mancini à l'Institut du droit international, le 31 août 1874. *Journal de Droit international privé*, 1874, p. 221 et 285.

2. Voir *Revue de Droit international*, année 1876, p. 172.

Étant au pouvoir, M. Mancini l'introduisit dans plusieurs traités de commerce conclus notamment avec le Monténégro et la Grande-Bretagne[1]. Elle était limitée aux difficultés nées de l'application du traité spécial qui la renfermait.

Répondant à M. Mancini, M. Visconti Venosta fit ses réserves sur l'introduction de la clause compromissoire dans les traités, jugeant nécessaire de conserver au gouvernement sa liberté de délibération et d'action. Mais il accepta hautement le principe fondamental de la motion, et elle fut adoptée par la Chambre dans son intégralité.

L'arbitrage venait de faire un grand pas. M. Mancini en faisait une voie de recours facultative et limitée, conciliable par conséquent avec la liberté d'action des gouvernements. Le progrès réalisé était certain et par cet effort mesuré on se rapprochait du but plus vite qu'on ne l'eût fait par un élan inconsidéré.

En juin et juillet 1890, M. Bonghi, à la Chambre, et M. di Sostegno, au Sénat, ont fait voter à l'unanimité une motion en faveur du « principe souverainement civilisateur » de l'arbitrage : « Nous sommes persuadés, 'a dit M. Crispi lui-même, dont l'adhésion était inattendue, « qu'un jour » les conseils de la raison prévaudront et que l' « arbitrage sera accepté de tous les États ».

---

1. *Journal de Droit international privé*, année 1881, p. 219.

## VI

Les États secondaires n'aiment pas la guerre. Ils n'ont rien à y gagner et ils peuvent y perdre tout.

Les Chambres des Pays-Bas parlèrent de l'arbitrage quand l'Europe était toute aux sanglants spectacles de la force. Le 26 septembre 1870, en pleine guerre franco-allemande, M. Van Eck, député de Middlebourg, demanda à la seconde Chambre de prendre l'initiative d'une mesure destinée à prévenir les maux de la guerre par une entente collective. Dix-huit représentants sur cinquante-quatre eurent le courage d'adopter cette généreuse motion.

Dans des temps plus calmes, la tentative fut plus heureuse. Le 27 novembre 1874, la seconde Chambre votait, par trente-cinq voix contre trente, un vœu déposé par MM. Bredini et Van Eck. Ils demandaient que l'arbitrage devînt le moyen reçu pour le juste règlement des différends relatifs aux matières susceptibles d'y être soumises, et, qu'en attendant, la clause compromissoire fût inscrite dans toutes les conventions [1].

Le 5 décembre 1878, M. Van Eck se plaignit que ce vœu fût resté lettre morte. « Pourtant, dit-il, les petites nations sont les plus intéressées dans cette clause. » Le ministre des affaires étrangères lui répondit par des promesses sérieuses.

1. *Revue de droit international*, 1875, p. 80.

Citons encore la proposition analogue faite par M. Marcoartu au Sénat espagnol [1] et prise en considération le 16 juin 1890, sur l'avis conforme du ministre d'État, M. de la Vega di Armijo, pour préparer des traités d'arbitrage généraux. M. Marcoartu demande qu'une trève pacifique de dix, cinq ou trois ans soit conclue entre les divers pays d'Europe, afin de diminuer les armées permanentes. « Nous aurons raison de la guerre, a dit M. Castelar, comme nous avons eu raison de l'esclavage et de l'intolérance. »

La Chambre basse de la Suède a adopté une motion dans ce sens de M. Jonas Jonassen, le 21 mars 1874. Cette proposition a été renouvelée en mai 1890. En mars 1890, le Storthing norvégien a voté par quatre-vingt-neuf voix contre vingt-quatre une adresse au roi dans le même sens. Un projet de cour arbitrale a été présenté pour la première fois au Rigsdag danois le 18 mars 1875 et une motion favorable votée en mars 1890.

La neutralité de la Belgique fait d'elle une amie déterminée de la paix. Un important débat a eu lieu en 1875 devant le parlement belge. La motion de MM. Couvreur et Thonissen portait :

1° Sur l'extension de la pratique de l'arbitrage à tous les différends susceptibles d'un jugement arbitral;

----

1. *Revue de droit international*, 1880, p. 127.

2º Sur l'établissement d'une procédure pour la constitution et le fonctionnement des arbitres;

3º Sur l'introduction de la clause compromissoire dans les traités.

Les deux partis qui se succèdent au pouvoir furent d'accord au scrutin, et la Chambre des représentants adopta la proposition par quatre-vingt-une voix contre deux abstentions.

Au Sénat, la discussion porta surtout sur la signification pratique du compromis.

M. Rolin Jacquemyns projeta sur cette question de vives lumières. Il montra dans l'arbitrage un remède et non une panacée.

Le savant M. Thonissen avait fait une distinction entre l'arbitrage privé qui entraîne l'obligation de se soumettre au compromis et l'arbitrage international qui laisse aux intéressés le droit d'accepter ou de rejeter la sentence.

M. Rolin Jacquemyns réfuta victorieusement cette opinion. « La partie condamnée, dit-il, a le droit d'examiner si la sentence est valable, si la procédure a été régulière, si les termes du compromis ont été observés; et c'est en vue de lui permettre de s'assurer de toutes ces choses et d'y remédier au besoin qu'il est indispensable de convenir des règles de procédure arbitrale... Mais un arbitrage n'est pas un essai de conciliation, et supposer qu'une sentence arbitrale régulièrement rendue ne lie pas en droit les États qui sont parties au compromis, c'est confondre le droit avec la puissance ou la force. »

Le 17 février 1875, le Sénat belge adopta à son tour la proposition à l'unanimité.

Cette rapide revue des discussions parlementaires est consolante pour les amis de la paix. Elle montre un lien évident entre les institutions représentatives et la cause de l'arbitrage.

Avec le temps et grâce aux efforts combinés des partisans parlementaires de l'arbitrage, les conditions se précisent et les objections diminuent [1].

## VII

L'idée a ses représentants attitrés dans les divers parlements des deux mondes. Ceux-ci ne se contentent plus de se répondre et de se soutenir d'un pays à l'autre ; ils cherchent à se concerter et à se réunir, afin d'assurer le maintien de la paix et de faciliter la conclusion de traités d'arbitrage. De là les curieux essais de conférences interparlementaires.

Dès 1876, M. Marcoartu avait exprimé un vœu à

---

[1]. Aux hommes d'État favorables à l'arbitrage, il faut ajouter M. de Freycinet. Le 19 avril 1886, interrogé par M. Frédéric Passy sur le conflit turco-grec, il déclarait « fort désirable assurément que la voix de la raison, de l'humanité et du droit puisse se substituer dans les différends internationaux au langage brutal du canon. »

cet égard et s'était mis en rapport avec ses collègues de divers pays.

En 1887, deux cent trente-quatre membres de la Chambre des communes et trente-six membres de la Chambre des lords firent présenter à Washington, au président et au congrès des États-Unis, une adresse exprimant l'intention d'appuyer près du gouvernement britannique tout arrangement tendant à faire trancher par l'arbitrage les différends qui viendraient à éclater entre la Grande-Bretagne et les États-Unis et qui n'auraient pu être réglés par la voie diplomatique. Cette adresse eut un grand retentissement dans divers pays d'Europe : cent douze députés français firent une proposition dans le même sens au Parlement français.

Le 31 octobre 1888, journée historique, suivant le mot de M. Robert Gladstone, une conférence préparatoire eut lieu à Paris entre des membres du Parlement britannique et du Parlement français [1].

La première conférence se tint à Paris, les 29 et 30 juin 1889, sous la présidence de M. Jules Simon. Quatre-vingt-dix-neuf membres des parlements français, anglais, italiens, espagnols, belges, danois, hongrois, grecs et des États Unis y prirent part; ils votèrent des résolutions en faveur de la conclusion

---

1. Appel adressé aux membres des parlements anglais et français par MM. Jules Simon, Frédéric Passy, Gaillard, Siegfried, Yves Guyot pour la France, Cremer, Campbell, Burke, etc. pour l'Angleterre.

de traités d'arbitrage et de l'introduction de clauses d'arbitrage dans les traités de commerce, les conventions sur la propriété littéraire et quelques autres traités spéciaux.

En juillet 1890, une nouvelle conférence se réunit à Londres; elle comprenait cent seize membres. Elle nomma un comité de trente membres chargé de prendre des mesures pour préparer la conférence de 1891 et organiser des comités parlementaires de la paix dans plusieurs pays.

Presque toutes les nations de l'Europe y étaient représentées. Un millier de lettres d'adhésion étaient déposées sur le bureau, et le parlement norvégien avait donné une sorte d'investiture officielle à ses délégués en payant leurs frais de voyage.

La première séance fut présidée par lord Herschell, ancien lord chancelier d'Angleterre[1].

La troisième conférence interparlementaire s'est réunie à Rome, en novembre 1891. Elle était présidée par M. Biancheri, président de la Chambre italienne, M. Bonghi s'étant démis de ses fonctions de président du comité parlementaire italien à la suite d'une publication sur la question d'Alsace[2] et des protestations de certains députés allemands. De nombreuses adhésions furent recueillies. La France devait être représentée par onze sénateurs et qua-

---

1. Frédéric Passy. Voir la *Revue politique* du 16 août 1891.
2. La situation européenne et la paix. *Nuova Antologia*, septembre 1891.

rante-cinq députés ; l'Angleterre par trois membres
de la Chambre des pairs et quarante membres de la
Chambre des communes ; l'Allemagne par seize députés au Reichstag ; l'Autriche par trente-deux députés ; la Belgique par un sénateur et deux députés ; le
Danemark par trois membres du Folkthing ; l'Espagne par treize sénateurs et vingt-sept députés ; la
Grèce par six députés ; la Suisse par dix-sept députés ;
l'Italie par quatre-vingt-dix sénateurs et deux cent
soixante-sept députés ; la Hongrie par treize députés ; la Norvège par trois membres du Storthing ; la
Roumanie par seize sénateurs et quarante députés ;
la Suède par cinq membres de la Diète ; le Portugal par un membre de la Chambre des pairs et deux
députés ; les Pays-Bas par sept membres des États-
Généraux.

Comme toujours, les assistants furent moins nombreux que les adhérents. Les séances eurent lieu du
4 au 8 novembre. La préoccupation dominante du
bureau fut d'écarter la discussion des questions de
politique brûlante et actuelle.

Il se forma néanmoins une droite et une gauche :
l'une de sang latin, italien et roumain, l'autre de
sang teuton [1]. « L'internationalisme, a écrit un témoin oculaire, était à fleur de peau. Ce qui était
dans la chair, c'était encore le patriotisme conscient

1. Voir les très intéressantes correspondances de M. Benoist
au *Temps* du 4 au 20 novembre 1891 et notre communication
à la Société de Législation comparée. (Bulletin de janvier 1892.)

chez les uns, inconscient chez les autres, persistant et puissant chez ceux mêmes qui feignent de s'en être débarrassés comme d'un préjugé inférieur ».

Après avoir, sur la proposition d'un député allemand, proclamé la langue française langue officielle, la Conférence vota plusieurs résolutions intéressantes en vue de la réunion de 1892.

Les membres du parlement de chaque pays nommeront un représentant chargé de la correspondance entre le comité exécutif et les comités parlementaires nationaux. Les pays non représentés sont invités à constituer des comités pour la préparation des conférences ultérieures et l'examen des causes de conflits dès leur origine.

Il y aurait ainsi dans chaque pays un comité parlementaire pour la « solution par l'arbitrage des différends internationaux. Ce comité correspond par un secrétaire avec ceux des autres pays. Il a pour mission de préparer l'étude des questions apportées devant les conférences ordinaires et d'examiner les causes de conflits dès qu'elles se produisent. La convocation des conférences annuelles est faite par le comité parlementaire du pays où doit se tenir la prochaine conférence. Chaque comité a, en outre, le droit, dans les circonstances exceptionnelles, de convoquer une conférence extraordinaire [1]. »

---

1. Voir les comptes rendus des séances dans les journaux des 10 et 11 novembre 1891.

Au-dessus des comités nationaux et des secrétaires nationaux ou plutôt entre eux, il y a un secrétaire et un secrétariat général. Pour le moment,
ses attributions sont modestes; on a dû les réduire
afin d'éviter des dissentiments et peut-être des défec-
tions ; l'institution même n'a point été acceptée sans
opposition. « Il sera chargé de la garde des archives,
de la statistique; il servira de lien et d'office d'informations à tous les comités et proposera, sous
leur autorité, l'étude des questions à porter devant
les conférences. »

La direction en a été confiée pour un an à
M. le marquis Pandolfi. Le secrétariat général aura
la faculté d'établir le bureau central dans la ville
de sa résidence, mais le bureau devra être organisé de telle sorte qu'une de ses sections puisse en
tout temps se transporter, avec les registres et les
documents utiles, auprès du comité parlementaire
chargé de convoquer les conférences extraordinaires
ou qui croirait nécessaire d'en convoquer dans les
cas exceptionnels.

Enfin, les comités parlementaires ont été invités
à mettre à l'ordre du jour du prochain congrès l'organisation d'une cour d'arbitrage.

Ce qui sort de cette conférence, c'est une organisation « rudimentaire et embryonnaire » destinée à
assurer la périodicité de l'institution.

Pour être complet, il faut ajouter qu'après de
vives discussions la Conférence a renvoyé à l'an-

née 1892 un vœu déclarant que le respect des nationalités dans leurs droits et limites imprescrip-
tibles peut seul assurer la paix, et que, « quel que
soit le pacte disposant des peuples hors de leur volonté et de leur consentement, ce pacte est déclaré
contraire au droit naturel et constitue un obstacle
permanent à la paix ».

D'aucuns voient dans ces conférences annuelles
les prodromes d'une cour d'arbitrage : « Elles per-
mettent de préjuger la création d'un corps international, arbitres permanents ou cour d'arbitrage, le
nom importe peu, corps juridique et non corps politique, comme le serait un parlement international,
qui, par surcroît, aurait l'apparence fâcheuse d'être
un gouvernement contre les gouvernements [1]. »

Nous n'irons pas aussi vite. A Rome même, les
nationalités se sont affirmées, groupées et défen-
dues, aussi diverses que les drapeaux qui décoraient
la salle du Capitole. Les discussions mêmes ont
montré la difficulté qu'on éprouve à se réunir pour
parler des moyens de la paix en s'interdisant de
parler des causes de la guerre.

L'institution des conférences interparlementaires
peut se développer, mais à condition de ne pas devenir « un parlement international officieux ». Là
est l'écueil. Créer un corps interparlementaire au-
dessus des parlements nationaux, c'est transposer

1. M. Ch. Benoist.

les discordes, ce n'est pas les éteindre ; c'est grossir
les querelles en agrandissant le champ de la lutte,
ce n'est pas les apaiser. L'organisme à créer doit
être juridique et non politique : un tribunal et non
un parlement. Il pourra beaucoup pour éclaircir
des points obscurs, dissiper des malentendus, calmer
des irritations passagères. Supposez que les notes
diplomatiques « s'aigrissent, que les *casus belli*
soient sur le point d'être posés, et qu'à ce moment
paraisse une note signée d'un certain nombre
d'hommes universellement respectés, d'hommes
d'une compétence et d'une impartialité au-dessus
de tout soupçon, d'hommes appartenant aux nations les plus diverses d'ailleurs et élevant au-dessus
des voix discordantes des intérêts particuliers la
voix supérieure de l'intérêt général et de l'humanité : ... quelle influence auront les représentants
autorisés d'assemblées dans lesquelles viendra se
concerter en quelque sorte la quintessence des volontés des nations [1] ?


## VIII


Les utopies de la veille peuvent devenir les vérités
du lendemain. A côté de l'action officielle et parlementaire, il se fait tout un mouvement de propagande populaire en faveur de l'arbitrage.

1. M. Frédéric Passy, *Almanach de la paix pour 1892.* .

Le moyen âge connaissait déjà les confréries de la paix qui traversaient l'Europe avec leurs bannières. Les philosophes du xviiie siècle gouvernaient l'opinion du fond de leur cabinets, des Délices ou des Charmettes. Les novateurs du xixe siècle ont à leur disposition la presse, cette reine dont la royauté ressemble parfois à une dictature, la parole à laquelle les républiques et les monarchies représentatives offrent un libre asile, et l'association cette force mystérieuse que le droit moderne met au service des idées les plus justes et des causes les plus folles.

C'est après le Congrès de Vienne que se formèrent diverses sociétés en faveur de la paix[1]. La première qui fit parler d'elle fut l'Association américaine de la paix, dont l'agent dévoué, M. Ladd, saisit de la question les parlements du Massachusetts, du Maine et du Vermont. Elle dure encore et compte de nombreux comités sur toute la surface de l'Union. En 1873, à la suite de l'affaire de l'*Alabama*, un de ses secrétaires, M. Miles, de Boston, se mit en relations avec les principaux champions européens de l'idée de paix, en vue de la convocation d'un Sénat cosmopolite chargé d'élaborer un code international.

En Europe, il serait malaisé et peu intéressant de

---

1. Dès le commencement du siècle, les *Quakers* formaient à New-York une société des Amis de la paix et, en 1816, une Société pour l'établissement de la paix permanente et universelle.

faire le dénombrement des sociétés, des ligues, des comités, des groupes, qui, dans les divers pays sous les noms et sous les drapeaux les plus différents, forment la pacifique armée de l'arbitrage international.

Pour mettre de l'ordre dans cette cohue, il faudrait une statistique qui n'existe pas et qu'il n'est guère possible de dresser d'une façon complète.

Les penseurs y coudoient les politiciens et ceux qui font le bruit couvrent parfois la voix de ceux font la besogne. Religion, histoire, philosophie, chacun marche sous sa bannière vers le même but. Les congrès sont de vrais caravansérails: on y remue toutes les idées, on invoque toutes les autorités, l'Ancien et le Nouveau Testament, Philon d'Alexandrie et Stuart Mill. Tantôt le mouvement devient révolutionnaire, et ceux qui essaient de le diriger cherchent à agiter les peuples, afin de mieux s'en servir; tantôt, au contraire, il s'élève vers des conceptions scientifiques discutées dans des réunions méthodiques et compétentes où se donnent rendezvous les jurisconsultes et les hommes d'État les plus autorisés.

En 1843, la convention des amis de la paix de Londres, présidée par M. Charles Hendley, envoyait aux divers chefs de gouvernement des ambassadeurs pacifiques pour leur demander d'introduire la clause de médiation dans leurs traités.

En 1849, un brillant congrès de la paix fut con

voqué à Paris par Henry Richard et Elihu Burritt.
La séance de clôture, présidée par Victor Hugo, eut
lieu le 24 août, anniversaire de la Saint-Barthélemy.
Le pasteur Athanase Coquerel, l'abbé Deguerry et le
poëte s'embrassèrent : « Aujourd'hui, dit Victor Hugo,
dans ce même jour, dans cette même ville, Dieu donne
rendez-vous à toutes ces haines et leur ordonne de
se convertir en amour ! Dieu retire à ce funèbre
anniversaire sa signification sinistre ; où il y avait
une tache de sang, il met un rayon de lumière ; à
la place de l'idée de vengeance, de fanatisme et de
guerre, il met l'idée de réconciliation, de tolérance et
de paix, et, grâce à lui, par sa volonté, grâce aux
progrès qu'il amène et qu'il commande, précisément
à cette date fatale du 24 août, et, pour ainsi dire,
presque à l'ombre de cette tour encore debout qui
a sonné la Saint-Barthélemy, non seulement Anglais
et Français, Italiens et Allemands, Européens et
Américains, mais ceux qu'on nommait les papistes
et ceux qu'on nommait les huguenots, se reconnaissent frères et s'unissent dans un étroit et désormais indissoluble embrassement. »

De la multitude confuse[1] se dégagent quelques

1. Voici la liste de quelques-unes des principales sociétés
de la paix d'Europe et d'Amérique :

ALLEMAGNE. — *Union de la paix de Francfort, Comité de la
paix de Berlin, Comité de la paix de Stuttgart, Comité de la
paix de Darmstadt.*

AMÉRIQUE. — *American Peace Society* (1828), *Christian*

groupes importants et disciplinés. En Angleterre, l'*International Arbitration and Peace Association* a huit comités : la *Peace Society* de Londres a de nombreuses sections; la *Wisbeck local Peace Association* a quatre-vingt-six comités et seize mille adhérents. En Danemark, l'Association de neutralité danoise compte vingt-cinq sections. En France, en Italie, en Hollande, en Suède, en Norvège, en Alle-

*Arbitration and Peace Society, National Arbitration League, Universal Peace Union* de Philadelphie (1816), etc.

BELGIQUE. — *Fédération internationale de l'arbitrage et de la paix.*

DANEMARK. — *Association danoise de la paix, Association des femmes progressistes.*

GRANDE-BRETAGNE. — *Peace Society* (1816), la plus ancienne des Sociétés de la paix internationale, *Arbitration and Peace association, Local Peace Association,* qui comprend la *Local Peace Association* de Wisbeck, etc., *International Arbitration League, Société de la paix de Liverpool et Birkenhead, Société de femmes pour la paix et l'arbitrage, Women's Peace and Arbitration association.*

IRLANDE. — *Société de la paix de Dublin.*

FRANCE. — *Société française de l'arbitrage entre les nations, Société de paix et d'arbitrage international du familistère de Guise, Association des jeunes amis de la paix de Nîmes, Société d'aide fraternelle et d'études sociales des Amis de la paix de Clermont-Ferrand. Société de la paix perpétuelle par la justice internationale, la Fraternité humaine, Société française de la paix par l'éducation,* etc.

ITALIE. — *Association pour la paix et l'arbitrage international, Union Lombarde des Société de la paix et de l'arbitrage international.*

PAYS-BAS. — *Algemeen Nederlandsch Vredebond* (1870), *Pax humanitate.*

SUISSE. — *Ligue internationale de la Paix et de la Liberté.*

magne, rayonnent les sections de la Fédération internationale de l'arbitrage et de la paix.

En 1867, un groupe d'hommes considérables
fonda une ligue internationale et permanente de la
paix. Elle comptait parmi ses membres Jean Dollfus,
Arlès-Dufour, Michel Chevalier et Frédéric Passy
pour la France, sir Henry Richard pour l'Angleterre,
Couvreur pour la Belgique, Cantu pour l'Italie,
Liebig pour l'Allemagne, etc. Elle sortit du mouvement d'opinion qui provoqua la conférence de
Londres sur l'affaire du Luxembourg [1].

Cette société est devenue après 1870 la Société
française des amis de la paix et enfin la Société
française de l'arbitrage entre les nations fondée en
mai 1890 par MM. Frédéric Passy, Siegfried, Richet,
Berthelot, Duruy, Guillaume, Jules Simon, etc. [2].

1. Le 26 avril 1867, le journal *le Temps* publiait des lettres
de M. d'Eichtal et de M. Frédéric Passy protestant contre
toute idée de guerre entre la France et l'Allemagne : « Vienne la
ligue de la paix, disait Nefftzer et puisse-t-elle promptement
grandir ! » Les adhésions affluèrent. Elles vinrent des associations ouvrières, de l'Association internationale des travailleurs,
du Tarn, de la Gironde, du Haut-Rhin, des Alpes, de Mulhouse,
de Lyon, etc. Signalons aussi les lettres de Léonce de Lavergne,
de Jean et Charles Dollfus, Martin Paschond, Chavée, etc. En
même temps, MM. Garnier-Pagès, Herold et Duclerc se rendaient
à Berlin. Tout en approuvant ce mouvement, M. Nefftzer ajou-
tait : « Il faut que l'opinion allemande se mette à l'unisson de
l'opinion française : sinon les rapports entre les puissances
resteront tels que la guerre peut toujours sortir du moindre
incident. »

2. Voir le Bulletin janvier-juin 1890.

Elle est internationale, mais non cosmopolite.
« Nous n'abandonnons rien, disait son président
en 1872, nous n'amnistions rien, nous n'oublions
rien... Nous maintenons avec une persistance dont
la modération même atteste l'énergie, la revendica-
tion incessante du droit contre la force. » Fidèle à
ces principes, elle défend et propage l'indépendance
des nations et la justice internationale. Elle cherche à
substituer l'arbitrage et les autres voies convention-
nelles et juridiques aux violences de la guerre. Elle
veut rétablir la paix par le respect du droit. »

C'est à l'année 1867 que remonte aussi la fondation
à Genève de la fameuse « Ligue internationale de la
paix et de la liberté. » L'initiateur était M. Charles
Lemonnier[1], un des derniers disciples de Saint-
Simon. Son premier congrès se tint le 9 septembre
au milieu d'un énorme affluence de démocrates fameux. Cette réunion pacifique sentait la poudre,
et Garibaldi en profita pour faire appel à l'Europe
en faveur de l'unité italienne. A côté de lui siégeaient
le Français Quinet, l'Allemand Buechner, le Russe
Bakounine, le Belge Molinari, les Suisses Fazy et
Carteret. Ce congrès de début fut bruyant, et la police
genevoise faillit fermer le Temple de la paix devenu
le Temple de Mars. Il reçut vingt mille adhésions et
ses séances furent suivies par six mille auditeurs.

Chaque année, la Ligue de la paix a tenu avec

---

1. M. Lemonnier est mort à Paris en décembre 1891.

des fortunes diverses des congrès dans des villes de
Suisse, d'Italie ou de France. On se rappelle le
Congrès de Lausanne de 1869, dont le président
d'honneur fut Victor Hugo. La Ligue se place sous
l'invocation de Kant : « Le droit international
doit être fondé sur une fédération d'États libres. »
La politique ne doit être qu'une application de la
morale. Le juste est le critérium de l'utile. La ligue
« a pour but l'élimination de la guerre sous toutes
ses formes par la fédération et l'arbitrage ; pour
règle, la recherche de l'utile par le juste ; pour
maxime, que la question sociale, inséparable de la
question politique, doit être tenue sur le même plan
et pacifiquement résolue par l'application du même
principe, l'autonomie de la personne humaine ».
Elle remplace l'ancienne notion de souveraineté monarchique par l'idée de la souveraineté personnelle.

En politique, elle est radicale et veut la transfor-
mation des armées permanentes en milices, la sépa-
ration des Églises et de l'État, les droits de la
femme, l'abolition de la peine de mort... Elle ne
sépare pas la réforme sociale de la réforme politique. Questions d'Orient, de Pologne, de Tunisie,
d'Égypte, question d'Alsace-Lorraine, question du
Congo : il n'est pas une question de politique extérieure sur laquelle elle ne se croie pas le droit de
donner aux gouvernements des avis rarement
écoutés, souvent contredits par les faits, mais conformes à ses principes.

Elle ne considère l'arbitrage que comme un acheminement à la fédération républicaine des peuples d'Europe, ce qui ne lui vaut pas les sympathies des monarchies. Elle a son drapeau, son journal qui s'appelle *les États-Unis d'Europe;* sa devise : *Si vis pacem para libertatem et justitiam,* mais elle ne dispose que de modestes ressources.

Elle veut dès l'enfance former des jeunes générations à la pratique de l'arbitrage, système déjà appliqué dans l'État de Pensylvanie et au familistère de Guise, et écarter de l'enseignement de l'histoire « tout ce qui est de nature à exciter les haines internationales sans affaiblir le sentiment patriotique ni la notion du droit de défense ».

Rendons à la Ligue cette justice que, dans ces dernières années, sous l'influence du mouvement officiel américain, elle est devenue plus pratique, et signalons ses utiles travaux sur la neutralisation du canal de Suez, sur un projet de procédure d'arbitrage permanent, sur l'abolition de la course et du droit de capture, etc. [1].

Les expositions universelles sont pour les partisans de la paix des rendez-vous tout trouvés. Celle de Londres de 1851 vit trois mille auditeurs parmi

---

1. Voir pour les citations et détails qui précèdent : « Ligue internationale de la paix et de la liberté ; résolutions votées par les vingt et un premiers Congrès. *Recueil officiel et Bulletin officiel des Assemblées* (1889-1890), et la collection du Journal *les États-Unis d'Europe.* »

lesquels vingt-deux députés anglais, trente et un délégués américains, réunis à Exeter Hall dans un meeting en faveur de la paix. Celle de Paris de 1878 fut pour quinze sociétés de la paix l'occasion d'un congrès qui se prononça en faveur d'une cour arbitrale composée de deux délégués nommés par chaque gouvernement sur la présentation des Chambres. Celle de 1889 donna naissance à d'innombrables congrès dont la synthèse est encore à faire.

Un comité d'organisation, nommé par arrêté du 27 février 1889, adressa un appel chaleureux aux amis de la paix, et élabora un intéressant programme d'études. Ses présidents d'honneur étaient MM. Franck et Lemonnier; son président effectif, M. Frédéric Passy. La première séance s'ouvrit en juin 1889 par un éloquent discours de M. Adolphe Franck. Cent sociétés étaient représentées au congrès qui, le 27 juin, adopta un certain nombre de résolutions constituant les vrais prolégomènes d'un code international.

Le Congrès de Londres de juillet 1890 a été présidé par M. Dudley Field. Ce qui l'a caractérisé, ce sont les éloquentes protestations formulées au nom des Hindous et des Indigènes du Cap contre les cruautés des autorités anglaises.

Le congrès a insisté sur la part à faire aux doctrines pacifiques et à l'arbitrage dans l'enseignement et l'éducation. Il voudrait remplacer les exercices militaires dans les écoles par la formation de brigades de sauvetage, mettre en honneur les bienfaiteurs pacifiques de l'humanité et familiariser les élèves avec la pratique de l'arbitrage par la création de tribunaux scolaires chargés de régler leurs petits différends [1].

Le 22 juillet 1891 s'est tenu modestement à Paris, sous la présidence d'une femme de bien et de grand sens, mademoiselle Julie Toussaint, le vingt-cinquième congrès de la paix et de la liberté. Quatorze sociétés y assistaient. Deux questions, celles du droit de conquête et de la responsabilité internationale, étaient à l'ordre du jour. L'assemblée a voté la déclaration suivante :

« L'assemblée nie le droit de conquête, déclare nulle toute annexion et toute neutralisation faite sans le consentement préalable du peuple annexé ou neutralisé; émet le vœu de voir le congrès universel et la conférence interparlementaire mettre à l'ordre du jour des peuples et des gouvernements l'établissement immédiat d'un ordre juridique international fondé sur le principe de l'arbitrage. »

Le congrès qui s'est tenu à Rome du 11 au 16 novembre 1891 venait après la conférence interparlementaire dont nous avons parlé plus haut et dont les intéressants travaux ont attiré l'attention universelle. Il a été présidé par M. Bonghi, ancien

---

1. *Universal Peace Congress*, London 1890, p. 89, et rapport de M. Doyen de Guise, p. 224.

ministre. Il s'est surtout préoccupé des moyens
« de rendre plus pacifique l'influence de la presse
et d'empêcher les journaux de semer la discorde et
la haine entre les nations. Il s'est occupé également
d'inculquer des principes de fraternité aux enfants
des écoles et aux jeunes gens des universités par des
moyens pédagogiques. Il a approuvé une proposition invitant les associations ouvrières à créer des
journaux favorables à la paix pour neutraliser l'influence des journaux fomentant la discorde. Il a
émis un vœu en faveur d'une répartition plus
équitable des richesses produites par le travail et de
la solution des différends internationaux par l'arbitrage. Il a également approuvé une proposition
tendant à la création, à Berne, d'un bureau international permanent de la paix destiné à aider les
comités locaux à organiser des congrès. »

Parmi les propositions accueillies avec le plus de
faveur, il faut signaler celle de M. Marcoartu ayant
trait à la neutralisation, garantie par toutes les puissances maritimes, des isthmes et détroits parcourus
par le commerce.

Le prochain congrès se tiendra à Berne en 1892.

Un journal américain, organe de l'*American Peace
Society* de Boston, a demandé qu'un congrès fût
convoqué à Chicago pendant l'exposition de 1893
par le gouvernement des États-Unis pour étudier les
moyens d'assurer la paix entre les nations civilisées.

## IX

Les ligues et les conférences sont les instruments de la propagande parmi les peuples et parmi leurs représentants. Des réunions moins nombreuses et moins bruyantes se chargent de la propagande ou du progrès scientifique. Des prix ont été proposés par différentes facultés de droit pour l'étude de la question [1]. L'Académie des sciences morales et politiques l'a fréquemment discutée [2], et, en l'inscrivant parmi ses sujets de concours, elle a montré la place qu'elle lui donnait dans ses préoccupations [3].

Dès 1866, l'Association anglaise pour l'avancement de la science sociale a chargé une commission d'élaborer un code international. De ses études sont sortis le projet de M. Field et les ouvrages de M. Sprague et de M. Lacombe [4].

En 1873, grâce aux soins de M. Miles, s'est formée à Londres une Association pour la réforme

1. La Faculté de droit de Paris a décerné en 1876 le prix Sturdy à une intéressante monographie de M. Rouard de Card : l'Arbitrage international.

2. Voir les diverses communications de M. Lucas, de M. de Parieu, etc.

3. Elle vient de décerner le prix à M. Michel Revon, dont l'étude est impatiemment attendue par tous ceux que la question intéresse.

4. Internationalism and Prize Essays on International Law.

de la codification du droit des nations. Ses réunions se sont tenues à Genève en 1874, à La Haye en 1875, à Anvers en 1877 [1].

La Russie elle-même n'est pas restée étrangère à ce mouvement, et une société s'est fondée en 1880 pour favoriser la propagation de notions justes sur les relations internationales.

L'Institut de droit international domine toutes ces associations. C'est en 1873 que MM. Miles, Lieber et Moynier conçurent le projet d'une conférence de jurisconsultes destinée à établir les principes du droit international et en assurer l'efficacité.

Dans la revue qui paraissait à Gand depuis 1869, M. Rolin Jacquemyns montrait la nécessité « d'une institution permanente purement scientifique qui, sans se proposer ni la réalisation d'utopies plus ou moins éloignées, ni une réforme soudaine, puisse cependant aspirer à servir d'organe dans le domaine du droit des gens à la conscience juridique du monde civilisé ».

La conférence tenue à Gand en septembre 1873 arrêta les statuts de l'Institut. Parmi les jurisconsultes qui avaient répondu à l'appel de M. Rolin Jacquemyns, on comptait MM. Bluntschli, Heffter, Calvo, Lorimer, Mancini, Pierantoni, Dudley Field, de Laveleye, Goldschmidt, Vernon Harcourt, etc.

---

1. *Revue 1873*, p. 307. — *Société de législation comparée, Bulletin 1873*, p. 360.

Nous voulons, dit M. Mancini au début de la conférence, « codifier sinon pour le tout, du moins en
partie, les règles obligatoires applicables aux relations internationales, et substituer, du moins dans
la plupart des cas, aux chances aveugles de la
force et à la prodigalité inutile du sang humain un
système de jugement conforme au droit ».

L'article premier des statuts résume le but de
cette société :

ARTICLE PREMIER. — L'Institut de droit international est une association exclusivement scientifique
et sans caractère officiel. Il a pour but :

1° De favoriser les progrès du droit international
en s'efforçant de devenir l'organe de la conscience
juridique du monde civilisé;

2° De formuler les principes généraux de la science
ainsi que les règles qui en dérivent et d'en répandre la connaissance;

3° De donner son concours à toute tentative sérieuse de codification graduelle et progressive de
droit international.

Fidèle à sa mission, l'Institut explore avec persé-
vérance tous les recoins de son vaste domaine. Des
commissions font les recherches préliminaires. La
*Revue de droit international* publie les résultats et
présente jour par jour la chronique des faits internationaux des deux mondes.

Les conclusions sont discutées dans des sessions
périodiques et formulées avec précision.

Retracer ces travaux, même sommairement, ce serait passer en revue tous les problèmes du droit des gens. Qu'il nous suffise de citer les études sur les règlements de Washington, sur le respect de la propriété privée en mer et sur les tribunaux de prises, sur le droit maritime, sur les lois de la guerre sur terre, et enfin les travaux sur la procédure arbitrale internationale que nous aurons à analyser plus loin. L'Institut, on le voit, est une véritable académie qui met la science au service du progrès.

X

De quelque côté qu'on se tourne, l'idée avance et pénètre. Elle s'infiltre par les associations dans les masses populaires, et elle s'impose par les parlements au souci des hommes d'État.

La diplomatie ne la raille plus et la politique la respecte. Elle a ses entrées dans les chancelleries et dans les conseils des nations.

L'Institut forme comme un collège d'arbitres indépendants et écoutés qui fournit aux gouvernements des solutions pour leurs litiges et des juges pour leurs différends. C'est sur son président, M. Rivier, que tout récemment deux grandes nations ont porté leur choix pour régler les affaires de Terre-Neuve[1].

Les chefs d'État eux-mêmes font à l'arbitrage sa

1. Voir la dépêche du 11 mars 1891 déjà citée. *Doc. diplom.*

place dans leurs messages, et le dernier discours de
la reine d'Angleterre était pour moitié consacré à
exposer l'état des conventions arbitrales entre la
Grande-Bretagne et ses voisins [1].

Ainsi la coutume se précise, la pratique se généralise, « le char est lancé ». Quand pourra-t-on lui
appliquer le mot de Paul-Louis Courier : « A cette
heure en plaine roulant, rien ne le peut arrêter ? »

1. Voir le discours de la reine du 7 août 1891.

# CHAPITRE V

Le mouvement progressif des relations juridiques
internationales.

I

Au début de cette étude, nous avons indiqué les
deux mouvements contraires qui caractérisent l'évolution contemporaine : le mouvement qui rapproche les
peuples en les élevant progressivement à un niveau
de civilisation supérieure, le mouvement qui les éloigne
les uns des autres en avivant les rivalités nationales.

L'arbitrage est un instrument de paix. Il a pour
fin immédiate de trancher les différends autrement
que par la force : son objectif lointain est de faire de
la paix l'état normal et coutumier des nations ; dans
leurs visées les plus hardies, ses partisans aperçoivent l'idéal d'une société civilisée soumise à une
seule règle et à un seul droit : ce sont là comme
trois cercles concentriques tracés autour d'un même
point : l'idée de paix.

L'arbitrage ne peut donc être envisagé en soi.
Pour le comprendre et l'apprécier, il ne faut pas
l'isoler du progrès des relations internationales. Il en
fait partie intégrante : plus celles-ci se perfectionnent,
plus apparaît l'utilité de son application.

Mais nous ne faisons pas un cours de droit international et nous n'avons pas la prétention de retracer
le tableau de la civilisation à la fin du XIXᵉ siècle.
Pour rester dans notre sujet, nous ne retiendrons de
cet ensemble que les parties qui intéressent l'arbitrage ; c'est-à-dire les conventions qui ont en quelque
sorte légalisé ces relations en leur donnant un caractère juridique.

## II

Les nations s'écartent, les hommes se rapprochent.
Malgré les divergences, les guerres et les haines, les
points de contact se multiplient. Les idées volent
par-dessus les frontières et se rencontrent même
quand elles se heurtent. Les langues parlées qui
sont leurs instruments d'échange, se vulgarisent, et
la connaissance s'en répand tous les jours davantage. Les littératures nationales se pénètrent et se
complètent :

> L'un à l'autre liés, en longues caravanes,
> Emmenant avec eux les lois, les faits, les mœurs,
> Les esprits voyageurs éternels sont en marche.

Il y a soixante ans, M. de Serres disait : « La démocratie coule à pleins bords. » Aujourd'hui, elle remplit l'Europe et l'Amérique. Malgré ses excès, ses aventures, ses déviations, elle favorise par ses institutions la liberté politique, la discussion des idées et des intérêts. A côté des parlements fermés, chaque année voit se former des parlements ouverts où des hommes accourus des quatre coins du monde viennent remuer toutes les questions depuis les plus techniques jusqu'aux plus générales .

Ce sont là nos foires aux idées. Nous avons aussi nos foires aux produits, et les Expositions universelles sont de grands rendez-vous périodiques où l'humanité, — joyeuse de se coudoyer, — vient dresser l'inventaire de sa civilisation et mesurer l'étiage de ses progrès.

Ce qui domine notre siècle, c'est la solidarité économique[1]. C'est là que se manifeste surtout « la mutuelle dépendance des nations », suivant le mot de Seebohm. L'Italie et la France s'associent pour

1. Nous assistons, en ce moment, à un groupement nouveau des puissances européennes sur le terrain commercial. Malheureusement les traités conclus ou en voie de conclusion entre les États de l'Europe centrale paraissent surtout dirigés contre la France. Nos traités de commerce, de navigation, nos conventions sur la propriété littéraire, artistique et industrielle sont expirés depuis le 1er février 1892. Si les pouvoirs publics éclairés par l'expérience ne s'arrêtaient pas dans la voie de protection excessive où ils sont entrés, il y aurait dans la formation d'une union douanière dont la France serait exclue un péril pour son avenir économique.

percer le Mont-Cenis. L'Allemagne, la Suisse et l'Italie s'unissent par le tunnel du Saint-Gothard, l'Angleterre et l'Amérique par le câble transatlantique. Les capitaux français ouvrent à l'Europe le canal de Suez.

Par le développement de la fortune mobilière et du crédit, le capital est devenu un instrument cosmopolite, et le flux et le reflux de l'offre et de la demande se font sentir à la fois sur tous les marchés financiers, agricoles et commerciaux. Par un phénomène analogue et dont les conséquences ne sont pas encore dégagées, les travailleurs manuels se rapprochent, se syndiquent, se groupent, dans des unions professionnelles, tiennent leurs comices internationaux, substituent « le patriotisme de classe au patriotisme de peuple » et forment dès à présent un État au milieu des nations [1].

On a tout dit sur les miracles que la science a accomplis depuis cent ans. C'est elle qui sert d'intermédiaire et de convoyeuse. « Semblables à la navette du tisserand qui tisse un lien d'amitié entre les peuples [2] », ses vaisseaux sillonnent les mers; ses chemins de fer transportent en quelques jours les hommes, les produits d'une extrémité à l'autre de l'Europe; ses fils, transmettant jusqu'à la parole humaine, relient entre elles les villes et même

---

1. Voir notamment le congrès socialiste de Bruxelles d'août 1891.

2. Paroles de M. Gladstone.

les moindres bourgades; pendant que ses explorateurs, renouvelant la géographie, ouvrent à l'activité et à l'ambition des nations vieillies des continents inconnus et s'ingénient à mettre en œuvre toutes les ressources de la planète.

## III

Sous l'impulsion de l'initiative privée, les États se sont préoccupés de sanctionner ces multiples manifestations et de légaliser ces tentatives. De là, les conventions innombrables qui, dans tous les domaines, se sont proposé de régulariser les relations internationales. Au cours de cette étude, nous avons suivi à travers l'histoire la lente et pénible formation d'un droit public embryonnaire. Nous assistons, dans notre siècle, à l'éclosion rapide, inégale et fragmentée d'un droit privé international. Les États fouettés par les faits sont forcés de se mettre d'accord en ce qui touche les personnes et les biens, les droits et les intérêts de leurs nationaux.

En droit international privé, on distingue le statut personnel, le statut territorial et le statut commun.

Le statut personnel concerne l'état et la capacité des personnes. Il suit les nationaux dans les pays étrangers.

Le statut territorial s'applique à l'acquisition de la propriété, ainsi qu'aux obligations résultant des lois de police et de sûreté. Il régit tous ceux qui habitent le territoire, nationaux ou étrangers.

Le statut commun comprend les principes qui se retrouvent dans les diverses législations nationales C'est sur lui que se fondent les conventions et les traités par lesquels les États assurent la protection réciproque des personnes et des biens de leurs sujets respectifs.

Le statut personnel de l'étranger et le statut territorial du pays où il habite ne sont point toujours d'accord. De là, les conflits des lois qui sont une grosse difficulté du droit international privé.

Les États européens ont conclu un grand nombre de conventions synallagmatiques pour assurer l'exécution des jugements rendus par leurs tribunaux respectifs et pour faciliter leur procédure réciproque.

La plupart des nations accordent aux étrangers l'exercice des droits civils, et plusieurs codes prescrivent de prendre leurs lois en considération dans les litiges qui les intéressent. L'Amérique est allée plus loin et, le 25 août 1888, un congrès juridique s'est réuni à Montevideo, afin d'uniformiser la législation civile et de mettre fin aux conflits des lois. Huit projets de traités internationaux y ont été étudiés sur les brevets d'invention, la propriété littéraire et artistique, la procédure judiciaire, les marques de commerce, le droit international interne, le droit pénal, l'exercice des professions libérales et le droit civil international.

En avril 1889 s'est réuni à Lisbonne un congrès juridique qui a discuté diverses questions de droit privé et qui s'est également prononcé en droit public pour un tribunal arbitral[1].

La conférence de 1889, tenue à Washington et dont nous avons déjà parlé, a aussi étudié les bases d'une union douanière, commerciale, industrielle, monétaire et sanitaire.

Enfin, un congrès juridique, sans caractère officiel, s'est réuni à Genève le 3 septembre 1874 afin de chercher à régler les conflits des lois.

IV

« C'est un lien très faible, a dit M. de Parieu, que celui qui résulte des conventions relatives au commerce et à d'autres institutions internationales, et cependant il est précieux pour l'avenir du monde et il est plus élastique de sa nature que ceux dont la religion et la politique ont tenté la formation[2]. »

Il y a en effet une propriété internationale à constituer ou à maintenir, comme il y a une propriété nationale à défendre, une propriété individuelle à faire fructifier. Tout ce qui concerne les échanges

1. Torrès Campos, Le Congrès juridique de Lisbonne, *Revue de Droit international*, 1889.
2. M. de Parieu, *Principes de science politique*.

a donc dans la vie internationale une place considérable.

Peu à peu s'élabore une législation commune[1]
pour les intérêts économiques isolés. De là, des
ententes qui se manifestent par des unions douanières
et des traités; de là, les efforts des défenseurs de la
liberté commerciale pour réformer les tarifs diffé-
rentiels, de là aussi des rivalités ardentes qui
s'accusent par des lois plus ou moins protectrices du
travail national.

Quarante-deux États ont rendu hommage à l'utilité de la statistique en signant, le 5 juillet 1890,
une convention qui établit une union internationale
pour la publication des tarifs douaniers à frais communs, et qui crée à Bruxelles un bureau de renseignements chargé de la traduction et de la publication de ces tarifs[2].

En dehors des questions qui rentrent dans la
souveraineté et qui touchent à la concurrence commerciale entre les États, il y a une tendance à faciliter, par un commun accord, les moyens d'échange.

1. Sur les relations du militarisme et du protectionnisme,
voir un article intéressant de M. Numa Droz, *L'anarchie économique en Europe* (*Bibliothèque universelle*, janvier 1888).
L'auteur se prononce pour l'établissement d'une union économique divisée en sections nationales avec un tarif international
maximum d'importation.

2. Projet de loi approbatif de la Convention, présenté à la
Chambre des députés, le 18 décembre 1890, par MM. Ribot et
Jules Roche.

Nous avons vu comment le droit public politique a successivement ouvert à tous les pavillons les mers territoriales, les fleuves qui baignent plusieurs États et le canal de Suez qui est le grand passage de l'Europe vers l'Orient.

Les transports terrestres n'ont pas moins d'importance que les transports maritimes. Plusieurs conférences se sont réunies à Berne en 1878, en 1881 et en 1886 en vue de déterminer les bases d'une législation uniforme pour les transports internationaux par chemins de fer. Elles ont abouti à la convention signée à Berne, le 14 octobre 1890, par la France, l'Allemagne, l'Autriche-Hongrie, la Belgique, l'Italie, le Luxembourg, les Pays-Bas, la Russie et la Suisse[1]. Cette convention règle tout ce qui touche aux contrats de transport international, aux actions qui en naissent, aux questions de responsabilité, de compétence, de déchéance, de prescription et de recours. Elle détermine par une législation uniforme les obligations et les droits des transporteurs. Elle est conclue pour une durée de trois ans. Elle crée un Office central des transports internationaux, sorte de tribunal arbitral chargé notamment « de prononcer, à la demande des parties, des sentences sur des litiges qui pourraient s'élever entre les chemins de fer[2] ».

1. Projet de loi approbatif de la convention, présenté à la Chambre des députés le 18 décembre 1890.

2. Convention de Berne, article 57, § 3.

Il est du devoir des États de veiller à la rapidité et à la sécurité des communications épistolaires. Des traités postaux internationaux ont été signés à Berne en 1874, à Paris en 1878, à Lisbonne en 1885. La dernière conférence s'est tenue à Vienne en 1891. Le traité de Berne crée une union postale universelle régie par un véritable code. Les pays adhérents ne forment pour ainsi dire qu'un territoire unique relativement à l'échange des correspondances [1]. Comme la convention sur les chemins de fer, il constitue, en cas de litige entre deux pays, un arbitrage mixte : chaque pays désigne un arbitre ; à défaut d'accord, un tiers arbitre est choisi par les parties [2]. Un bureau international fonctionne à Berne (1869).

Les communications télégraphiques sont réglées par les conventions de Berne (1869), de Saint-Pétersbourg, de Londres (1879), de Berlin (1885), les poids et mesures ont fait l'objet de la convention du mètre du 3 mai 1875 ; des études se poursuivent en vue de l'adoption d'un méridien unique; des bureaux internationaux fonctionnent à Berne pour les télégraphes, à Paris pour les poids et mesures.

« La monnaie, dit M. de Parieu [3], constitue l'élément le plus irradiateur de chaque nationalité, étant

---

1. Convention postale de Berne, article 3.
2. *Id.*, art. 17.
3. M. de Parieu, *Principes de la science politique*, 1870.

également rattachée aux personnes et aux affaires, aux voyageurs et au commerce. » Parmi les conventions monétaires, il faut signaler l'union latine formée en 1865 entre la France, l'Italie, la Belgique, la Suisse, la Grèce, l'Espagne et la Roumanie et renouvelée le 6 novembre 1885 pour cinq ans[1].

Plusieurs de ces conventions nous intéressent parce qu'elles appliquent l'arbitrage aux contestations d'ordre privé entre de grandes administrations d'États : c'est une forme technique de l'arbitrage international.

Une protection spéciale doit être accordée aux câbles sous-marins. Vingt-quatre États d'Europe et d'Amérique auxquels s'est joint le Japon, se sont entendus à cet effet. La convention du 4 mars 1884 n'est point seulement technique. Elle définit certains délits, tels que la rupture ou la détérioration des câbles [2], et charge chaque État de prendre les mesures nécessaires pour assurer les pénalités à appliquer aux infractions prévues.

Ainsi elle a créé de véritables délits de droit pénal international, mais elle en a réservé la répression aux législations des nations contractantes.

C'est à la suite de ce traité qu'a été rendue par la France la loi du 29 décembre 1884 qui punit lesdites infractions ; les autres pays ayant suivi cet

1. Loi du 29 décembre 1885. *Journal officiel* des 30 et 31 décembre.

2. *Journal officiel* du 9 août 1884.

exemple, la convention a été mise en vigueur le 1er mai 1888.

Le monde du travail attire l'attention des hommes d'État. Y a-t-il lieu de chercher un remède aux souffrances sociales et une satisfaction à certains vœux légitimes des masses ouvrières dans une législation internationale? La question ne s'agite pas seulement dans les parlements des pays libres et dans les réunions ouvrières internationales, mais aussi dans les conseils des souverains.

Une conférence officielle devait se tenir à Berne en 1890 pour étudier les problèmes sociaux. L'initiative de la Suisse fut remplacée par celle de l'Allemagne. Un rescrit impérial du 4 février 1890 posa officiellement la question de savoir si les gouvernements étaient disposés à négocier « dans le but d'amener une entente internationale sur la possibilité de donner une satisfaction aux besoins et aux désirs des ouvriers ».

La conférence siégea à Berlin du 15 mars au 29 mars 1890 ; les délégués de treize gouvernements européens y prirent part ; la Russie n'y assista pas. Elle aboutit à une série de vœux relatifs au travail dans les mines, au travail du dimanche, au travail des enfants, au travail des jeunes ouvriers et au travail des femmes [1]. Pour faciliter la mise à exé-

---

1. Protocole 7 annexé à la séance du 29 mars; Livre jaune 1890.

cution de ces conclusions, la Conférence recommandait la création de fonctionnaires spéciaux chargés de la surveillance de l'application des lois ouvrières et de l'échange périodique des renseignements statistiques.

La France ne s'était rendue à la conférence qu'à condition que les décisions à intervenir n'engageraient pas les gouvernements, et l'Angleterre s'était absolument refusée à « mettre ses lois industrielles à la discrétion d'un pouvoir étranger ». Ces réserves ont donné aux délibérations le caractère de simples vœux. La Suisse, toujours hardie, avait proposé que les États qui seraient tombés d'accord sur les dispositions à prendre en faveur des travailleurs, prissent des arrangements obligatoires qui seraient rendus exécutoires dans chaque pays par la législation nationale. Un organe spécial de centralisation aurait été chargé de réunir et de publier les renseignements, et des conférences périodiques auraient assuré le développement ultérieur de la législation nouvelle. C'eût été, suivant le mot de M. Jules Simon « une sorte de parlement international de travail[1] ».

La proposition, votée par la conférence à l'unanimité des voix moins celle de la France, n'impose plus de sanction pratique aux États participants, fait disparaître le bureau international et supprime la

1. Rapport de M. Jules Simon, premier délégué à la Conférence, du 12 mai 1890.

périodicité des réunions : son œuvre s'est réduite à des indications platoniques.

En septembre 1891, le congrès international sur les accidents du travail s'est réuni à Berne[1]. Il a étudié la prévention et la réparation des accidents du travail, l'organisation des assurances sociales contre l'invalidité et la vieillesse, et il a formé un Comité permanent.

V

Les conventions d'extradition ne créent pas de droit pénal international ; elles ne font que faciliter la répression des crimes et des délits et l'exécution des condamnations.

La commission pénitentiaire qui siège à Berne et qui convoque des congrès quinquennaux n'est chargée que d'informations scientifiques et statistiques. Quelques germes d'un droit pénal commun se trouvent dans les conventions sanitaires ou dans des conventions spéciales comme celle de La Haye du 16 novembre 1887 qui réprime « le trafic des spiritueux dans la mer du Nord à bord des cabarets flottants[2] ».

1. M. Droz, ancien président de la Confédération suisse, l'a appelé avec quelque exagération un parlement polyglotte, embryon du futur parlement européen.

2. Convention passée entre la France, l'Allemagne, la Belgique, le Danemark, l'Angleterre et les Pays-Bas. Projet de loi du 16 novembre 1887 assurant la répression prévue par ladite convention.

Ce sont là des moyens pour les nations de faire leur police en commun afin de la faire plus efficacement.

## VI

Il y a quarante ans, les lois sur la propriété littéraire et artistique étaient purement nationales. Le décret du 23 mars 1852 réprima la contrefaçon en France des ouvrages publiés à l'étranger, et servit de point de départ à la reconnaissance internationale du droit des auteurs.

Sur l'initiative du Conseil fédéral suisse, et à la suite de nombreux congrès libres, une convention fut signée à Berne, le 9 septembre 1886 par la France, l'Allemagne, l'Angleterre, l'Italie, la Belgique, l'Espagne, Haïti, Liberia, la Suisse et la Tunisie.

Ces divers États se constituaient en union internationale et s'assuraient la réciprocité des droits accordés par leurs lois respectives. Un bureau commun veille à l'exécution du traité.

Le 9 juillet 1884, une union analogue s'était créée entre onze puissances pour la protection de la propriété industrielle [1].

## VII

En bonne logique, il est assez contradictoire de

1. *Journal officiel* des 8 et 20 juillet 1884.

vouloir civiliser la guerre. Elle est un recours à la force et la force ne connaît pas de droit.

« Introduire le droit dans la guerre qui est la négation du droit ou qui est tout au moins la proclamation officielle de son impuissance restera toujours un incompréhensible problème... Les axiomes de la loi naturelle... risquent d'être mal écoutés dans les tumultes des batailles et dans les ivresses du succès ; ce sont trop souvent des toiles d'araignée que le vent de la victoire déchire et emporte [1]. »

De tout temps néanmoins les hommes ont adopté un certain nombre de coutumes destinées à adoucir les maux de la guerre.

Montaigne, parlant de la science « de nous entre-défaire, de ruiner et perdre notre propre espèce », disait : « Celui-là commandait bien à la guerre qui lui faisait souffrir le mors de la bénignité sur le point de sa plus forte chaleur [2]. » Après la lutte de 1870, si féconde en horreurs, les puissances se sont réunies à Bruxelles en 1874 afin de classer ces coutumes et de donner au droit des gens en temps de guerre un fondement solide.

La doctrine tout humaine qui a inspiré la déclaration de Bruxelles est celle de Montesquieu et de Kant ; il faut que les belligérants se fassent le moins de mal possible pour faciliter la paix qui doit être une œuvre

1. Discours du procureur général Renouard, 1872.
2. Montaigne, *Essais*, livre III, ch. I.

de réconciliation. Ces conventions, a-t-on dit, « sont comme des précautions que les nations prendraient contre leurs propres rechutes en barbarie ».

Dès 1863, au plus fort de la guerre de sécession, le président Lincoln avait fait rédiger par le professeur Lieber des « Instructions pour les armées en campagne ». C'est le « premier essai de codification de la guerre continentale [1] » réalisé par l'alliance de la science et de la diplomatie. « Elles installaient le droit dans l'empire de la force en réduisant sous le joug les usages et les excès mêmes de la guerre [2] ».

La convention de Genève du 22 août 1864, la déclaration de Bruxelles du 27 août 1874, la déclaration de Saint-Pétersbourg de 1878 sur l'interdiction des balles explosibles, sont des pactes d'humanité rédigés par des diplomates et par des militaires.

Elles définissent les effets généraux de l'ouverture des hostilités, les droits contre l'État ennemi et sur le territoire ennemi, les droits et obligations réciproques des belligérants envers les habitants, les blessés, les prisonniers de guerre, les otages, les ambulances, les mises en liberté sur parole, les espions et déserteurs, les suspensions d'armes, armistices et capitulations [3].

1. Bluntschli, *Droit international codifié.*
2. Laboulaye. Voir aussi les communications de M. H. Lucas, Acad. des sc. mor. et pol., 1874-1875.
3. *Revue de droit international.* Voir aussi *la codification des lois de la guerre sur terre* (manuel publié par l'Institut de droit international. Oxford 1880).

Elles garantissent le respect et la protection de la propriété privée [1], et c'est là une des conquêtes capitales du droit international.

La guerre maritime obéit à des coutumes encore moins humaines. L'examen de la neutralité sur mer et de la prise nous entraînerait hors des bornes de notre sujet. En ce qui touche le respect de la propriété, on en est resté aux quatre points résolus par le Congrès de Paris en 1856. Encore les divergences de la jurisprudence ont-elles révélé en maintes circonstances les difficultés d'application [2]. Mais les lois maritimes ne seront vraiment conformes à notre civilisation que « lorsqu'on aura aboli sur mer comme sur terre le droit de faire des prises [3] », et posé en principe l'inviolabilité de la fortune privée, comme le demandait dès 1859 un congrès réuni à Brême.

Un avis dans ce sens a été émis à Zurich en 1877 par l'Institut de droit international [4].

---

1. Art. 40 de la convention de Bruxelles.

2. « On pose, dit M. Desjardins, dans ces grandes assises du monde civilisé, quelques règles générales qui contribuent à l'amélioration des rapports internationaux, et au progrès de la civilisation. Mais si l'on essayait d'entrer dans le détail des réformes, on n'aboutirait à rien parce qu'on cesserait de s'accorder ». (A. Desjardins : le *Congrès de Paris et la Jurisprudence internationale*. Communication à l'Acad. 1884.)

3. Bluntschli, *Introduction au Droit international codifié*, p. 47.

4. Bluntschli. Ouvr. cité p. 388. Voir également la proposition de M. Garnier Pagès, au Corps législatif (juillet 1870).

En attendant ce progrès nécessaire, les captures sont jugées et les prises déterminées par les tribunaux ou conseils de prise. Chaque pays les organise suivant ses intérêts et ses traditions. Leur compétence en ce qui concerne la propriété ennemie est entrée dans la coutume du droit des gens. En ce qui touche la propriété neutre, elle a été contestée.

Nationaux par leur organisation, les tribunaux de prise sont internationaux par leur caractère et leur destination. De là, des efforts pour y introduire l'arbitrage. Dans son avis, l'Institut a demandé qu'on les remplaçât par des tribunaux internationaux « donnant aux particuliers de l'État neutre ou ennemi de plus grandes garanties de jugement impartial », et qu'on s'entendît sur une procédure commune en matière de prises [1].

A la suite de cette discussion, l'Institut a été saisi par M. Bulmerinck d'un projet de réforme complet du droit de prise fondé sur la création de tribunaux internationaux de première et de seconde instance [2].

Un autre de ses membres, M. Westlake, lui avait proposé l'institution préalable de tribunaux mixtes siégeant dans le territoire du belligérant et composés de quatre juges dont l'un nommé par la puissance belligérante, l'autre par la puissance neutre intéressée

---

1. Réunion de Zurich, septembre 1877. Voir *Revue*, 1879, Annuaire 1878.

2. Voir *Revue*, 1878, p. 379.

dans la prise, les deux derniers par deux puissances tierces également neutres.

Tous ces projets inspirés par des idées d'arbitrage ont pour objet de mettre fin aux soupçons d'injustice auxquels sont en butte les tribunaux nationaux, et de créer, en cette matière délicate, une juridiction préalable et impartiale.

## VIII

De cet exposé rapide du mouvement juridique international se dégage l'idée de progrès. Dans chaque pays, les individus apparaissent d'abord reliés les uns aux autres par la solidarité nationale qui fait la patrie. Puis cette solidarité franchit les frontières des États et les barrières des religions. Elle unit les nations les unes aux autres. Elle crée entre elles non seulement des relations économiques, mais des relations sociales et morales. Quand les nations s'unissent comme à Berlin en 1885[1] ou à Bruxelles en 1890 pour combattre la traite des noirs et l'esclavage, ce qu'elles affirment, c'est une solidarité morale, c'est la notion collective d'un devoir humain.

Ainsi l'humanité ressemble de plus en plus, suivant le mot de Pascal, « à un même homme qui subsiste toujours et apprend continuellement ». Le

---

1. Voir le ch. IV, § 8.

monde civilisé a conscience de lui-même. Il prend l'habitude de se concerter dans des résolutions communes et de faire prévaloir une volonté unique sur certaines questions qui touchent soit à ses intérêts, soit même à la morale sociale.

# L'AVENIR

# CHAPITRE PREMIER

### Les projets de procédure arbitrale internationale.

## I

Parmi les théoriciens de l'arbitrage, les uns font surtout de la procédure, les autres du droit philosophique.

Les premiers examinent la question telle qu'elle se pose au xix° siècle, à l'état empirique. Ils analysent les arbitrages pratiqués jusqu'ici et, de cette pratique, ils tirent des règles pour l'avenir. Ils font comme les anciens juristes qui cherchaient à rédiger et à fixer la coutume.

« Leur objet, dit Montesquieu[1] en parlant des praticiens du règne de saint Louis, était plutôt de donner une pratique judiciaire que les usages de leur

---

1. Montesquieu, *Esprit des lois*, XXVIII, ch. xiv : sur la formation et les trois états du droit coutumier.

temps. Ils n'avaient d'abord d'autorité que par la vérité et la publicité des choses qu'ils disaient. Leurs travaux généralisés ne reçurent que plus tard[1] le sceau de l'autorité royale. » Il en est ainsi des praticiens du droit des gens : ils rédigent pour l'avenir le droit coutumier de l'humanité.

Les seconds, c'est-à-dire les philosophes, dépassent les premiers de toute la distance qui sépare la théorie de la pratique et le droit abstrait du fait concret. L'arbitrage n'est pour eux qu'un moyen. Le but c'est l'organisation juridique des États réunis par les liens plus ou moins serrés de la confédération.

Peu leur importe la question de savoir si leurs conceptions sont possibles ou non, si l'avenir qui les verra réalisées est proche ou lointain. Ils s'appuient sur la morale, dont le droit des gens n'est à leurs yeux, comme le droit interne, qu'une application.

Tant qu'ils demeurent dans « les temples sereins élevés par la doctrine des sages, » ce sont des idéalistes. Ils risqueraient de passer pour des idéologues, s'ils sortaient du sanctuaire pour convertir l'humanité à leur religion philosophique.


## II


Les projets qui se proposent de régulariser la procédure arbitrale se réfèrent à l'arbitrage privé. C'est

---

1. Sous Charles VII.

en voyant les hommes chercher dans celui-ci un moyen de terminer à l'amiable leurs différends que les États ont cherché dans celui-là une ressource pour pacifier les leurs.

L'histoire de l'arbitrage privé peut, à cet égard, servir de type. Il a eu sa grandeur et sa décadence. La Révolution en fit sa juridiction de prédilection et le rendit en certains cas obligatoire[1]. Aujourd'hui, il figure dans tous les codes des nations civilisées à côté des tribunaux réguliers organisés et préexistants. Il est un complément et un correctif.

Cicéron[2] compare en ces termes le jugement à l'arbitrage : « ici, l'objet est certain ; là, il est incertain. Nous venons au jugement dans l'alternative de tout obtenir ou de tout perdre. Nous accédons à l'arbitrage dans la pensée de n'obtenir ni tout ce que nous avons demandé, ni rien de ce que nous avons demandé. »

« Les juges, dit Boncenne[3], sont les organes propres de la loi. Ils ne constituent pas le droit. Ils ne le font pas, mais ils l'affirment ; ils en sont les dispensateurs et non les arbitres. »

De là, les différences entre le jugement et l'arbi-

---

1. Loi du 24 août 1790 et déclaration des droits de l'homme du 3 septembre 1891, art. 3, chap. v, tit. iii. « Le droit des citoyens de terminer définitivement leurs contestations par la voie de l'arbitrage ne peut recevoir aucune atteinte par les actes du pouvoir législatif ».

2. *Pro Roscio comœdo* nᵒˢ 4, 5, 6.

3. Boncenne, *Traité des preuves.*

trage : les arbitres sont choisis par les justiciables ;
leurs pouvoirs sont temporaires et expirent avec le
différend ; leur compétence est déterminée par le
compromis. Tandis que les juges, désignés d'avance
par les pouvoirs publics, forment un tribunal permanent dont la compétence générale et non parti-
culière s'étend à toute une catégorie de litiges
prévus par la loi.

Quand le législateur a organisé des tribunaux
réguliers, il n'a pas supprimé l'arbitrage privé ; il lui
a laissé sa place dans ces codes. A côté des juridictions régulières et permanentes, il a maintenu le
droit pour les justiciables de recourir à cette juridiction abrégée et simplifiée ; il en a formulé les
règles essentielles, mais en laissant aux parties toute
la liberté compatible avec les principes constitutifs
de sa justice[1].

Nous comparerons plus loin ces règles avec celles
que les théoriciens de la procédure arbitrale ont
formulées. C'est sur ce modèle, en effet, que sont
calqués leurs projets, avec un souci d'imitation parfois excessif. Ils n'ont pas toujours suffisamment
perçu les différences entre l'arbitrage international et
l'arbitrage privé.

1. Les projets récents sur l'arbitrage entre patrons et ouvriers
ont pour objet de faciliter la solution amiable des conflits collectifs qui se manifestent jusqu'ici par des grèves et des coalitions. L'adoption d'une procédure arbitrale de conciliation évitera,
si l'espoir du législateur se réalise, les violences qui troublent si
profondément les relations du capital et du travail.

C'est le même procédé, mais appliqué dans deux domaines tellement distincts, à des intérêts de nature tellement diverse, que l'assimilation complète est impossible ou forcée.

Dans l'organisation judiciaire et nationale des États, l'arbitrage n'est qu'une juridiction supplémentaire ou alternative. Il ne remplace pas les tribunaux réguliers. Les arbitres appliquent d'abord le droit écrit[1], à moins que le compromis n'en décide autrement. Une fois revêtue de l'ordonnance d'exéquatur, la sentence arbitrale est exécutoire au même titre qu'un jugement régulier.

En droit public international, l'arbitrage est la seule juridiction connue ; encore n'est-elle qu'à l'état embryonnaire. Point de choix entre des arbitres et des juges, puisqu'il n'y a pas de tribunaux organisés. Point de droit écrit à appliquer puisqu'il n'y a pas de code rédigé. Point de force exécutoire, puisqu'il n'y a pas de force exécutive.

Ces différences sont éclatantes. Il faut s'en pénétrer avant de rédiger des règles de procédure arbitrale internationale. Le terrain de la codification est un terrain glissant. On ne doit s'y aventurer qu'avec une certaine prudence, si l'on veut faire œuvre de raison.

---

1. Art. 1019 du *Code de procédure civile*. « Les arbitres et tiers-arbitres décideront d'après les règles du droit à moins que le compromis ne leur donne pouvoir de prononcer comme amiables compositeurs ».

### III

Le projet principal a été rédigé par l'Institut international et voté dans les sessions de Genève et de La Haye, c'est-à-dire au début même de ses travaux [1].

Ce projet préparé par M. Goldschmidt, se divise en cinq parties :

*a)* Conclusion du compromis;

*b)* Formation du tribunal arbitral;

*c)* Procédure devant ce tribunal;

*d)* Sentence arbitrale;

*e)* Recours contre la sentence.

### IV

Pour définir le compromis, M. Goldschmidt se réfère au droit romain, dans lequel l'arbitre tenait ses pouvoirs des parties, mais comme juge, et était placé au-dessus d'elles.

D'après son article premier, une sentence arbitrale ne peut être rendue que sur les contestations juridiques. D'après son article 2, un tribunal arbitral international suppose : un compromis interna-

---

1. *Revue de droit international*, 1874-1875, p. 227.

tional valable *(compromissum)*, une convention valable entre les compromettants d'une part et l'arbitre d'autre part, convention par laquelle celui-ci s'engage à décider le litige *(receptum arbitri.)* Si le tribunal arbitral doit se composer de deux ou plusieurs personnes, il faut une convention valable entre les compromettants d'une part et chacun des arbitres d'autre part.

L'Institut a passé sous silence ces prolégomènes. Il a voulu faire une œuvre pratique. Or, en matière internationale, le compromis résulte de négociations diplomatiques qui fixent la nature du litige et la compétence de l'arbitre : le fait et le droit y sont identifiés. En droit pur, le compromis est un acte juridique : il est même un contrat.

« Le droit de choisir des arbitres, dit Boitard, dérive du droit de s'obliger et du droit d'aliéner. On comprend que, lorsqu'il s'agit d'un droit auquel il m'est permis de renoncer gratuitement, à plus forte raison m'est-il loisible, lorsque ce droit m'est disputé, d'en subordonner la conservation ou la perte à l'examen que devront faire des particuliers de mon choix.

« Le compromis n'est au fond qu'une obligation, qu'une aliénation, qu'une libération conditionnelle. Chaque partie s'oblige d'avance à reconnaître comme bonne la décision rendue par les arbitres choisis, sauf les voies de recours. »

C'est parce que le compromis est un contrat,

qu'il oblige ceux qui l'ont consenti et qu'il ne peut être révoqué que par le commun accord des parties. Ces principes s'appliquent aussi bien au compromis international qu'au compromis de droit privé.

M. Goldschmidt admet aussi une différence entre l'*arbitrium* et l'*arbitratio*, le premier étant appelé à décider un différend entre les parties, le second à déterminer le point concret laissé par les parties en discussion au moment de la conclusion ou de l'exécution de la convention. En somme l'*arbitratio* porte sur les faits et est une simple expertise, l'*arbitrium* porte sur le droit. Cette distinction nous paraît comme à MM. Calvo, Bulmerincq et Kamarowsky, sans portée, le compromis international ayant toute liberté pour régler l'objet, les limites et la procédure de l'arbitrage.

Voici comment l'Institut en détermine les conditions :

ARTICLE PREMIER. — Le compromis est conclu par traité international valable. Il peut l'être :

*a*) D'avance, soit pour toute contestation, soit pour les contestations d'une certaine espèce à déterminer, qui pourraient s'élever entre les États contractants;

*b*) Pour une contestation, ou plusieurs contestations déjà nées entre les États contractants.

La question est des plus hautes. A quels litiges peut s'appliquer l'arbitrage? Une définition préalable est-elle possible? A-t-elle une valeur pratique?

Laissons de côté le compromis général ou clause compromissoire qui nous paraît rentrer dans les projets de juridiction permanente, et ne parlons que du compromis spécial.

D'après M. Goldschmidt, il ne peut porter que sur des contestations juridiques; mais comme on entend par là toute contestation susceptible d'être décidée d'après le droit, il me semble malaisé de déterminer celles qui sont exclues de la possibilité d'un arbitrage.

M. Trendelenburg [1] précise cette opinion en excluant de l'arbitrage tout ce qui touche à la nationalité des peuples. « Ce à quoi il se mêle quelque chose de national, dit-il, devient à tel point individuel que chaque nation dénie à une autre même la capacité de la comprendre. »

M. Bluntschli, dans son droit codifié [2], parle spécialement de questions de dédommagements, étiquette, et autres qui ne menacent ni l'existence ni le développement des États.

Calvo [3] n'excepte que les questions dans lesquelles l'honneur ou l'indépendance nationale sont en jeu et qui relèvent d'un sentiment intime, pour ainsi dire

1. Trendelenburg, *Luecken im Vœlkerrecht*, p. 21, cité par Kamarowsky : *le Tribunal international*. p. 316.

2. Bluntschli, *Droit international codifié*, art. 498, p. 290.

3. Calvo, *le Droit international*, paragraphe 1501, cité par Kamarowsky, ouv. cité, p. 320.

personnel, dont un État tiers ne peut être rendu juge.

D'autres, au contraire, tels que Bulmerincq, pensent avec sir Stafford Northcote et M. de Laveleye que l'arbitrage doit s'appliquer surtout aux questions d'honneur national. « L'honneur d'une nation ne consiste pas, dit M. de Laveleye, à ce qu'elle ne se considère jamais comme ayant tort, mais à ce qu'elle cherche en tout l'équité [1]. »

Quoique moins chevaleresques, MM. Funck-Brentano et Sorel paraissent, sur ce point, dans la vérité en demandant que l'objet du litige soit réel et nettement déterminé. « Si les États sont en conflit sur un objet de politique générale, si les prétentions opposées qui les divisent résultent d'une longue rivalité de puissance et mettent en question les frontières des États ou leur existence, si surtout ils luttent de prépondérance, il leur est très difficile de soumettre leur différend à l'arbitrage, parce qu'ils n'admettent pas qu'une autorité quelconque puisse, par une sentence, résoudre un problème qui se débat depuis des siècles entre les nations [2]. »

Cette solution n'est que l'application politique de la règle adoptée par le droit français : « Toutes personnes peuvent compromettre sur les droits dont elles ont la libre disposition [3]. »

Ce texte dit tout : les nations, pas plus que les

---

1. De Laveleye. *Causes de la guerre*, p. 191.
2. Funck-Brentano et Sorel, *Précis du droit des gens*, p. 461.
3. *Code de procédure civile français*, art. 1003.

individus, n'ont la libre disposition de leur patrimoine moral.


## V


En droit civil, le compromis désigne les objets
en litige et les noms des arbitres[1]. Le contrat une
fois formé, l'une des deux parties ne peut plus, par
sa volonté directe ou indirecte, porter atteinte à l'obligation qui la lie envers l'autre[2].

Il en résulte qu'en droit international la formation et la composition du tribunal dépendent de la
volonté des parties et doivent être réglées par le
compromis. C'est ce que décide le projet de l'Institut
en édictant des règles en cas de silence du compromis.

Voici ces règles résumées :

« Chacune des parties contractantes choisit un
arbitre, et les deux arbitres choisissent un tiers
arbitre ou désignent une personne tierce qui l'indi-
quera. Si les deux arbitres ne peuvent s'accorder sur
le choix du tiers arbitre, si une des parties se refuse
à coopérer à la formation du tribunal ou si la personne désignée refuse de choisir, le compromis est
éteint[3]. »

---

1. *Code de procédure civile*, art. 1006.
2. *Id.*, art. 1008.
3. *Projet de règlement de procédure arbitrale internationale
de l'Institut de droit international*, art. 2.

» ... Si les parties ont remis la formation du tribunal arbitral à un tiers par elles désigné, ce tiers peut, ou nommer lui-même les arbitres, ou proposer les personnes parmi lesquelles chacune des parties choisira[1].

» Sont capables d'être arbitres : les souverains chefs de gouvernement, et tous ceux qu'habilite à cette fonction la loi commune de leur pays[2]. »

Si les parties ont valablement compromis sur « des arbitres individuellement déterminés, l'incapacité ou la récusation valable, fût-ce d'un seul, infirme le compromis entier, à moins que les parties puissent se mettre d'acord sur le nom d'un autre arbitre capable[3]. »

Ces règles s'inspirent heureusement de la pratique. On peut faire des réserves avec M. Kamarowsky sur la qualité des arbitres. Il est clair que le choix des souverains imprime au tribunal arbitral un caractère politique peu compatible avec le caractère juridique de la sentence.

« La déclaration d'acceptation de l'office d'arbitre a lieu par écrit.[4] »

M. Goldschmidt allait jusqu'à faire poursuivre devant les juges ordinaires l'arbitre qui se déportait sans motif valable. Ce souvenir du droit romain,

---

1. *Code de procédure civile,* art. 3.
2. *Id.,* art. 4.
3. *Id.,* art. 5.
4. *Id.,* art. 6.

qui faisait du devoir de l'arbitre une obligation juridique, a été repoussé par l'Institut, vu la difficulté de trouver des juges pour condamner des arbitres.

« Le tribunal arbitral désigne son siège et peut en changer, si l'accomplissement de ses fonctions devient périlleux [1].

» Il est maître de sa procédure intérieure, nomme son président, décide en quelle ou quelles langues devront avoir lieu ses délibérations ou ses débats [2].

» Il tient procès-verbal de ses délibérations, il délibère tous membres présents, il peut déléguer un ou plusieurs membres ou même des tiers pour des actes d'instruction. Si l'arbitre est un chef d'État ou une personne morale, tous les débats peuvent avoir lieu, du consentement des parties, devant un commissaire *ad hoc* nommé par lui [3].

» Aucun arbitre n'est autorisé sans le consentement des parties à se nommer un substitut [4]. »

Ces règles ont été résumées en deux articles par M. Bluntschli :

« ART. 489. — Les parties ont dans la règle le droit de désigner librement celui auquel elles veulent confier les fonctions d'arbitre. »

« ART. 490. — Si les parties ne peuvent tomber d'accord sur le choix des arbitres, on admet que

---

1. *Code de procédure civile*, art. 7.
2. Projet de l'Institut, art. 9.
3. Projet de l'Institut, art. 10.
4. Projet de l'Institut, art. 11.

.chaque partie en nomme le même nombre. A moins de conventions spéciales, les arbitres désignent d'eux-mêmes un surarbitre ou remettent à un tiers le soin de le désigner. »

## VI

Pas plus qu'en droit civil, les arbitres ne sont tenus d'observer les formalités de la procédure [1]. Elle est donc choisie librement par le tribunal arbitral dans les limites assignées par les parties. « Il est tenu de se conformer aux principes qu'il a déclaré vouloir suivre. La direction des débats appartient au président [2]. »

« Chacune des parties peut constituer un ou plusieurs représentants devant le tribunal arbitral [3]. »

Les exceptions tirées de l'incapacité des arbitres doivent être opposées avant toute autre. Toute contestation ultérieure est exclue, sauf les cas d'incapacité postérieurement survenue. Les arbitres doivent prononcer sur les exceptions tirées de l'in-

---

1. Article 1009 du Code de procédure civile français : « Les parties et les arbitres suivront dans la procédure les délais et les formes établis par les tribunaux si les parties n'en sont autrement convenues.

2. Projet de l'Institut, art. 12.

3. *Ibid.*, art. 13.

compétence du tribunal arbitral, sauf le recours ultérieurement admis.

« Aucune voie de recours ne sera ouverte contre des jugements préliminaires sur la compétence, si ce n'est cumulativement avec le recours contre le jugement arbitral définitif.

» Dans le cas où le doute sur la compétence dépend de l'interprétation d'une clause du compromis, les parties sont censées avoir donné aux arbitres la faculté de trancher la question, sauf clause contraire [1]. »

Ces règles sont ainsi résumées par Bluntschli : « Le tribunal arbitral statue sur l'interprétation du compromis entre les parties, et, par conséquent, sur sa propre compétence [2]. »

L'Institut s'est demandé s'il fallait laisser au tribunal le droit de déterminer sa compétence, de distinguer, comme en matière civile, les différentes incompétences, et d'admettre des recours contre la décision préalable sur cette question.

On se rappelle que, dans l'affaire de l'*Alabama*, ce débat préliminaire faillit tout faire échouer.

La solution de l'Institut enregistre la jurisprudence adoptée par le tribunal de Genève. Il est naturel que les arbitres connaissent des accessoires, des dépendances de l'objet du litige et de tous les

1. Projet de l'Institut, art. 14.
2. Bluntschli, ouvrage cité, règle 492 *bis*, p. 288.

incidents liés à la cause « faisant partie intégrante de la chose mise en arbitrage [1], partant réputés compris dans la convention compromissoire [2] ».

« Le tribunal arbitral est maître de son instruction. Il peut déterminer les formes et délais dans lesquels sont produits les conclusions et moyens de preuve ; tenir pour accordées les prétentions de chaque partie non contestée par la partie adverse ; ordonner de nouvelles auditions des parties, rendre des ordonnances de procédure sur la direction du procès, faire administrer des preuves et requérir les tribunaux compétents des actes judiciaires pour lesquels il n'est pas qualifié ; statuer dans des délais déterminés par une ordonnance préliminaire sur l'interprétation des documents produits et le mérite des moyens de preuve [3].

» Il ne connaît des demandes reconventionnelles qu'en tant qu'elles lui sont déférées par le compromis, ou que les parties et le tribunal sont d'accord pour les admettre [4].

» Il ne peut mettre en cause d'autres États ou des tiers, sauf leur consentement préalable. L'intervention spontanée d'un tiers n'est admissible qu'avec le consentement des parties [5]. »

1. Pradier-Fodéré, *Droit diplomatique.*
2. *Revue de droit international*, année 1872, p. 139, paroles de M. Rolin Jacquemyns.
3. Projet de l'Institut, art. 15.
4. *Ibid.*, art. 17.
5. *Ibid.*, art. 16.

Ces règles détaillées ne sont que le développement de celle qui est résumée par M. Bluntschli :

ART. 491. — « Le tribunal arbitral forme un corps indépendant et agit comme collège lorsqu'il est composé de plusieurs juges. Il entend les parties, fait comparaître les témoins et les experts et rassemble toutes les preuves nécessaires. »

## VII

D'après quels principes doit juger le tribunal arbitral? En droit civil, les arbitres décident d'après les règles du droit, à moins que le compromis ne leur donne pouvoir de prononcer comme amiables compositeurs [1]. En ce cas, ils doivent consulter « l'équité, la raison naturelle, l'avantage commun des deux parties, plutôt que les règles strictes et littérales du droit [2] ».

L'Institut s'est évidemment inspiré de cette règle : « Le tribunal arbitral juge selon les principes du droit international, à moins que le compromis ne lui impose des règles différentes ou ne remette la décision à la libre appréciation des arbitres [3]. »

En doctrine, les uns veulent qu'on applique le

1. *Code de procédure civile français*, art. 1019.
2. Cf. Boitard, *Procédure civile.*
3. Projet de l'Institut, art. 18.

droit strict, les autres tiennent pour l'équité. Un auteur, M. Kschabrò-Wassilewsky, demande qu'on s'en réfère « aux traités, aux coutumes et aux opinions scientifiques ». Suivant M. Goldschmidt [1], « le tribunal doit prononcer d'abord selon le droit international existant entre les parties, en second lieu selon le droit international général. »

Ces discussions sont indéfinies. L'absence d'un droit codifié universellement accepté les rend illusoires. Mieux vaut indiquer aux arbitres dans le compromis les règles qui doivent servir de fondement à leurs décisions. Ainsi a fait le traité de Washington en 1871. Dans le silence du compromis, ils jugeront *ex æquo et bono* et trouveront dans leur conscience personnelle la meilleure mesure du droit des parties.

« Le tribunal arbitral ne peut refuser de prononcer. Il doit décider définitivement chacun des points en litige. Il peut rendre des jugements interlocutoires ou préparatoires [2].

» La sentence doit être prononcée dans un délai de deux ans du jour de la conclusion du compromis. En cas de jugement interlocutoire, le délai est augmenté d'une année [3]. »

(Le délai en droit français n'est que de trois mois, mais il peut être étendu.)

---

1. Cf. M. Kamarowski, *le Tribunal international*, p. 341.
2. Projet de l'Institut, art. 19.
3. *Ibid.*, art. 20.

« La décision est prise à la majorité des arbitres nommés même dans le cas où quelques-uns refusent d'y prendre part [1]. »

La majorité absolue est donc nécessaire.

Telle est aussi l'opinion de M. Bluntschli :

ART. 493. — La décision est prise à la majorité des voix et oblige le tribunal entier. »

Tout le monde reconnaît que le tribunal est autorisé dans le doute à faire aux parties « des propositions équitables dans le but d'arriver à une transaction [2] ». C'est la transaction amiable avant la transaction judiciaire.

« Si le tribunal arbitral ne trouve fondées les prétentions d'aucunes des parties, il doit déclarer et établir l'état actuel du droit relatif aux parties en litige [3]. »

Ainsi l'arbitrage est transformé en médiation, comme dans l'affaire des deux Guyanes française et hollandaise.

« La sentence arbitrale doit être rédigée par écrit, motivée, signée par chacun des membres du tribunal. Si la minorité refuse de signer, la signature de la majorité suffit [4]. »

La sentence est notifiée à chaque partie. Même si elle n'est signifiée qu'au fondé de pouvoirs d'une

1. Projet de l'Institut, art. 21.
2. Bluntschli, art. 492.
3. Projet de l'Institut, art. 22.
4. *Ibid.*, art. 23.

seule partie, la sentence ne peut plus être changée...

Tant que les délais ne sont pas expirés, le tribunal a le droit de corriger de simples fautes d'écriture ou de calcul, et de compléter la sentence sur les points litigieux non décidés, sur la proposition d'une partie et après audition de la partie adverse. Une interprétation de la sentence notifiée n'est admissible que si les deux parties la requièrent[1].

Quels sont les effets de la sentence?

Elle décide dans les limites de sa portée les contestations entre les parties[2].

Suivant Bluntschli, « elle a pour les parties les mêmes effets qu'une transaction ».

En droit public comme en droit privé, la sentence est obligatoire. Les parties insèrent souvent dans leur compromis une clause par laquelle elles s'obligent à s'y soumettre : cette clause est superflue.

En pratique, disons-le à l'honneur des nations, aucune ne songe à s'y soustraire.

En droit privé, les sentences ne sont exécutoires que lorsqu'elles sont revêtues de l'ordonnance d'exequatur.

En droit public, sauf l'unique exception de 1831, les États les exécutent spontanément, et dans les pays parlementaires il n'est point d'exemple de Chambre refusant au pouvoir exécutif les moyens

1. Projet de l'Institut, art. 24.
2. *Ibid.*, art. 25.

financiers de payer le montant de la condamnation.

« Chaque partie supporte ses frais et la moitié des frais du tribunal arbitral [1]. »

## VIII

En droit privé, les voies de recours admises contre la sentence sont : l'appel, sauf la renonciation des parties prévue à l'article 1010 [2], la requête civile, et l'opposition à l'ordonnance d'exequatur.

Cette opposition est fondée sur cinq moyens [3] :

1° « Si le jugement a été rendu sans compromis ou hors des termes du compromis; »

2° « S'il a été rendu sur compromis nul ou expiré; »

3° « S'il n'a été rendu que par quelques arbitres non autorisés à juger en l'absence des autres; »

4° « S'il l'a été par un tiers sans en avoir conféré avec les arbitres partagés; »

5° « S'il a été prononcé sur choses non demandées. »

Le projet de l'Institut déclare « la sentence nulle

---

1. Projet de l'Institut, art. 26.
2. *Code de procédure civile française*, art. 1010 : « Les parties pourront lors et depuis le compromis renoncer à l'appel. Lorsque l'arbitrage sera sur appel ou sur requête civile, le jugement arbitral sera définitif et sans appel.
3. Art. 1028 du *Code de procédure civile française*.

en cas de compromis nul, d'excès de pouvoir, de corruption prouvée d'un des arbitres ou d'erreur essentielle[1] ».

M. Goldschmidt avait organisé une procédure complète d'appel et de cassation. Il énumérait onze cas de nullité ou de cassation réduits aux trois points suivants : « ...Violation par le tribunal du compromis ; non-observation des principes généraux et fondamentaux de la procédure ; décision incompatible avec les principes du droit international[2]. »

M. Goldschmidt juge ici nécessaire de créer une juridiction supérieure : « Le mieux, sans doute, serait d'instituer un tribunal international ou permanent ou d'en établir un pour chaque cas particulier[3] ». En cas de désaccord des parties sur la formation de cette cour, il propose de confier la décision à la Cour suprême de l'État ou territoire où a siégé le tribunal arbitral. Les délais et formalités sont minutieusement réglés.

M. Rolin Jacquemyns prévoyait également la marche à suivre pour la formation d'un second tribunal, juge des moyens de nullité soulevés contre la sentence principale[4].

Cette partie du projet primitif donna lieu à de

---

1. Projet de l'Institut, art. 27.

2. Kamarowsky : le Tribunal international, p. 355.

3. Art. 33 et 34 du projet de M. Goldschmidt, cités par Kamarowsky, ouv. cité, p. 356.

4. Revue de droit international, année 1872, p. 139.

vifs débats. M. de Parieu démontra qu'une pareille
organisation pouvait détourner les États de la pratique de l'arbitrage, et l'Institut se borna à l'énumération des motifs de nullité. Cette énumération même
fait l'objet dans la doctrine de nombreuses discussions.

D'après M. Bluntschli, la sentence peut être considérée comme nulle :

« *a*) Dans la mesure en laquelle le tribunal arbitral a dépassé ses pouvoirs;

» *b*) En cas de déloyauté et de déni de justice de
la part des arbitres ;

» *c*) Si les arbitres ont refusé d'entendre les parties ou violé quelque autre principe fondamental de
la procédure ;

» *d*) Si la décision arbitrale est contraire au droit
international ;

» Mais la décision des arbitres ne peut être atta-
quée sous le prétexte qu'elle est erronée ou contraire
à l'équité. Les fautes de calcul demeurent réser-
vées[1] ».

Tous les auteurs ont cru devoir se prononcer sur
cette question épineuse. Déjà Vattel trouve que l'on
peut rejeter la décision « si elle est évidemment
injuste, par exemple, si des arbitres pour la réparation de quelque offense, condamnaient un État
souverain à se rendre sujet de l'offensé. Mais si l'in-

---

1. Bluntschli, *le Droit international codifié*, art. 495.

justice est de petite conséquence, il faut la supporter pour l'amour de la paix [1] ».

Heffter et Calvo diffèrent dans leurs définitions. Mais ils sont d'accord sur les cas de nullité suivants : « Sentence rendue sans compromis valable ou hors des termes du compromis ; arbitres incapables ou ayant dans la cause un intérêt direct ignoré des parties ; arbitres de mauvaise foi, parties non entendues ; sentence prononçant sur choses non demandées ; dispositoires contraires aux règles de la justice et ne pouvant faire l'objet d'une transaction juridique. »

M. Pasquale Fiore ajoute un cas fort élastique : celui où la décision se distingue par un caractère équivoque [2].

Si l'on avait affaire à une institution régulière et organisée, on comprendrait l'importance qu'il y a à prévoir les cas de nullité juridique. Mais l'arbitrage n'est pas encore une institution, « c'est un accident heureux [3] ». Il faut le faciliter par une procédure simplifiée et non en éloigner les États par des formes trop ingénieuses.

La subtilité peut être de mise à la rigueur quand il s'agit d'interpréter les articles d'un code. Il faut

1. Vattel, *Droit des gens*, l. XI, chap. XVIII.
2. Voir également les classifications de Pierantoni, de Bulmerincq etc.
3. Frédéric Passy, conférence déjà citée.

s'en défier lorsqu'on veut recommander l'usage d'une juridiction déjà si difficile.

L'instrument par lui-même est d'un maniement assez délicat pour qu'on ne le complique pas par des rouages trop savants.

## IX

L'Institut l'a compris. Son projet est un projet à consulter, « un règlement éventuel ». Il aurait pu être simplifié encore davantage, comme celui de M. Bluntschli, par le renvoi au compromis de la solution préalable de toutes les difficultés.

C'est là qu'il faut toujours en revenir ; les nations ne pratiquent pas l'arbitrage d'emblée et sans préparation. Les compromis sont précédés de longues négociations : objet et limites du litige, compétence, conditions, formes, tout est d'avance examiné et déterminé. Le compromis n'intervient que comme une consécration. Après avoir été signé, il faut qu'il soit ratifié, et avant d'être ratifié, il est discuté et passé au crible par les parlements des deux nations intéressées.

Aucune précaution n'est négligée pour que tout soit prévu et que rien ne soit laissé au hasard ou à l'incertitude de l'interprétation.

L'utilité de ces projets spéciaux est donc toute

contingente et relative. Les rédacteurs des compromis peuvent s'en servir pour compléter et reviser leurs propres projets; mais ce qui doit les diriger, c'est le désir de l'entente et la confiance réciproque. Le succès de l'arbitrage est à ce prix.

# CHAPITRE II

## I

M. Caro écrivait, en parlant de l'*Essai de Kant sur la paix perpétuelle* :

« Quand même cet idéal ne devrait jamais être réalisé, rien ne nous dispense d'agir comme s'il devait l'être un jour. »

Ce sentiment philosophique est celui qui pousse et inspire les partisans des juridictions permanentes internationales. L'arbitrage accidentel ne leur suffit pas. « C'est, disent-ils, une ressource précieuse, mais incertaine et précaire. »

Ce qu'ils veulent, ce n'est pas une juridiction temporaire et spéciale, c'est une organisation régulière, permanente et générale.

17.

II

Les partisans de l'arbitrage spécial ont pris modèle, nous l'avons vu, sur l'arbitrage privé ; ils l'ont suivi dans ses principes et dans son développement.

Les auteurs des innombrables projets de juridiction permanente s'inspirent de ce qui se passe dans les fédérations. Là, en effet, entre les peuples ou les États associés se sont formées et ont grandi des institutions destinées à prévenir les conflits et à amortir les chocs.

L'histoire des fédérations, suivant le mot de M. de Parieu, est une sorte « d'embryogénie de la centralité politique[1] ». Elles commencent par constituer des ligues d'État, se transforment en fédérations et finissent par devenir des États fédéraux, c'est-à-dire des nationalités agrandies, dont les membres sont unis par un concert de forces, d'intérêts et de lois. Les liens fédéraux se resserrent de plus en plus : après s'être associé pour se défendre, on noue des unions douanières, postales, monétaires ; on forme ensuite un budget commun et la juridiction fédérale intervient comme un couronnement.

La reconnaissance et jusqu'à un certain point l'origine du code international se trouve dans les

1. M. de Parieu, *Principes de science politique*, 1870.

principes de la constitution germanique. « Le droit
général des nations n'est réellement qu'une extension de ces principes à tous les États non réunis
dans une alliance formelle [1]. »

La Hanse au moyen âge constituait déjà une confédération d'États pourvue d'une juridiction arbitrale.

Dans l'empire germanique avant 1804, il y avait
deux tribunaux suprêmes, le tribunal de la Chambre
de l'Empire (Reichskammergericht) constitué définitivement en 1539 et fixé à Wetzlar en 1698, et le
Conseil suprême de l'Empire (Reichshofrath) fixé à
Vienne à partir de 1559.

Il y avait aussi des tribunaux ostrégaux ou d'arbitrage qui avaient une juridiction coactive, et dont les
appels étaient portés devant les tribunaux suprêmes.

L'acte du 8 janvier 1815 dont les onze premiers
articles furent insérés dans l'acte final du Congrès de
Vienne comme stipulations internationales, établit la
Confédération germanique. Le but de l'alliance est le
maintien de la sûreté du pays, de l'indépendance et
de l'inviolabilité des États confédérés. Les affaires
de la Confédération sont traitées par une Diète, réunion diplomatique composée des plénipotentiaires
de dix-sept États ou groupes de petits États. La
Diète se transforme en assemblée générale quand il
s'agit des lois fondamentales de la Confédération :
le nombre des voix est, dans ce cas, de soixante-neuf

1. Lord Brougham.

et le chiffre en est proportionné à l'importance de chaque État.

En cas de guerre fédérale, nul ne peut négocier ni traiter séparément avec l'ennemi. Les guerres entre États allemands sont interdites. Les différends entre gouvernements confédérés sont portés devant la Diète qui tente la voie de la médiation. « S'il faut en arriver à une sentence juridique, il y est pourvu par un jugement ostrégal. Ainsi la Confédération n'a même pas de pouvoirs judiciaires réguliers, pas de tribunal suprême : la forme et l'exécution des jugements ostrégaux ne sont même pas déterminés par la constitution[1]. »

Le traité du 22 mars 1833 établit l'union douanière entre les principaux États d'Allemagne, l'Autriche exceptée.

C'est la Prusse qui commence son mouvement vers l'hégémonie[2].

Tarif uniforme aux frontières, liberté de commerce à l'intérieur, communauté de recettes : tels sont les trois principes de l'union. Tous les ans, les commissaires des États associés arrêtent les comptes

---

1. Debidour, *Histoire diplomatique*, t. I, p. 61.
2. Voir dans Debidour, *Histoire diplomatique de l'Europe*, t. I, p. 325, un intéressant rapport de Metternich qui dénonce des manœuvres actives de la Prusse pour fondre les États de l'union en un corps plus ou moins compact. L'égalité des droits confédérés cesse désormais pour faire place à des rapports entre clients et patrons, entre protecteurs et protégés.

de l'année et prononcent sur les contraventions au pacte fondamental et sur les cas litigieux.

Conclu d'abord pour douze ans, le Zollverein fut prorogé pour d'égales périodes. Depuis 1866, et surtout depuis 1871, il est devenu le régime douanier constitutionnel de l'Allemagne nouvelle [1].

La révolution de 1848 eut son contre-coup en Allemagne. Le Vorparlament se réunit à Francfort et décida que le Parlement constituant serait élu au suffrage universel par la totalité de la nation, et qu'il aurait pour mission d'organiser sous la forme monarchique un gouvernemement fédéral vraiment fort. Il voulait également doter l'Allemagne d'un tribunal permanent, donner au roi de Prusse la couronne impériale, établir la responsabilité ministérielle et créer deux chambres. On sait ce que sont devenus ces plans. Le mouvement fut arrêté, la Confédération rétablie [2] ; le projet d'unité allemande devait aboutir à l'unité prussienne [3].

La Confédération de l'Allemagne du Nord fut constituée en 1867. Le traité de Prague plaçait vingt et un États sous l'hégémonie de la Prusse. Ils conservaient une autonomie nominale, sauf en ce qui

---

1. L'Allemagne en ce moment, cherche à étendre cette union douanière à ses alliés, l'Autriche-Hongrie et l'Italie, voire à la Suisse et à l'Espagne (1891).

2. L'ancien Bundestag reprit séance le 31 mai 1851.

3. Voir dans Debidour, ouvr. cité, des détails intéressants sur les projets de la Prusse, l'assemblée de Francfort, etc.

concernait les affaires étrangères, l'armée, la marine, les impôts affectés aux dépenses fédérales, le droit pénal et commercial, la procédure civile, les douanes, les postes, les télégraphes, les chemins de fer, les routes, la navigation intérieure par voies communes à plusieurs États, les monnaies, les poids et mesures, la police sanitaire, etc., etc. Le roi de Prusse et ses successeurs étaient des présidents perpétuels de la Confédération. Deux assemblées, le Reichstag et le Bundesrath exerçaient le pouvoir législatif.

L'Empire d'Allemagne de 1871, enfin, n'est ni une confédération d'États, ni un État fédératif. Il s'appelle lui-même un empire fédératif *Bundesreich*.

« Le chef de la Prusse est le chef naturel de l'Empire allemand[1]. » Il réunit sur sa tête les deux couronnes, il est maître de l'armée commune et il n'a qu'une diplomatie.

Les conflits entre les membres du nouvel Empire ne sont que des conflits entre sujets. Ils sont réglés par le Conseil fédéral, c'est-à-dire par une assemblée politique. La Cour d'Empire de Leipzig[2] *Reichsgericht* n'a qu'une juridiction civile et criminelle.

La monarchie austro-hongroise est une sorte de fédération entre le royaume magyar et le groupe allemand de l'empire. C'est le mécanisme compliqué

1. Bluntschli.
2. Loi du 11 avril 1877.

du dualisme. Il date de 1866. Chacune des deux
moitiés de l'empire a son parlement, son ministère,
et sa capitale. Les affaires communes, diplomatie,
guerre et finances, sont du ressort de trois ministres
communs. Elles sont discutées par des Délégations
égales en nombre de l'un et l'autre parlements.

La Suisse, avant 1708, n'était qu'une confédération d'États. Dès le xive siècle, les contestations entre
les cantons étaient jugées par des arbitres. La constitution de 1848 créa un tribunal suprême pour les
contestations sans caractère constitutionnel. Les différends constitutionnels étaient soumis à l'Assemblée
fédérale. La loi du 27 juin 1874 a étendu la compétence du tribunal fédéral. En droit civil, il juge les
litiges entre la Confédération et les cantons, entre
les corporations ou particuliers et la Confédération,
entre les cantons, entre les cantons et les corporations, si le litige est de plus de trois mille francs ; et,
si une des parties le requiert, entre parties, quand le
litige est de plus de trois mille francs.

Au point de vue du droit public, le tribunal
connaît des conflits de compétence entre les autorités fédérales et cantonales, des différends entre
cantons, des demandes d'extradition, des recours
des particuliers sur la violation des droits individuels garantis par la constitution ou par la législation de leur canton.

En matière de droit pénal, le tribunal assisté du
jury connaît des cas de haute trahison, de révolte

ou de violence, des crimes et délits contre le droit des gens; des crimes et délits politiques[1], causes ou suites d'interventions fédérales armées; des procès contre les fonctionnaires fédéraux.

Ce tribunal se compose de neuf membres, trois par nationalité, et d'autant de suppléants nommés par l'Assemblée fédérale. Il siège à Lausanne[2].

Les États-Unis ont réalisé, après quelques tâtonnements, la forme la plus parfaite de la fédération. La constitution de 1778 soumettait les contestations des États à un tribunal d'arbitrage désigné par eux ou, à leur défaut, choisi par le congrès.

Les États en cause désignaient chacun trois personnes formant une sorte de jury soumis à la récusation et statuant sans appel. Dans cette constitution primitive, l'autorité législative « ne s'exerçait que sur des corps et non sur des individus. Plusieurs publicistes, parmi lesquels Hamilton, comprirent la nécessité de donner une sanction au pouvoir fédéral[3] ».

En 1789, ces tribunaux accidentels furent remplacés par un tribunal permanent. D'après la constitution des États-Unis, la Cour suprême juge :

1° Les questions touchant à cette constitution, à la législation fédérale, à l'interprétation des traités, aux agents diplomatiques, à la juridiction maritime;

---

1. Voir notamment les affaires du Tessin, 1890-1891.
2. Voir *Revue de droit international*, 1879.
3. Paul Janet, *Histoire de la science politique*, t. II, p. 705.

2° Les différends dans lesquels l'Union est partie, entre les États de l'Union, entre un État et les citoyens d'un autre, entre les citoyens des différents États, entre citoyens d'un même État quand il s'agit de concessions de terres faites par différents États; et enfin :

3° Les différends avec les États étrangers ou leurs ressortissants.

La Cour suprême siège à Washington. Elle se compose d'un président et de huit assesseurs nommés par le président avec approbation du Sénat. Elle ne statue qu'en appel, sauf quand il s'agit d'un État ou d'un ambassadeur. Ses décisions sont exécutées par la milice de l'Union.

Il y a eu entre les sept colonies australiennes (Nouvelle-Galles, Victoria, Queensland, Australie méridionale et occidentale, Tasmanie et Nouvelle-Zélande) un projet intéressant de fédération. Une conférence préparatoire s'est réunie à Sidney en 1891 et a fixé les bases suivantes :

« Les colonies seront réunies sous le nom de commonwealth d'Australie. Chacune d'elles portera séparément celui d'État. Leurs pouvoirs, privilèges et droits territoriaux resteront intacts, hors les points destinés à passer dans les attributions du nouveau pouvoir fédéral. Elles conserveront leurs gouvernements et leurs parlements respectifs.... Le droit d'établir un tarif douanier commun appartiendra au parlement fédéral.

» Aucun État ne pourra se détacher d'un autre ou se rattacher à un autre sans le consentement des parlements intéressés et l'assentiment du parlement fédéral.

» Le pouvoir exécutif fédéral sera aux mains d'un gouverneur général assisté d'un conseil de gouvernement.

» Le parlement fédéral se composera d'un Sénat et d'une Chambre des représentants. Le Sénat comptera un nombre égal de membres par État, soit huit membres désignés par les parlements de chacun des États. La Chambre des représentants sera élue pour une période de trois ans par le peuple des différents États, sur la base de la population.

» La Chambre seule aura le droit de présenter les projets de loi, de voter le budget, d'établir les tarifs douaniers. Il y aura une cour fédérale suprême ou cour d'appel pour toute l'Australie.

» La défense de terre et de mer sera confiée aux forces fédérales, sous un commandement unique.

» Ces dispositions vont être soumises à l'examen des parlements coloniaux. Si ceux-ci se mettent d'accord, il ne restera plus qu'à faire parvenir le texte définitif au gouvernement de la reine, lequel en saisira le parlement impérial métropolitain[1]. »

---

1. M. Jules Berland, *la Fédération australienne* (*Revue bleue* des 19 et 26 septembre 1891). Voir dans ces articles les obstacles que rencontre ce projet.

## III

Les partisans de la juridiction arbitrale permanente s'inspirent de ces diverses organisations. Les tribunaux fédéraux sont pour eux le pont qui mène des tribunaux nationaux aux tribunaux entre nations. Le droit fédéral met en présence deux souverainetés : celle de l'État central et celle des États particuliers, et il règle par des institutions appropriées les conflits qui les divisent. Pourquoi donc le droit international n'aurait-il pas un organe pour régler les conflits entre les souverainetés plus étendues?

On a dit un jour que chaque Français avait un projet de constitution dans sa poche. Il serait aussi vrai de dire que les jurisconsultes qui se sont occupés de ces matières, ont conçu chacun un projet de constitution européenne. Tous veulent construire le même édifice, mais chacun a son plan et sa méthode.

Un premier groupe se borne à développer des juridictions spéciales, à les rendre permanentes et à rapprocher les uns des autres les éléments juxtaposés que l'avenir doit cimenter.

Le second groupe donne à sa construction des assises plus larges, au risque d'écraser les souverainetés particulières et nationales. Il veut une organisation durable; il généralise l'arbitrage et le rend obligatoire.

Le troisième groupe élève l'édifice tout entier sur la base des trois pouvoirs. Il crée le tribunal, il rédige le code, il établit une sanction.


IV


C'est une bonne méthode de travail de passer du fait au droit et du particulier au général. Choisir une certaine catégorie de contestations internationales et leur appliquer une juridiction commune, tel est le plan qui a tenté un certain nombre de jurisconsultes[1].

Les imperfections des tribunaux de prises, nationaux par leur formation, et internationaux par leur compétence, ont donné naissance à de nombreuses réformes; la plus importante, dont nous avons déjà parlé, est celle de l'Institut qui proposait de les remplacer par des tribunaux internationaux donnant aux particuliers de l'État neutre ou ennemi des garanties d'impartialité et jugeant d'après une procédure commune.

Dans cet ordre d'idées, M. Westlake avait proposé des tribunaux mixtes composés de trois juges et formés au début même de la guerre[2].

M. Moynier veut créer une juridiction pour pré-

1. Voir Holtzendorf, *Revue de droit international*, 1876, p. 32.
2 *Annuaire de l'Institut de droit international*, 1878, p. 113.

venir et réprimer les infractions à la convention de
Genève. Son tribunal serait formé de cinq membres.
Le président de la Confédération suisse désignerait,
dès l'ouverture des hostilités, trois des puissances
signataires; les gouvernements de ces trois puissances et ceux des deux États belligérants nomme-
raient chacun un arbitre. Le tribunal ainsi composé
s'occuperait des infractions qui lui seraient signalées
par les intéressés, prononcerait des peines, conformément à une convention pénale complémentaire,
et statuerait sur les dommages et intérêts. Le gouvernement du délinquant serait responsable de
l'exécution de la sentence.

Ce projet a donné lieu à de vives discussions.
M. Rolin Jaequemyns lui a reproché de soustraire à
la juridiction de leurs juges ordinaires les sujets
des États intéressés en les frappant dans leurs
biens et dans leur liberté. Il voudrait une simple
commission chargée de constater et de vérifier les
faits, et, après enquête, de saisir le tribunal compétent du pays auquel appartiendraient les délinquants.

M. de Holtzendorf voudrait auprès des deux armées
belligérantes une commission d'enquête constatant
par protocole les violations de la convention. M. Waxel
propose un tribunal international jugeant, du consentement des belligérants, toutes les infractions au
droit international et remplaçant les tribunaux militaires du vainqueur.

Tous ces projets se rapportent au droit de la

guerre. Nous avons retracé plus haut[1] les efforts
faits par les États pour en diminuer les maux.
Les philanthropes peuvent heureusement seconder
les œuvres officielles en les complétant. Il n'est rien
de plus sacré pour le droit des gens que les droits
de l'humanité.


V


Le vingt-troisième protocole du traité de 1856 n'é-
tait qu'un vœu. De nombreux jurisconsultes voudraient lui donner le caractère d'une prescription
obligatoire. M. Lucas s'est maintes fois prononcé
dans ce sens et a regretté que la conférence de
Bruxelles de 1874 ait passé sous silence le principe de l'arbitrage obligatoire[2] : « Lui seul peut en
effet, dit-il, rétablir dans l'inégalité de l'équilibre
matériel des forces l'égalité de l'équilibre moral du
droit[3]. »

1. Voir § vii, p. 260.
2. Ces systèmes ont leur origine dans l'arbitrage forcé en
matière civile. On sait la place que fit à cette institution le droit
révolutionnaire. La constitution du 24 juin 1793 créa des arbitres
publics et élus. Diverses lois rendirent leur ministère obligatoire
en matière de partage des biens communaux (11 vendémiaire
an II), de donation (9 fructidor an II). L'arbitrage forcé ne fut
aboli que par la loi du 9 ventôse an IV.
3. *Compte rendu de l'Académie des sciences morales et politiques*, 1875, p. 50 et suivantes.

Certains États, nous l'avons vu, ont donné satisfaction à ce désir en insérant dans les traités généraux ou dans des conventions techniques la clause compromissoire.

A la fin de son étude sur les *Principes de la Science politique*, M. de Parieu se prononce pour « une commission européenne réunie à des termes périodiques, nommée d'abord par les gouvernements, peut-être plus tard par les représentants des peuples de l'Europe, commission qui emprunterait son autorité à la science, à la justice de ses décisions comme à la publicité de ses délibérations [1].

M. de Laveleye a publié en 1873 tout un livre sur *les Causes actuelles de la guerre en Europe*. Il y exprime ses craintes, ses idées et ses espérances. D'accord avec une partie de la presse anglaise, il voudrait une cour arbitrale permanente entre l'Angleterre et les États-Unis. Il croit le projet pratique, étant donnée la communauté de langue et de race des deux nations.

Cette cour arbitrale pourrait être étendue aux autres États. Elle comprendrait des représentants diplomatiques et des jurisconsultes. Elle siégerait en Suisse ou en Belgique. Mais elle ne disposerait d'aucune force militaire, sinon les nations ne seraient plus indépendantes : « On aurait consacré un droit

1. M. de Parieu, *Principes de la science politique.*

universel d'intervention et tout débat même insi-
gnifiant pourrait donner lieu à une guerre générale. On se trouverait en présence d'une Sainte-
Alliance agrandie, ce qui serait une médiocre garantie
pour les progrès de la liberté [1]. »

Il serait suffisant pour la paix de l'Europe que les
règles de la justice appliquée au droit des gens
fussent sanctionnées par un accord positif. On arriverait insensiblement au code et au tribunal.

M. Ladd, le secrétaire des associations américaines de la paix, veut un tribunal composé de
deux députés par État, n'examinant que les causes
qui lui seraient déférées et sans pouvoir coactif.

La science allemande a produit d'innombrables
travaux. M. Trendelenburg [2] se prononce pour une
conférence de délégués des gouvernements. Un
Anglais, M. Seebohm [3], est partisan d'une certaine
codification volontaire et graduelle.

La plus originale de ces conceptions est celle de
M. Kauffmann [4], qui propose une académie universelle ou conseil de consultation dont les membres
nommés en nombre égal par l'Angleterre, la France
et l'Allemagne, recrutés ensuite par cooptation et
inamovibles, auraient pour mission officielle en cas
de conflit de dire le droit et en temps de paix de

1. M. de Laveleye, *Des causes actuelles de la guerre*, 1873.
2. M. Trendelenburg, *Luecken im Voelkerrecht* 1870.
3. Seebohm, *Réforme du droit des gens*, 1873.
4. Cité par M. Kamarowsky, le *Tribunal international*, p. 373.

le faire. Ce tribunal scientifique n'aurait à son service d'autre force que celle de la raison, et ses décisions, conformes à la justice, s'imposeraient d'elles-mêmes à la conscience des États.

Bluntschli est moins idéaliste. Il a fait le code sans attendre le tribunal.

« La science du droit, dit-il, ne doit pas se contenter d'enregistrer les principes qui sont admis d'ancienne date ; elle doit proclamer aussi les croyances qui agissent sur le temps présent et aider par là à les faire reconnaître et accepter. La science peut d'autant moins se soustraire à cette tâche que les organes législatifs font défaut au développement du droit international[1]. »

Dans le texte de son *Droit international codifié*, il ne se prononce pas sur l'institution d'une juridiction permanente. Parmi les moyens de réprimer les violations du droit y figurent la guerre[2] et l'intervention armée[3]. L'arbitrage est facultatif. Il peut devenir une véritable juridiction si des traités règlent d'avance le mode de nomination des arbitres et la procédure[4]. « Ce qui avait été exprimé au Congrès de Paris, dit-il[5], sous la forme d'un désir, sera peut-être élevé plus tard au rang de devoir

1. Bluntschli, *le Droit international codifié*, préface, p. xvi.
1. *Id., ibid.*, art. 465.
3. *Id., ibid.*, art. 474 et suiv.
4. *Id., ibid.*, art. 497, p. 200.
5. *Id., ibid.*, Introduction, p. 32.

international... On n'empêcherait pas par là la guerre, mais il y aurait une garantie de plus en faveur de la paix. Un des prochains congrès internationaux réussira peut-être à emporter, pour certains conflits du moins, l'obligation de se soumettre à la décision d'arbitres et réglera en même temps la procédure à suivre en pareil cas. »

Ailleurs [1], il parle de ces congrès généraux. Il ne croit pas à la fédération; il voudrait une union entre les États qui pourtant conserveraient leur indépendance; ce que l'on pourrait créer devrait être au-dessus d'eux. Il faudrait, pour les grandes questions politiques, un conseil européen composé de tous les chefs d'État ou de leurs représentants et à côté de lui, comme comité consultatif, un Sénat délibérant aussi sur les lois internationales. Les questions de moindre importance seraient jugées par un tribunal fédéral ou par des arbitres; les questions techniques telles que les postes, les télégraphes, les voies ferrées, la navigation, seraient réglées par des offices permanents.

Ce dernier vœu a été à peu près réalisé par la pratique. Quant au reste, « un Sénat international, dit Bluntschli lui-même, et un Parlement international resteront longtemps à l'état de pieux désirs ». La part que, dans son code, il laisse à la guerre et

---

1. Bluntschli, *le Droit international codifié*, note sur la règle 108, p. III.

à ses lois ainsi qu'aux règles de la neutralité, indique assez ce qu'il y a de douteux dans ses espérances.

La ligue internationale de la paix et de la liberté a tracé le formulaire général d'un traité d'arbitrage entre les nations, comprenant l'énoncé des règles fondamentales à suivre par les arbitres.

M. Lemonnier a résumé ses travaux dans un mémoire présenté au huitième congrès de la ligue[1].

« Pour que l'arbitrage spécial réussisse, il faut un rare concours de circonstances ; il faut, à la tête des nations, des gouvernants pacifiques mettant à plus haut prix la gloire de la paix que la fausse gloire des armes, chez qui la conscience de la justice parle plus fort que l'orgueil, les préjugés et la passion. Il faut, de plus, que les deux côtés de l'opinion publique inclinent vers la paix ; que les deux nations, si elles sont égales en force, aient un dé-goût pareil des horreurs de la guerre ; il faut que la vanité, la colère, la vengeance, la convoitise, les ressentiments, qui agitent les nations aussi violemment que font les individus, se taisent pour laisser parler la justice, la fraternité, le bon sens. »

Le traité d'arbitrage permanent laisse à chaque nation son autonomie. Il est une transition du présent à l'avenir. Laisser les arbitres mettre leur raison à la place des règles positives qui leur font

1. *Formule d'un traité d'arbitrage permanent entre nations ; mémoire présenté au huitième congrès de la ligue interna-tionale de la paix et de la liberté, par Charles Lemonnier.*

défaut, en faire d'amiables compositeurs, c'est une pratique considérée déjà comme dangereuse en droit privé. Il est donc utile que le compromis, comme l'a fait le traité de Washington, énonce des règles obligatoires. Ce sont ces règles, qu'après M. Dudley Field et d'autres, M. Lemonnier a essayé de formuler :

« Les peuples sont égaux entre eux, sans avoir égard à la superficie des territoires non plus qu'à la densité des populations.

» Les peuples s'appartiennent à eux-mêmes ; ils sont responsables les uns envers les autres, tant de leurs propres actes que des actes des sujets ou citoyens qui les composent ainsi que des actes de leurs gouvernements.

» Le droit des peuples à s'appartenir et à se gouverner eux-mêmes est inaliénable et imprescriptible.

» Nul individu, nul gouvernement, nul peuple ne peut légitimement ni sous aucun prétexte disposer d'un autre peuple par annexion, par conquête, ou de quelque autre façon que ce soit.

» Quatre conditions sont requises pour la validité de toute convention et de tout traité entre peuples : la capacité de contracter chez l'une et l'autre partie leur libre consentement, un objet certain qui forme la matière de l'engagement, une cause licite, c'est-à-dire qui ne blesse ni l'ordre public ni les bonnes mœurs.

» Est nulle, comme contraire à l'ordre public et

aux bonnes mœurs, toute clause, convention ou traité ayant pour objet toute atteinte à l'autonomie d'un ou de plusieurs peuples ou individus, toute guerre qui n'est point strictement défensive; toute conquête, invasion, occupation, partage, démembrement, cession, acquisition ou annexion, à quelque titre et de quelque façon que ce soit, de tout ou partie d'un territoire occupé par un peuple ou par une fraction de peuple ou par une population quelconque qui n'a pas été, au préalable, librement consentie par les habitants *sans distinction de sexe*.

» ... La guerre devient coupable, du moment qu'elle passe de la défensive à l'offensive pour entrer dans la voie illicite de l'invasion et de la conquête. »

Comme M. Lemonnier, M. Bajer, membre du parlement danois, est un soldat de la milice pacifique. Il intitule sa brochure : *Plan de guerre des amis de la paix*[1]. « Il attend tout de la création d'un bureau de la paix international et permanent qui servira d'anneau de jonction entre les diverses sociétés de paix ou d'arbitrage. Les quatre divisions de l'armée de la paix : conférences interparlementaires, congrès, comités parlementaires, sociétés de la paix, s'y concentreront comme dans un bureau d'état-major général. Il sera chargé de suivre le développement du droit international, de fournir

---

1. Dépôt, 4, place du Théâtre-Français, au siège de la société d'arbitrage.

d'exactes données statistiques et des renseignements,
do retracer dans des tableaux annuels l'histoire des
événements pacifiques, do soutenir et do développer
un système d'éducation fondé sur l'esprit do paix.
Il aura sa bibliothèque et ses archives. Il donnera
au mouvement pacificateur un appui solide et régulier. La permanence du bureau et des sessions
annuelles du congrès et de la conférence sera
ainsi garantie ». Des souscriptions volontaires
émanées « des amis de la paix répandus dans
l'univers » constitueront un commencement de
budget, et la cause de la paix deviendra peu à peu
une question officielle. Ainsi arrivera à se former
un parlement international pour la paix, chargé de
reviser les traités anciens, de discuter des traités
permanents d'arbitrage et de construire par des
agrégations successives « pareilles à celles que
bâtissent les coraux au fond des mers » un édifice
qui aura à sa base le droit international et que cou-
ronnera le tribunal de l'arbitrage international [1].

VI

Nous arrivons aux écrivains qui ne séparent pas
le tribunal du code ni de la sanction. « Ce dont on
a besoin, disait M. Henry Richard, ce n'est pas d'un

1. Ce projet a reçu un commencement de réalisation à la conférence interparlementaire de Rome (nov. 1891).

arbitre, mais d'un juge et d'un tribunal autorisé,
revêtu des attributs de sa charge et armé des pouvoirs d'une cour judiciaire... Ce serait faire ce qu'il
faut que de donner de la suite et de l'unité au
droit des gens et d'en faire ainsi la préface d'un
système de juridiction internationale autorisée et
permanente. »

M. Kamarowsky, dans son ouvrage si complet[1]
fait le dénombrement de ces systèmes avec une pa-
tience scrupuleuse:

Gondon d'Assone distingue dans la fédération
des États le pouvoir législatif et le pouvoir judiciaire
et fait exécuter par un protectorat les décisions du
tribunal ratifiées par le congrès.

Sartorius parle incidemment d'un tribunal permanent et insiste sur un code divisé en quatre
sections.

Au-dessus de l'arbitrage et des tribunaux inter-
tionaux, Pecqueur institue un congrès chargé de
statuer en dernier ressort; il aboutit à la centralisation complète.

M. Marchand établit un congrès politique et à
côté un tribunal distinct chargé surtout de sauvegarder les droits individuels.

M. Bara[2] considère la loi, le tribunal et l'unification fédérative comme les trois colonnes sur les-

1. Comte Kamarowsky, le *Tribunal international,* traduction
Westmann, Paris, 1887, p. 528.
2. *La science de la paix*, par Bara.

quelles reposera la paix générale; il se prononce pour autant de tribunaux qu'il y a de genres de conflits.

M. Goblet d'Alviella [1] prévoit trois périodes : des alliances partielles entre États, la confédération et la fédération et, comme conclusion, un désarmement collectif.

Selon M. Larroque [2], un code librement adopté doit précéder l'établissement du tribunal; celui-ci se compose d'un membre par État et l'État rebelle est exposé à la guerre.

M. Marcoartu [3] demande un tribunal et un parlement où chaque État serait représenté par quatre députés : l'un nommé par le gouvernement, le second choisi par la Chambre dans la majorité, le troisième pris dans la minorité, le quatrième désigné par la cour suprême et les universités.

M. Adler [4] crée un congrès composé de députés par chaque État à raison d'un par un million d'habitants siégeant dans une ville neutralisée, jugeant, outre les conflits entre les États, les différends entre les peuples et les pouvoirs exécutifs, et disposant d'une armée. Cette application du suffrage universel au

1. *Désarmer ou déchoir*, par M. Goblet d'Alviella, 1872.

2. *Création d'un code de droit international*, M. Larroque, 1875.

3. Marcoartu, *Internationalisme : Prize Essays on international Law*, 1876.

4. Adler, *Der Krieg, die Congressidee und die allgemeine Wehrpflicht* Prag., 1868.

gouvernement du monde paraît téméraire même aux plus hardis ; uniquement fondée sur la suprématie du nombre, elle aboutirait à l'écrasement des faibles par les forts et à la tyrannie.

M. Guillaume Pays [1] est à la fois un homme d'action et un philanthrope. Il examine les divers moyens de propagande, il croit à la disparition de la guerre et consacre les économies budgétaires réalisées de ce chef à des œuvres d'assistance. Il veut un comité permanent de juristes, de publicistes et de diplomates chargés d'élaborer le code. Le tribunal universel sera composé de 112 juges élus par 46 États et disposant de 942 voix. Les procédés d'élection varient d'après l'organisation politique des États, mais il serait préférable de désigner au concours des délégués chargés de nommer les juges. Le tribunal ne se mêle d'aucune question intérieure ; il ne s'occupe que des affaires internationales sur la demande des gouvernements intéressés. Ses membres sont inamovibles et inviolables.

M. Dudley Field a fait comme Bluntschli un projet de code international. Il consacre dix articles au maintien de la paix. Il limite les forces militaires permanentes, mais il admet des milices et des exercices en temps de paix. Toute une savante procédure est imaginée pour empêcher la guerre. Les

---

1. G. Pays, *le Contrat international; la Paix; Abolition de la guerre par une juridiction internationale*, 1886.

griefs sont notifiés par la nation plaignante. La nation mise en cause a trois mois pour répondre. Les deux parties forment une « haute commission » composée de cinq membres par nation, qui fait son rapport dans les six mois. Si elle échoue, le tribunal suprême d'arbitrage est formé dans les douze mois ainsi qu'il suit : chaque nation transmet aux parties quatre noms ; les parties ont le droit de récusation dans l'ordre alphabétique jusqu'à ce qu'il en reste sept. Le tribunal fixe son siège, entend les parties et prononce. Sa décision est définitive et lie toutes les nations. Si l'une d'elles viole les dispositions du présent code, toutes les autres lui résistent par la force. Une conférence se réunit chaque année pour discuter et amender la loi, pour prévenir la guerre, pour faciliter les échanges de vues et pour maintenir la paix [1].

Il est impossible d'être plus précis dans l'utopie et d'unir des intentions plus sages à des illusions plus tenaces. Il ne manque qu'une chose à ces plans de législation universelle c'est le consentement de ceux auxquels est destinée la loi.

M. Lorimer a passé par diverses opinions. En 1871, il trouvait le moment opportun pour proposer sur la base des faits accomplis un congrès composé de deux députés par nation avec une cour judiciaire et

---

1. Dudley Field, *Projet de code international* 1881, art. 528 à 536.

un contingent armé chargé d'exécuter les décisions prises. En 1874, à l'ouverture de son cours, il reconnaissait que l'arbitrage obligatoire préjugeait l'établissement d'un tribunal international compétent. Mais il ne voyait ce tribunal que dans les brumes de l'avenir. « Supposer, disait-il, que toutes les nations pourraient devenir assez raisonnables pour se soumettre à l'institution d'un pareil tribunal est peut-être équivalent ou même plus qu'équivalent à supposer qu'elles pourraient devenir assez raisonnables pour s'en passer. »

En 1877 [1], l'imagination du savant professeur l'entraîne de nouveau vers les sommets. Il demande : 1° l'union des peuples européens, un pouvoir législatif composé de deux Chambres et siégeant à Constantinople devenu État libre, et un président élu par le bureau du congrès ; 2° une cour d'appel internationale en matière civile et pénale, et un pouvoir exécutif avec une armée internationale.

Enfin, dans son dernier ouvrage [2], M. Lorimer organise avec de longs détails cette cour de justice. La section civile jugerait les questions de droit public dépendant des traités, les questions de droit international privé sur appel des tribunaux nationaux et elle interpréterait les actes législatifs du congrès. Les juges auraient rang et titre héréditaire

1. *Revue de droit international*, 1877 p. 200.
2. *Principes de droit international, Traduction Nys*, 1885.

de sénateurs. Les questions politiques seraient jugées par « le Congrès de Constantinople » il y aurait près le tribunal un procureur général nommé par le bureau du congrès et un barreau international. M. Lorimer ne parle pas de la codification, mais il est clair que la création d'un pouvoir judiciaire la suppose.

L'auteur de cet ingénieux échafaudage le croit-il réalisable? Il laisse voir lui-même son scepticisme. Il compare la guerre au duel. « Tout en ignorant, dit-il, comment nous parviendrons à nous débarrasser de la guerre, peut-être en serons-nous un jour délivrés sans savoir comment. » Cette boutade est la meilleure critique qu'il ait pu faire de son trop savant projet.

A la fin de son ouvrage, M. le comte Kamarowsky a exposé avec un grand luxe de détail ses idées personnelles sur l'organisation et le fonctionnement du tribunal tel qu'il le comprend. Son projet touche à la fois à l'organisation, à la compétence et à la procédure. « Ce serait l'organe supérieur le plus parfait du droit sur la terre. » Il y aurait soixante juges à raison de deux par État, dix-huit pour l'Europe et douze pour l'Amérique. L'auteur prononce d'office l'exclusion de la Turquie. Ces juges seraient nommés sur la présentation des académies, après quatre ans d'études préparatoires. Les vacances seraient comblées par les gouvernements. Plus tard on arriverait à la cooptation. Les juges seraient inamovibles.

Le tribunal est permanent et volontaire. Les États ne s'adressent à lui que quand ils le jugent convenable, mais ils sont obligés juridiquement de se soumettre à sa décision autant qu'elle est rendue dans les limites du droit. Sa juridiction est donc facultative, mais il serait loisible aux États de la rendre obligatoire par des pactes particuliers.

Sa compétence territoriale s'étendrait parallèlement aux progrès du droit; restreint d'abord à l'Europe et à l'Amérique, il pourrait conduire à la fondation de tribunaux particuliers pour les différentes parties du monde.

Il ne jugerait que les relations extérieures « au point de vue juridique, en vertu d'un droit international positif ». En raison de sa compétence *ratione materiæ* il serait divisé en quatre sections ou départements : diplomatie, guerre et marine, droit international privé, droit international social. Il coopérerait à la codification et à la promulgation des lois internationales. « Il serait un chaînon vivant entre la conscience de l'humanité et son histoire. » Son principal auxiliaire serait l'Institut de droit international, auquel il emprunterait sa devise : « Servir à la justice et à la paix. »

Sa compétence serait pourtant limitée. Il ne pourrait connaître des affaires intérieures des États. Les peuples resteraient maîtres de repousser par les armes les attaques contre leur territoire, et quand il s'agirait de leur existence, de leur indépendance et de leur intégrité, le tribunal ne pourrait être qu'un médiateur.

Ce tribunal siégerait à Bruxelles, ses débats auraient lieu en langue française, il aurait une autonomie intérieure complète ; ses assemblées générales exerceraient la juridiction disciplinaire et de cassation ; ses assemblées ordinaires seraient composées d'États neutres à l'égard des parties contestantes ; il serait juge de sa compétence et statuerait sur documents écrits d'après la procédure fixée par M. Goldschmidt et par l'Institut pour le tribunal arbitral.

Sa sentence serait fondée sur les principes généraux du droit international positif : traités, coutumes, lois positives, opinions des jurisconsultes. Elle ne serait revisable que pour motif juridique. Le recours serait porté devant l'assemblée générale. En cas de cassation, un nouveau tribunal dont les juges seraient désignés par le président, prononcerait sur l'affaire une décision définitive. M. le comte Kamarowsky examine à fond la question de la sanction. Il cite l'objection faite par Ihering contre l'idée d'un tribunal sans force coercitive : « L'épée sans la balance signifie la violence brutale ; la balance sans l'épée, le droit impuissant. Ces deux choses doivent former un seul tout. » L'auteur pense que le tribunal doit s'adresser d'abord à l'honneur, à la dignité des États. Un délai sera accordé aux parties pour exécuter ses décisions. Les mesures coercitives ne seraient prises qu'en cas de refus persistant de soumission. Elles consisteraient dans l'éloignement des membres de l'État réfractaire, dans la rupture des relations diplomatiques, dans la dénonciation des traités avantageux à l'État rebelle, dans la fermeture des territoires et des marchés à ses ressortissants et dans le blocus de ses côtes. Ces mesures ne pourraient être prises qu'en vertu d'un mandat spécial émané du tribunal pour chaque cas particulier.

M. Kamarowsky croit à l'heureuse action du tribunal ainsi formé. Il ne ferait pas disparaître l'arbitrage spécial, mais il lui fournirait des indications. Il pourrait servir aux arbitres de juridiction d'appel. Il aurait des liens avec les tribunaux mixtes et les tribunaux consulaires internationaux. Il diminuerait la tâche des diplomates et les rendrait plus circonspects. Pour qu'il ne devînt pas despotique, il faudrait qu'il restât exclusivement judiciaire, qu'il fût indépendant à l'égard des gouvernements, qu'il eût leur confiance absolue et qu'il fût placé sous le contrôle des congrès, assemblées internationales suprêmes et périodiques.

## VII

L'année 1889 a vu deux congrès de nature et de formation bien opposées. Le congrès international de la paix avait élaboré un programme complet comprenant les applications les plus diverses du principe, la neutralisation, la fédération, la création de collèges d'arbitres, l'introduction dans tous les établissements d'enseignement de cours d'arbitrage, la recherche des fondements juridiques du code, et l'examen des moyens de substituer l'état de paix légale à l'état de guerre et de rendre possible le désarmement.

Ce programme est une véritable encyclopédie. La clause compromissoire devra être admise dans tous les traités et devenir obligatoire. Son principe entre dans la constitution intérieure de chaque nation, et chaque gouvernement désigne d'avance ses arbitres. La neutralisation est maintenue pour la Suisse et la Belgique et s'étend aux trois États scandinaves. Un pacte fédératif est établi entre toutes les nations de l'Europe. Chaque pays choisit les membres d'un conseil international d'arbitrage [1]. Le conseil étant institué par deux ou plusieurs États, inviterait les autres États à élire leurs délégués et à s'y joindre. En cas de difficultés entre des États quelconques, ce conseil essaye d'arrêter les préparatifs de guerre et offre ses bons offices. Si les États en désaccord soumettent leurs différends à l'arbitrage, ils sont jugés par « une haute cour » composée de délégués du conseil et de représentants des États en litige. La décision de la « haute cour » est obligatoire, mais son autorité est

1. Projet voté en 1887 par les comités de la Société de la paix et de l'Association internationale de l'arbitrage et de la paix sur la proposition de M. Leone Levi.

toute morale et elle ne peut employer aucune force
armée. Le conseil siégera de préférence dans un
pays neutre. Le code international devra être préparé d'après les projets de Bluntschli et de Field et
adopté par le conseil au nom des États représentés.

Ce projet est l'œuvre d'une école qui fonde le
droit public moderne sur les principes de la Révolution. Pour elle, la politique est l'application de la
morale. Les nations, comme les individus, sont soumises aux règles du juste et de l'injuste, et ces
règles reposent sur l'autonomie de la conscience
individuelle.

## VIII

Vers la même époque, le congrès catholique,
réuni à Paris, émettait, après le congrès de Lille, le
vœu que le pape fût choisi pour arbitre dans les
différends internationaux. Toute une école nouvelle,
rattachée aux traditions du moyen âge, voudrait faire
du Souverain Pontife le législateur, le juge suprême
et « le suprême régulateur ».

Dans l'encyclique du 8 décembre 1864, suivie du
Syllabus, Pie IX, relevant la doctrine de Grégoire VII
et d'Innocent III, déclarait l'Église supérieure à l'État,
et en tirait la conséquence que le pape devait être
l'arbitre des différends entre les souverains et les
peuples.

En 1867, l'évêque de Mayence et les catholiques anglais demandaient la création à Rome d'un collège du droit des gens. La même idée se retrouve dans les postulats soumis au Concile du Vatican et rédigé l'un à Rome par quarante évêques, l'autre à Constantinople dans le synode de l'Église arménienne.

En 1869, un diplomate protestant et anglais, David Urquhard, adressait à Pie IX un appel éloquent en faveur du rétablissement du droit public des nations. Des publicistes, des jurisconsultes prêchent la même doctrine. La médiation de Léon XIII dans l'affaire des Carolines a été pour eux un argument puissant. L'Europe a vu avec surprise l'apologiste de la force matérielle s'incliner devant le plus haut représentant de la force morale qui soit au monde.

Ce rôle « magnifique » d'arbitre, de médiateur est dans les traditions de l'Église. Elle est d'essence « l'Église universelle, une grande institution internationale ou mieux supra-nationale élevée au-dessus des guerres des États et des rivalités des nations...[1] » Elle offre d'avance « le type supérieur du gouvernement rêvé par les idéalistes », ce qui sera peut-être, suivant le mot de M. Melchior de Vogüé, « le dernier terme des évolutions politiques de l'Europe, une République internationale[2] ».

1. Anatole Leroy-Beaulieu, *Journal des Débats*, août 1891.
2. M. M. de Vogüé, *Spectacles contemporains, affaires de Rome*.

D'aucuns rêvent pour elle la direction suprême des esprits après celle des consciences, et la mission de pacifier les conflits politiques entre les peuples [1].

Ainsi, dans notre domaine comme partout ailleurs, se retrouvent les deux puissances qui se disputent la direction de l'humanité : l'une mystique, fondée sur la foi, sur la révélation, sur la soumission à l'autorité; l'autre logique, autonome, dirigée par la raison et appuyée sur la liberté.

## IX

L'histoire des doctrines est aussi intéressante que l'histoire des faits. Le mouvement intellectuel a sa logique comme le mouvement réel. A côté des hommes qui agissent il y a les hommes qui pensent, et l'on n'a une vue exacte de l'avenir qu'à condition de suivre dans leur développement les

1. Le congrès catholique s'est réuni de nouveau à Malines, en septembre 1891, sous la présidence de M. Jacobs, ministre d'État belge; 2500 personnes y assistaient. Il s'est surtout occupé d'enseignement et d'œuvres ouvrières. Un député hollandais, M. Schaepmann, a exprimé l'espoir que le pape se placerait à la tête du mouvement socialiste actuel.

En septembre 1891, le pèlerinage des ouvriers français a défilé devant le Souverain Pontife aux cris caractéristiques de « Vive Léon XIII, le pape des ouvriers! » Voir aussi le dernier discours de M. le comte de Mun, à Lille (Mai 1892).

actions des uns et les idées des autres. Voilà pourquoi nous avons essayé de caractériser les doctrines
systématiques de tous ceux qui ont cherché la solution du problème.

Il y en a chez lesquels l'imagination l'emporte
de beaucoup sur la raison. Nous leur avons laissé
leur place, estimant que la hardiesse dans les conceptions n'est point pour effrayer quand il s'agit de
« ce qu'il y a de plus sacré : la paix entre les
hommes ».

La critique viendra à son heure, et le lecteur
jugera notre jugement. Pour le moment, nous
n'avons voulu que lui mettre sous les yeux les éléments du débat.

Résumons-le.

L'histoire des doctrines du droit public international suit de près l'histoire des doctrines du droit
national.

Au début, la seule loi est celle du plus fort : les
différends des hommes se règlent par les armes et
le vaincu subit la dure volonté du vainqueur. Peu
à peu les mœurs s'adoucissent; la lueur tremblante
de la justice éclaire la conscience humaine. Les
conflits sont réglés par un tiers qui départage les
combattants. La société s'organise, et au-dessus de
l'arbitrage occasionnel s'élève la justice domestique,
puis celle du seigneur, puis celle du prince. La lutte
personnelle, le combat judiciaire subsiste. Il devient
le duel, brave les défenses, se maintient par les

mœurs et contre les lois, et les spécialistes rédigent pour lui le code de l'honneur [1].

Les forces sociales se centralisent. Au delà de la cité, au-dessus de l'idée monarchique apparaît l'idée nationale, et de ce mouvement naissent les trois pouvoirs issus de la volonté du peuple, faisant, disant et exécutant la loi une et égale pour tous. La justice s'organise. Des juridictions régulières superposées s'enchaînent les unes aux autres et assurent l'unité de la jurisprudence, pendant que l'arbitrage se maintient comme une juridiction simple et rudimentaire à la disposition des justiciables.

La théorie du droit public international suit une marche parallèle.

Au début, c'est la guerre sauvage avec la mort et l'esclavage pour sanction, puis, moins brutale et plus humaine. Les relations s'établissent entre les hommes et le droit des gens se crée d'abord entre les cités de la Grèce, puis entre les peuples soumis par Rome à la même loi, enfin entre les nations modernes. Il se perfectionne et l'arbitrage renaît. Là aussi le combat judiciaire se maintient : c'est la guerre. Et ce duel entre les nations trouve comme

---

1. Sur l'origine du point d'honneur, voir Montesquieu : *Esprit des Lois*, liv. XXVIII, chap. xx. « Les hommes, dans le fond raisonnables, mettent sous des règles leurs préjugés mêmes. Rien n'était plus contraire au bon sens que le combat judiciaire; mais, ce point une fois posé, l'exécution s'en fit avec une certaine prudence. »

l'autre ses spécialistes qui rédigent ses lois, fixent ses coutumes et cherchent à l'humaniser.

« Excelsior », disent les penseurs; et au-dessus de l'arbitrage accidentel, les voilà qui imaginent l'arbitrage permanent et rêvent pour l'humanité une organisation régulière, calquée sur celle du droit national, avec ses trois pouvoirs et sa sanction.

Que deviennent et les dures leçons du passé et les nécessités du présent? L'avenir est tout pour eux. Les yeux fixés sur l'étoile qui brille au-dessus de leurs têtes, ils oublient la terre sur laquelle ils marchent : « Le monument est irréprochable, seulement il n'a point de base. S'il pouvait se tenir en 'air, on aurait une merveille. Hélas! au premier contact tout disparaît. Au lieu d'une réalité, on n'a plus qu'un nuage! [1] »

1. Louis Reybaud, *les Réformateurs.*

# CHAPITRE III

## L'avenir prochain de l'arbitrage.

### I

Virgile raconte dans *les Géorgiques* que le devin Protée lui-même ne prédisait que l'avenir prochain :

Quæ sint, quæ fuerint, quæ mox ventura trahantur.

Les jugements de l'histoire ne sauraient être des oracles, et les prophéties conviennent mal à un siècle de recherches scientifiques. Mais, après avoir pris son élan si loin dans le passé, « il est impossible de s'arrêter net au seuil des temps futurs ».

Nous avons, dans cette étude, indiqué deux des données du problème : l'exposé des faits et l'exposé des idées. Pour essayer de dégager l'inconnue, il faut examiner si le milieu actuel est favorable ou non au développement de l'arbitrage.

Qu'il y ait entre les nations modernes une « loi

de dépendance réciproque [1] » le progrès des relations
juridiques internationales le démontre suffisamment.
Mais ce mouvement d'attraction est combattu par
une série de faits qui accroissent les divisions et
enveniment les querelles.


## II


Les nations sont des personnes morales. Elles
font partie de l'humanité. En cette qualité, elles as-
sument des obligations réciproques qui constituent
le droit international. Mais elles ont aussi leur individualité, leur conscience, leur être personnel :

« Comme les sujets de chaque État doivent être
soumis aux lois de leur patrie, a dit Fénelon, quoique
ces lois soient quelquefois contraires à leur intérêt
particulier, de même chaque nation séparée doit
respecter les lois de la patrie commune qui sont
celles de la nature et des nations au préjudice même
de son intérêt propre et de son agrandissement...
Il n'est pas permis de se conserver en ruinant sa
famille, ni d'agrandir sa famille en perdant sa patrie,
ni de chercher la gloire de sa patrie en violant les
droits de l'humanité. »

Le xixᵉ siècle est le siècle des nationalités. Il en

1. Seebohm.
2. Fénelon.

a usé et abusé, et la plus noble des conceptions a souvent servi de paravent à la conquête et à l'oppression.

La Révolution française a proclamé le droit pour les peuples de disposer d'eux-mêmes. Jetée au vent pendant la tempête, l'idée a germé et fructifié. A la voix de la France, les nationalités endormies se sont éveillées; elles ont secoué leurs suaires, elles se sont appelées, rejointes et reformées, et, les armes à la main, elles ont réclamé le droit à l'existence. Quelques-unes, accablées par le nombre, se sont rendormies d'un sommeil éternel, comme la Pologne; la plupart sont debout et vivent. La Grèce est sortie de la guerre de 1823, la Roumanie de celle de 1853 et du traité de Paris, l'Italie de celle de 1859, la Serbie et la Bulgarie du Congrès de Berlin. L'Allemagne, issue du traité de Prague et des événements de 1866, a tourné contre la France la pointe de l'arme d'affranchissement que celle-ci avait donnée au monde.

Cet éveil des nations jeunes a inquiété les vieux États. Les uns cèdent lambeaux par lambeaux quelques parcelles de leur domination. L'Autriche-Hongrie essaye de faire vivre en paix les nations diverses dont la mosaïque compose sa puissance.

D'autres, comme l'Angleterre, voient poindre devant eux la menace d'une désagrégation politique possible : la vieille Irlande semble sur le point d'arracher à la race conquérante la promesse de son émancipation, tandis que les jeunes colonies, avides d'autonomie, relâchent de plus en plus les liens qui les rattachent à la métropole.

Au contraire, les démocraties fédérales résistent et se centralisent. La Suisse, la confédération modèle, profite de son sixième centenaire pour rapprocher ses trois races et resserrer l'union de ses cantons.

En Amérique, les nations sont jeunes et les États-Unis, sûrs de leur unité, essayent d'attirer dans leur orbite toutes les républiques américaines pour en faire la plus puissante fédération que le monde ait jamais connue.

« Qu'est-ce qu'une nation? » Les penseurs se posent la question sans y répondre. Un maître de la critique historique a cherché le critérium : la race? la langue? la religion? les frontières naturelles? autant de fondements incertains, de doctrines arbitraires et funestes.

« Non, ce n'est pas la terre plus que la race qui font une nation. La terre fournit le substratum, le champ de la lutte et du travail ; l'homme fournit l'âme... L'existence d'une nation est un plébiscite de tous les jours, comme l'existence de l'individu est une affirmation perpétuelle de la vie [1]. »

Le vœu des peuples, voilà le seul fondement légitime, celui que la philosophie du xviiie siècle avait

---

1. Renan, *Qu'est-ce qu'une nation?*

trouvé, que la Révolution a proclamé et que con-
consacre la critique moderne[1].

## III

Si les nations ont une âme collective, elles ont
leurs passions, leurs souffrances et leurs joies. Elles
ont leurs ambitions, et, pour les satisfaire, elles
équipent des escadres et entretiennent des armées.
Le monde est un champ clos dans lequel elles se
heurtent[2]. Elles luttent pour la vie commerciale et
elles ont leurs guerres de tarifs. Elles luttent pour
l'expansion et elles ont les guerres coloniales qui

1. « La nation, grande ou petite, n'est pas un effet du hasard
ni une poussière d'atomes pareils, mais un organisme créé par
la nature, par la langue, par la tradition, par l'histoire et la
volonté de ceux qui en font partie. » (Conférence de M. Umilta.
Ligue internationale de la paix.) — Dernièrement, M. Lavisse
exprimait éloquemment la même idée au banquet des étudiants
à Nancy: « Jeunes gens, il faut que votre génération, dont
l'effort sera suivi par l'effort de générations successives, prépare
l'universelle adhésion aux dogmes de l'inviolabilité des patries,
et du droit égal de toutes à cette inviolabilité. Il faut que vous
répandiez cette idée que les patries sont égales entre elles,
qu'il y a de petits et de grands territoires, mais non point de
petites et de grandes patries; que chacune d'elles est une
œuvre d'homme, que les hommes doivent respecter. (Discours
du 5 juin.)

2. « L'envie d'un seul homme, un despit, un plaisir, une
jalousie domestique, causes qui ne devraient pas émouvoir deux
harengères à s'égratigner, c'est l'âme et le mouvement de ce
grand trouble. » (Montaigne, Essais, liv. II, chap. XII.)

les mettent aux prises aux quatre coins du monde. Elles luttent pour des rivalités d'amour-propre et elles ont leurs guerres d'étiquette. Elles luttent pour l'hégémonie, et elles ont leurs guerres de magnificence. Parfois elles luttent pour se défendre et elles ont leurs guerres sacrées. Pour faire aimer la paix, de patients statisticiens ont dressé le bilan de la guerre. Il est monstrueux. Les deux tiers ou les trois quarts du budget de chaque nation passent à l'œuvre de la mort[1]. « L'ogre de la guerre, disait Bastiat, dévore autant pour ses digestions que pour ses repas[2]. » De 1853 à 1866, d'après M. Leroy-Beaulieu[3], les guerres ont coûté à l'Europe un million huit cent mille hommes et quarante-sept milliards ; la guerre d'Orient a coûté cinq cent mille hommes et dix milliards ; la guerre d'Amérique, six cent soixante mille hommes et trente et un milliards ; la guerre franco-allemande, quatre cent mille soldats et quatorze milliards ; la guerre russo-turque, de 1877 à 1878, deux milliards de roubles.

Les six grandes puissance de l'Europe dépensaient, en 1875, deux milliards deux cent trois millions pour leurs armées de terre et cinq cent soixante-douze millions pour leurs armées de mer.

---

1. Molinari, p. 61 de *l'Abbé de Saint-Pierre, sa vie et ses œuvres.*
2. Cité par M. de Foville, « Économiste français ».
3. Paul Leroy-Beaulieu. *Recherches sur les guerres,* 1869, p. 180.

En 1885, leurs dépenses s'élevaient à deux milliards cinq cent soixante-cinq millions pour les premières et à sept cent vingt-huit millions pour les secondes.

En 1890, le total monte à quatre milliards soixante-quinze millions, en 1892 à cinq milliards. L'effectif de paix est environ de trois millions d'hommes. D'après les calculs des économistes, l'effectif de guerre serait de dix millions; en fait, il est incalculable [1].

Le service personnel et obligatoire a modifié les

1. *Tableau comparatif des populations, effectifs, dettes et budgets des États en 1890.*

| ÉTATS | POPULATION | EFFECTIF DE PAIX (Hommes) | EFFECTIF DE GUERRE (Hommes) | DETTE (Milliards) | BUDGET GÉNÉRAL (Millions) | GUERRE ET MARINE (Millions) |
|---|---|---|---|---|---|---|
| Allemagne.. | 45.000.000 | 515.000 | 2.520.000 | 5 ½ | 2.100 | 750 |
| Autriche.. | 38.000.000 | 325.030 | 1.150.000 | 10 ½ | 2.000 | 350 |
| Turquie... | 22.000.000 | 150.000 | 620.000 | 0 | 300 | 120 |
| Italie.... | 28.500.000 | 265 000 | 1.100.000 | 10 ½ | 1.000 | 325 |
| Angleterre.. | 35.250.000 | 335.000 | ? | 19 ½ | 2.200 | 850 |
| Espagne... | 10.000.000 | 100.000 | 450.000 | 13 | 900 | 105 |
| France.... | 38.000.000 | 520.000 | 2.450.000 | 26 ½ | 3.485 | 050 |
| Russie... | 100.000.000 | 715.000 | 2.500.000 | 8 ½ | 3.110 | 850 |
| États-Unis.. | 50.500.000 | 26.000 | 3.000.000 | 0 | Dépenses 1.000 Recettes 2.245 | 05 |

Alors que le déficit est pour tous les États d'Europe la

conditions des guerres modernes. La prochaine fois,
l'Europe fera grand. « Tous les peuples emploient
tout leur argent à préparer tous leurs hommes pour
une guerre dont tous les peuples ont peur et dont
tous les hommes ont horreur[1] ». Les nations ne
sont plus derrière leurs armées ; elles sont les armées elles-mêmes. Une mobilisation générale embrasse toute la population valide. Elle ne laisse en
dehors des régiments que les hommes de plus de
quarante-cinq ans, les femmes et les enfants. Elle
suspend la vie civile et la vie sociale. Tout converge
vers un seul but.

La science renouvelle la tactique et perfectionne
l'armement. C'est elle qui est « maîtresse de la
guerre dont elle change d'heure en heure les ou-
tils, les méthodes et les dimensions[2] ».

« Les guerres sont devenues foudroyantes ; ceux
qu'elles surprennent sont perdus[3]. » Aussi, en dépit des conventions dictées à la diplomatie par l'humanité, la prochaine guerre sera terrible. Elle pla-
cera non des armées en présence, mais des nations

---

conséquence directe de leurs ruineux armements, que les
dettes s'augmentent dans d'effrayantes proportions, les États-
Unis, grâce à un excédent annuel de plus de six cent millions,
éteindront la leur dans moins de dix ans.
Voir *Almanach de Gotha*, 1875, 1885, 1891 et Rolin-Jacque-
myns. *Revue*, 1886.
1. Jules Simon.
2. Jules Simon, *Almanach de la Paix*, de 1892.
3. Discours du roi des Belges du 15 août 1887.

aux prises, et les vainqueurs épuisés par leurs victoires, se concerteront pour enlever aux vaincus de
longtemps jusqu'à l'idée d'une revanche.

## IV

L'Europe hésite devant la perspective de ce choc
suprême. Les États ne parlent que de défensive.
Mais, à consulter même des incidents récents, l'histoire nous montre combien la limite est étroite qui
la sépare de l'offensive, et comme, après la lutte, il
est difficile de savoir qui est l'agresseur. Chacun
d'avance se défend de l'être et les hommes d'État
protestent à l'envi de la pureté de leurs intentions.

De toutes parts on n'entend que des paroles de
modération. « Paix, équilibre, crainte de la guerre »,
tels sont les mots que se renvoient les échos des
chancelleries.

Les derniers mois de l'année 1891 nous ont ap-
porté une série de déclarations ardemment pacifiques
que l'historien de l'arbitrage doit enregistrer comme
un symptôme, peut-être comme une espérance, en
tout cas comme un aveu de l'horreur qu'inspire la
guerre, même à ceux qui la font.

Les représentants officiels qui ont la charge des
affaires extérieures semblent s'être concertés pour
tenir le même langage et sourire à l'avenir. Des
combinaisons d'alliances inattendues ont modifié

l'équilibre politique du vieux continent. Le ministre des affaires étrangères de la République française a constaté à la tribune « le rapprochement qui s'est opéré entre deux grandes nations, conséquence non seulement de sympathies anciennes, mais de la communauté d'intérêts solidaires et reconnus comme tels... Cet accord, a-t-il ajouté, est une garantie nouvelle pour la paix et la sécurité de l'Europe [1]. »

A la proclamation de la double alliance, les chanceliers des États de la triple alliance ont répondu à l'unisson : « Le sentiment que la guerre prendra un caractère aussi grave qu'une terrible saignée, a dit le chancelier d'Allemagne, s'est répandu dans le monde entier, et je ne crois pas qu'il existe un gouvernement qui soit disposé à la provoquer d'un cœur léger [2]. »

« J'espère, s'est écrié le premier ministre d'Italie, que Dieu ne permettra pas que la guerre vienne affliger l'Europe : trop grave serait la responsabilité qu'assumeraient les chefs d'État s'ils provoquaient de sanglants conflits, car la certitude même de la victoire et la certitude d'acquérir de la gloire ne compenseraient pas les dommages infinis d'une lutte toujours désastreuse [3]. »

1. Discours de M. Ribot du 26 octobre 1891.
2. Discours de M. di Caprivi du 27 novembre 1891.
3. Discours de M. di Rudini à Milan du 10 novembre 1891.
— Voir aussi le discours de lord Salisbury du 0 novembre 1891 et celui du comte Kalnocky.

Il faudrait être sourd aux leçons du passé pour s'exagérer la portée de ces déclarations. Les partisans de l'arbitrage s'inclinent devant leur sincérité; mais ils savent combien est fragile l'équilibre qu'elles consacrent. Autre chose est la paix juridique qu'ils désirent et dont ils poursuivent l'avènement, autre chose la « paix armée » qui, d'après le chancelier d'Allemagne « durera longtemps encore en Europe [1] »: l'une, celle de l'avenir, repose sur le droit; l'autre, celle du présent, a pour objet le maintien du *statu quo*, le respect des traités, même iniques, et elle a pour garantie des alliances c'est-à-dire des forces combinées.

Cette différence une fois constatée, le spectacle que donne l'Europe n'en est pas moins singulier. Les peuples comme les souverains, ont pris conscience de la gravité de la guerre. A cet égard, les progrès de la démocratie sont-ils un frein et le développement des institutions parlementaires une garantie contre les entraînements de la passion?

En remettant le droit de paix et de guerre aux parlements, les nations libres l'ont espéré. Mais il faut compter avec les exagérations de la presse qui grossissent et dénaturent les moindres incidents, avec les susceptibilités des assemblées, avec les séductions de l'éloquence, avec ce goût inné que les hommes réunis ont pour les paroles fières et les déclamations

1. « Tous les congrès, a-t-il ajouté, qui pourront se réunir à Rome ne changeront rien à cela. » Discours de M. di Caprivi du 27 novembre 1891.

sonores. « Dans les gouvernements démocratiques, les querelles des hommes d'État deviennent du premier coup les querelles des nations. La dignité du peuple est engagée publiquement. Les passions collectives s'irritent et s'exaspèrent de leur propre fièvre [1] », et cette fièvre est contagieuse. Une assemblée emportée ne s'arrête plus.

Le patriotisme moderne est ombrageux, souvent plus ombrageux qu'éclairé [2]. Ce n'est point trop de l'effort des sages pour lui donner comme guide la raison. Saluons donc avec respect la généreuse phalange de ceux qui, malgré les démentis brutaux de la force, ne désespèrent pas de l'humanité. Philosophes ou poètes, naïfs ou savants, logiciens ou inspirés, tous marchent au même but. La diversité infinie de leurs travaux atteste la persistance de leurs efforts et la ténacité de leur foi. Un Kant, un Fénelon, un abbé de Saint-Pierre, un Saint-Simon sont les soldats de la même milice. Tous prêchent la

---

1. Sorel, *Essais d'histoire et de critique*, p. 288.
2. Quelques esprits ingénieux voudraient entourer la déclaration de guerre de garanties juridiques destinées à supprimer les guerres d'ambition et à ne permettre que les guerres justes. M. Weiss, professeur à l'université de Dijon veut établir une institution analogue au collège des Féciaux à Rome. Ce serait « un grand conseil du droit des gens, formé de magistrats spéciaux, et fonctionnant à l'instar d'une haute cour de justice, pour l'examen et le jugement des justes causes de guerre. » Aucune guerre ne serait déclarée sans son assentiment motivé. (*Universal Peace Congress, Londres, 1890.*) Voir sur le même sujet une intéressante brochure de M. l'abbé Defourny.

croisade, ceux qui parlent au nom de la foi chrétienne et ceux qui ne croient qu'à la loi du progrès.
La guerre est une maladie qu'il faut guérir. L'homme
peut faire de son activité de ses talents, de son sang
un usage, selon les uns, plus utile; suivant les autres,
plus conforme à sa vocation divine.

Ne sourions pas de leurs efforts ; ce sont les mis-
sionnaires de l'avenir. Mais voyons d'un sens rassis
ce qui est désirable, ce qui est possible et ce qui est
pratique.

## V

Sous prétexte d'établir un lien universel entre les
hommes, les humanitaires n'affaiblissent-ils pas
l'instrument le plus parfait que jusqu'ici la civilisation ait connu ?

« Nations, mot pompeux pour dire barbarie ! »
s'écriait le poète dans un accès imprudent de lyrisme
cosmopolite. Non, « la nationalité n'est pas la barbarie. Elle a servi à tirer le globe des langes de la
barbarie ; elle a continué, en l'agrandissant, le rôle
qu'ont joué la famille, la tribu, la ville, la caste, la
race ; elle a créé un faisceau de ce qui était épars,
une force là où il n'y avait que faiblesse, une action
simultanée où il n'y avait qu'isolement, un droit où
régnait la violence[1]. »

1. Louis Reybaud, *les Réformateurs*, t. XI, p. 237.

Nos devoirs envers la grande famille humaine ne doivent point nous faire sacrifier nos obligations envers la patrie où nous sommes nés, la vraie, celle qui est près de nous, celle qui nous a faits. Essayons de les concilier, cherchons les lois de leur harmonie réciproque, observons-les, mais n'oublions pas qu'avant d'être citoyens du monde nous sommes citoyens de notre pays. « En politique, l'œuvre des hommes n'est durable que si elle se limite à un terrain qui ne soit pas trop vaste. L'universel ne réussit pas. Au pied des tours de Babel qu'ont élevées quelques géants conducteurs des peuples, les peuples se sont aperçus toujours qu'ils s'entendaient mal quand ils voulaient trop s'entendre. Quand nous serons arrivés au bout de notre étape, les peuples seront rapprochés : ils ne se fondront pas les uns dans les autres ; l'humanité ne deviendra jamais une patrie. Cela, la nature ne le veut pas[1]. »

Les projets de confédération des peuples écrasent l'autonomie nationale sous la suprématie de l'humanité. C'est en Amérique qu'ils ont pris corps. Là même, malgré l'appui des gouvernements, le mouvement de concentration s'est ralenti. Les États-Unis en ont pris ouvertement la direction, et leur initiative a soulevé des scrupules et des craintes. L'état politique des Républiques américaines est un obstacle de plus : avant de faire la paix entre elles, il faut

---

1. Lavisse, discours de Nancy.

qu'elles aient la paix en elles, et l'union internationale
doit suivre et non précéder l'union intérieure. Les
unes étaient hier encore troublées par la guerre
civile[1], les autres par des embarras financiers qui
viennent du désordre et qui y mènent. Il faut
qu'elles aient la force de devenir pacifiques et ordonnées avant de reprendre la marche en avant inau-
gurée au Congrès de Washington.

En Europe, la question ne peut pas se poser.
Elle est du domaine de l'idéal. En sacrifiant la patrie
à l'univers, les humanitaires risquent de sacrifier
« à une association chimérique des associations
effectives puissantes et fécondes[2] ».

« Avant d'imposer aux hommes un code immuable,
disait Laboulaye, il faudrait pétrifier le genre humain. » Un code suppose un législateur et une
sanction : qui fera la loi ? qui l'appliquera ? qui
l'exécutera ? — En réponse à ces trois questions, les
philosophes construisent des systèmes aussi ingénieux
que variés. Il ne leur manque qu'un préliminaire :
le consentement des nations. A ceux qui proposent
aux peuples de s'unir et de se soumettre à une seule
loi, les peuples font la réponse de Platon dans sa
République : « Jamais cet état parfait dont vous avez
fait le plan ne paraîtra sur la terre et ne verra la
lumière du jour ».

---

1. *Le Chili, le Brésil* (1891), *le Vénézuéla* (1892).
2. L. Reybaud, *les Réformateurs*.

L'Europe ne veut être ni une théocratie, ni une démocratie unitaire. Elle a peur d'un maître, aussi bien d'un chef accepté que d'un despote imposé. Les peuples déjà peu respectueux de l'autorité établie, ne sont pas prêts à supporter un joug supplémentaire. La confédération européenne suppose trop d'illusions chez les uns et trop de vertus chez les autres. « Sans doute, rien n'est plus charmant que l'idylle, mais il ne faut pas être seul à la faire... Si pendant qu'on célèbre la concorde, d'autres entonnent un chant de guerre; si d'un côté on transforme les glaives en socs de charrue, tandis que de l'autre on les aiguise, on se prépare une paix semblable à celle dont parle Tacite, la paix dans la solitude [1]. »

La réunion des peuples en une nation unique n'est pas possible; le fût-elle, elle ne pourrait s'opérer sans l'écrasement des faibles par les forts. L'unité ne s'enfante trop souvent que par la violence. Déjà l'abbé de Saint-Pierre voyait dans une guerre générale la préface de la paix universelle. Il était bon prophète.

Dans cette tourmente, la liberté ne pèserait pas plus lourd que l'indépendance des nations. « Que serait un tribunal qui jugerait les querelles des peuples et qui n'aurait aucun moyen de faire exécuter ses jugements? Et si, pour faire exécuter ses jugements, il réclamait les armées des puissances,

---

1. L. Reybaud, ouv. cité.

peut-on croire que les puissances prêtassent leurs
troupes et fissent les frais d'une guerre autrement
que dans l'intérêt de leur politique? Ce serait encore
le plus fort et non le plus juste qui l'emporte-
rait[1]. »

La liberté se défend déjà avec peine contre les
tendances unitaires et envahissantes de l'État moderne. Que ferait-elle contre les tentatives d'un État
international appuyé sur la force? Despotisme ou
anarchie, tels seraient les deux écueils de l'Europe
centralisée. Les nations le sentent : les coalitions
dont l'histoire est remplie n'ont été formées que
pour prévenir les essais d'hégémonie ou pour les
briser.

Est-ce à dire que les siècles futurs ne verront pas
l'Europe libre et pacifiée? Le « jamais » de Platon
est un aveu d'impuissance échappé des lèvres du
sage : « L'horizon perçu par les yeux humains n'est
jamais le rivage, parce qu'au delà de cet horizon il
y en a un autre[2]. » « Les nations, dit M. Renan,
ne sont pas quelque chose d'éternel. Elles ont com-
mencé. Elles finiront. La confédération européenne
probablement les remplacera. Mais telle n'est pas la
loi du siècle où nous vivons. A l'heure présente,
l'existence des nations est bonne, nécessaire même.
Leur existence est la garantie de la liberté qui serait

1. J.-B. Say, *Cours d'économie politique*, p. 270.
2. Flaubert, *Correspondance*, t. III, p. 81.

perdue si le monde n'avait qu'une loi et qu'un
maître[1]. »

## VI

Frappés de ces périls, il en est qui voudraient
« la loi sans le maître ». De là, les projets de fédération européenne sans une sanction. Je vois bien
le tribunal international permanent et préexistant,
faisant la loi et rendant des sentences. Je m'incline
devant ses arrêts, s'ils me paraissent justes. Mais qui
me dit que les parties intéressées dans le litige suivront mon exemple? Il faudrait d'abord qu'elles
eussent librement constitué leurs juges dans un

---

1. Renan, *Qu'est-ce qu'une nation?* Les mêmes idées viennent d'être éloquemment exprimées par M. Lavisse, au banquet de Nancy (5 juin 1892). Personne ne sait mieux concilier
le patriotisme clairvoyant qui fait de lui un des maîtres les
plus respectés de la jeunesse et la foi raisonnée en l'avenir
pacifique de l'humanité « Le moment n'est pas venu ; il ne
viendra pas de sitôt de renoncer au particularisme national
et à ses énergies.

» Le moment n'est pas venu pour les peuples de désarmer
leur patriotisme, de mettre en faisceaux tous les étendards pour
les brûler avec respect comme des dieux longtemps adorés.
Gardez, jeunes gens, ces énergies. Gardez les étendards et
vénérez-les. Et pourtant, mes amis, prêts à tous les devoirs de
votre temps, pensez à l'avenir, comme il convient à des jeunes,
et préparez cet avenir. Ne croyez pas qu'il suffise pour cela
de laisser faire les choses, il faut les aider. Ne croyez pas que
les seuls intérêts, que le commerce, l'industrie, la vapeur,
l'électricité soient des agents de concorde irrésistibles ; vous

accord général, unanime, consenti par toutes les
nations, et cet accord, si jamais il se produisait,
serait nécessairement confirmé par la création d'une
force commune.

« La loi, a-t-on dit, c'est la justice imposée par la
force. » Sans la force, la loi est impuissante et n'a
plus d'autre sanction que la bonne foi.

S'agit-il de cas graves, l'Europe a ses congrès
fréquents sinon périodiques dans lesquels les questions qui l'intéressent sont librement débattues après
avoir été soigneusement délimitées. Certes, ces
congrès sont des assemblées diplomatiques et non
des tribunaux. Les combinaisons de la politique y
jouent un rôle plus grand que les principes du droit.
Au xixᵉ siècle toute autre conception nous paraît

savez bien qu'on fait des coalitions avec des traités et des
guerres avec des tarifs, que, sous les panaches des vapeurs
glissent les cuirassés et les torpilleurs, et que, sur les wagons,
des maréchaux des logis ont écrit des billets de logement pour
hommes et pour chevaux. Ne croyez pas même qu'un règlement nouveau des rapports du capital et du travail suffise à
établir l'harmonie entre les peuples. Ce n'est pas avec des intérêts qu'on fait des révolutions morales.

» Non, il faut trouver autre chose et plus, et c'est dans l'idée
même des patries qu'il faut chercher les moyens de réconcilier
les hommes. C'est à l'actuel particularisme qu'il faut demander
l'espoir et les règles de la future entente internationale.....

» Je ne vous vois jamais réunis avec des camarades étrangers sans me demander s'il viendra un jour où, la volonté des
hommes opérant sur la nature, unira les peuples les uns aux
autres, comme elle a fondu en une patrie toutes les provinces
de France. »

20.

impraticable ou prématurée. Le tribunal international avec une sanction ne serait-il pas tyran-
nique? Sans sanction, il est superflu.


## VII


Reste l'arbitrage organisé, c'est-à-dire préexistant
et permanent. Ce n'est plus une pure conception
c'est une réalité. L'institution fonctionne. La clause
compromissoire n'était qu'un désideratum scientifique avant 1856. Le Congrès de Paris l'a adoptée et
en a fait l'objet d'un vœu formel. Elle est entrée
dans la coutume. Elle figure dans des traités techniques et même dans des traités généraux. Entre
nations américaines, elle est d'une pratique constante. Le projet de traité entre les États-Unis et la
Suisse en est le type[1]. Il établit l'arbitrage comme
clause de droit public; il l'applique à tous les
litiges pendant trente ans; il détermine la composition du tribunal, il fixe la sanction : « Chacun
des États s'engage à observer et à exécuter loyalement la sentence. » C'est l'arbitrage préalable,
permanent, général et obligatoire. Une fois ce traité
conclu, il ne restera plus qu'à l'appliquer par des
compromis d'espèce votés pour chaque litige sur ces
fondements généraux.

1. Voir § X, p. 147. Projet de traité du 24 juillet 1883.

Les États feraient œuvre vaine si, après avoir adopté la clause compromissoire permanente ils se refusaient à l'observer. Il leur sera déjà fort difficile, dit-on, de faire voter ces traités par leurs parlements, et l'on a vu les politiques les plus éclairés faire leurs réserves sur des pactes qui paraissaient engager la liberté de négociation de leur pays.

Ces craintes sont superflues. La clause compromissoire oblige les États comme tous les traités qu'ils signent. Mais elle ne saurait déroger aux règles essentielles du droit des gens. Pour étendu que soit l'arbitrage, il est des litiges auxquels il ne peut s'appliquer obligatoirement; quand il s'agit de l'indépendance, de l'intégrité d'une nation, tous les traités du monde ne sauraient forcer cette nation à l'accepter.

Il y a en droit public comme en droit privé des objets sur lesquels on ne peut compromettre. Ils sont en dehors de l'arbitrage général comme de l'arbitrage spécial. La clause compromissoire qui prétendrait les prévoir serait nulle comme le compromis qui s'y référerait.

Cette réserve faite, il faut espérer que les traités d'arbitrage permanent seront durables et efficaces. Ils commencent et ouvrent l'ère de l'état juridique entre les peuples. Ils rendent la guerre illégale pendant la durée qu'ils ont prévue. Ils établissent une paix temporaire appuyée sur un traité. En prévoyant les conflits, ils en diminuent l'acuité. En montrant la voie qui mène aux arbitrages spéciaux, ils les facilitent. Ils abrègent les négociations qui les précèdent en fixant d'avance leur procédure. Ils ménagent l'amour-propre national en obtenant le consentement des parties avant qu'elles connaissent le litige.

La Suisse et les États-Unis ont donné l'exemple; il sera suivi.

## VIII

L'arbitrage est donc entré dans les mœurs. Il a fait ses preuves. Nous l'avons vu devenir plus fréquent d'année en année. Les États prennent l'habitude d'y recourir dans les litiges de droit commun, tels que les délimitations de territoires, les questions d'indemnités, les dommages-intérêts dus à des nationaux lésés, les difficultés multiples soulevées par la conduite des neutres dans les guerres maritimes.

Or l'histoire est comme un grand livre « qui ne conclut pas, parce que l'humanité est toujours en marche et qu'elle ne conclut pas ». Un jour viendra où les nations, débarrassées du malentendu qui pèse sur l'Europe et de la crainte d'un duel que tous redoutent, avanceront plus librement dans la carrière ouverte devant elles. Ce jour-là, l'arbitrage sera la règle. Les litiges auxquels il s'appliquera ne seront pas seulement plus nombreux mais plus graves; en multipliant sa pratique, il élargira son domaine.

L'avenir de la guerre ressemble à celui du duel. Chez plusieurs peuples en Angleterre, aux États-Unis, en Italie, en Suisse, il n'existe qu'à l'état de souvenir ou d'exception. « Il a été aboli ou réduit au minimum. S'il a été reconnu possible que les individus terminent leurs contestations autrement que par l'épée ou le pistolet, on ne voit guère pourquoi on ne déciderait pas un nombre quelconque d'individus composant une nation à agir de même [1]. »

### IX

La procédure de l'arbitrage spécial est chose contingente. Pour la codifier, les jurisconsultes ont fait assaut de science. Leurs travaux sont des monuments précieux à consulter. Mais c'est au compromis à tout prévoir, sauf la sentence, et à tout régler. Et ces règles ne sauraient être uniformes. Elles varient suivant l'objet du litige. Les traités à clause compromissoire tracent les grandes lignes : nombre des arbitres, obligation de les choisir en dehors des ressortissants des États en litige, nécessité d'un surarbitre, mode de nomination de ce surarbitre...; le reste est renvoyé au compromis.

C'est lui qui fixe la composition du tribunal, l'instruction, les délais, les formes des débats, du délibéré et de la sentence.

1. Lorimer.

Toute cette procédure peut varier suivant les espèces et suivant les parties. Le compromis est à la fois un acte juridique et un acte diplomatique. Il est rédigé à la suite de négociations souvent longues et toujours délicates. Il se peut que des concessions de forme rendent plus facile l'accord sur le fond. Comment prévoir et fixer d'avance jusqu'où ces concessions pourront aller? Tout au plus peut-on indiquer quelques principes généraux.

Le tribunal arbitral a un caractère spécial ; il est souverain dans les limites fixées par le compromis. Si celui-ci est incomplet, c'est le tribunal qui statuera sur sa compétence, sur les mesures d'instruction, sur les témoignages, sur les expertises, sur les moyens de preuves, sur les difficultés d'interprétation.

Aussi est-il préférable que le compromis fixe les points généraux, les règles de la procédure, et que le tribunal, une fois réuni, n'ait plus qu'à les appliquer au litige qui lui est soumis.

Ces principes ont été fort bien résumés par M. Bluntschli : la désignation des arbitres est libre. Le choix des parties s'est pendant longtemps porté sur des souverains. Cet honneur n'est pas sans danger: les souverains ne jugent que rarement en personne ; ils délèguent leurs pouvoirs et signent les sentences toutes préparées. S'ils veulent juger eux-mêmes, leur couronne n'est pas une garantie de compétence. Mieux vaut un tribunal moins auguste et plus éclairé.

En 1866, les États-Unis avaient proposé de faire juger les conflits par les jurisconsultes les plus éminents d'une nation neutre. Les États-Unis avaient raison ; les jurisconsultes dignes de ce nom sont des arbitres tout désignés. L'Institut de droit international est un collège tout formé ; il est déjà législateur, et ses projets, à défaut de sanction matérielle ont pour sanction morale l'autorité scientifique du corps qui les discute. Il est digne de fournir des juges, et la désignation de M. Rivier dans l'affaire de Terre-Neuve est de bon augure.

Le choix du surarbitre est capital. Il doit être prévu par le compromis. Remis au tribunal, il risquerait de ne pas aboutir et les divergences du fond se retrouveraient dans les discussions de personnes. Le meilleur surarbitre sera un neutre désigné par une puissance neutre ou par les parties elles-mêmes. Dans l'affaire de Terre-Neuve, il y a trois surarbitres, tous trois jurisconsultes, tous trois neutres et désignés d'avance. Cette solution est la meilleure.

## X

Le compromis est une transaction. La sentence est acceptée d'avance par les parties comme condition et comme base du contrat. Étant une transaction, le compromis est obligatoire. Une foi signé par les États et approuvé par les parlements, il lie les puissances contractantes. On a dit qu'elles n'étaient enchaînées que par l'honneur ; le lien qui les unit est plus précis. Il n'y a pas seulement entre elles une obligation naturelle fondée sur la bonne foi, mais une obligation juridique fondée sur le droit. Le tribunal, il est vrai, n'a pas de moyens de coercition à sa disposition, partant pas de force exécutoire. Il en est ainsi de tous les traités et, pourtant, en général on les respecte.

En fait d'arbitrage on ne cite qu'une sentence à laquelle la partie condamnée se soit dérobée: c'est celle du roi de Hollande en 1831 [1], et il y avait un prétexte plausible.

La nation déboutée murmure quelquefois mais elle se soumet. Si elle résistait, elle se mettrait d'elle-même au ban de l'Europe. L'honneur national qui est une des formes du patriotisme, lui commande d'acquiescer au jugement. Son amour-propre est dégagé par le compromis. Au fond, ce n'est qu'un procès perdu.

## XI

Toute doctrine a deux sortes d'adversaires : les esprits timorés qui la trouvent hardie et les esprits hardis qui la trouvent timorée.

1. Voir ch. II, § 2, p. 156.

Notre foi raisonnée en l'arbitrage a ses sceptiques. Les uns le croient impuissant parce qu'il n'a pas l'appui de la force ; les autres estiment qu'il est partial parce qu'il n'est qu'une loi de circonstance. Suivant M. de Holtzendorff, les règles du droit des gens sont trop flottantes et les peuples trop accessibles aux influences de toutes sortes pour qu'il puisse se généraliser.

Le mouvement se prouve en marchant : ainsi de l'arbitrage. Le cercle de sa compétence va sans cesse s'étendant ; il s'organise sur une base à la fois plus large et plus certaine ; l'équité, ce fondement indéterminé de la justice, cède peu à peu la place au droit positif appuyé sur la science et accepté par la raison.

L'arbitrage, tel que nous l'avons défini et limité, est une juridiction. C'est aux hommes d'État à en développer les applications.

## XII

Quels que soient les progrès à faire ou les progrès réalisés, l'arbitrage ne sera-t-il pas toujours limité ? N'y aura-t-il pas des questions qui doivent rester en dehors des compromis parce que le droit de compromettre ne peut s'y appliquer ? « La vie des États, dit Montesquieu, est comme celle des hommes. Ceux-ci ont droit de tuer dans le cas de

la défense naturelle, ceux-là ont droit de faire la
guerre pour leur propre conservation.

» Dans le cas de la défense naturelle, j'ai droit
de tuer parce que ma vie est à moi comme la vie de
celui qui m'attaque est à lui ; de même, un État fait
la guerre parce que sa conservation est juste comme
toute autre conservation. »

Indépendance, liberté de leurs actes intérieurs,
intégrité territoriale : voilà des points sur lesquels
les nations ne peuvent transiger. Elles ont leur
patrimoine moral, elles n'en ont point la libre
disposition. Un pacte qui porterait sur l'autonomie
d'un peuple serait un pacte nul, parce qu'il n'est au
pouvoir d'aucun arbitre de décréter la servitude.

Au-dessus des rivalités d'ambition, d'intérêt,
d'amour-propre, est l'honneur national, placé sous
la garde du patriotisme, comme l'honneur privé
sous la protection du respect de la dignité humaine.
Il est le composé des traditions et des espérances,
le legs du passé et l'héritage de l'avenir. Il est le
capital indivis que les générations se transmettent
les unes aux autres, qu'elles ont reçu de leurs pères,
et qu'elles doivent laisser intact à leurs enfants.

Comme les hommes, les nations ont leur conscience dont le domaine est difficile à apprécier
parce qu'il est difficile à définir. Là convergent et
se mêlent l'attachement au sol natal, la communauté
des sentiments, des mœurs, de la langue, la notion
d'un pouvoir supérieur qui dirige l'humanité, l'idée

du bon droit, la confiance en sa cause. Ce résidu intime, ce mélange de souvenirs, de traditions et de
croyances, ce « moi » indéfini et infini, c'est le
sentiment de la patrie, humain et divin tout à la fois,
mystérieux et sacré, pour lequel les hommes com-
battent, souffrent et meurent.

Il y a dans l'âme d'un peuple une force mystérieuse dont
　　　　　　　　　　　　　　　　　　　　　　[l'histoire
N'a jamais osé s'occuper, et dont l'opération surhumaine
Est inexprimable à la parole et à l'action[1].

　1. Shakespeare.

# CONCLUSION

## LA FRANCE ET L'ARBITRAGE

Nous l'avons dit dès le début de cette étude, nous ne reculons pas les limites de la patrie jusqu'aux bornes de l'humanité; et quand cette patrie est la France, quand elle a pendant des siècles servi de guide, d'émancipatrice et d'initiatrice au monde, nous ne séparons pas sa grandeur de l'avenir de la civilisation.

Jetons de ce point de vue un coup d'œil sur la longue route parcourue. Nous avons fait l'histoire de l'idée de paix. Nous l'avons suivie à travers les âges, sans chercher à nous soustraire aux impressions contradictoires que nous ressentions. Devant les jeux de la politique, devant les triomphes de la force, en présence de tant de guerres, de conquêtes terminées par l'oppression des faibles et la défaite

du droit, comment ne pas douter d'une justice
internationale! Comment aussi ne pas se ressaisir
quand on voit la foi en la paix définitive inspirer
tant de nobles esprits et soutenir tant de glorieux
apôtres! Dans leurs épreuves les plus cruelles, au
milieu des ténèbres les plus opaques, les hommes
se la transmettent : comme la lueur sacrée dont
parle Lucrèce, elle brille dans la nuit et guide l'humanité vers un avenir meilleur de justice et de progrès :

*Et quasi cursores vitai lampada tradunt.*

Plus on avance dans l'histoire et plus s'accentue
la lutte de ces deux tendances opposées entre lesquelles nous nous débattons.

A voir les choses de haut, pendant les dernières
années de notre siècle ; à consulter l'horizon lointain, l'aube apparaît. Les progrès de la civilisation,
les merveilles qu'elle enfante, servent la cause de
la paix. L'Europe la désire, la surveille, la proclame,
s'y attache avec d'autant plus de fermeté qu'elle la
sent plus précaire. Entre l'état de trêve armée et
l'état de paix juridique, elle sent qu'il y a des
obstacles dont elle voudrait venir à bout, et le principal c'est la question d'Alsace-Lorraine : « Du jour
où elle serait pacifiquement résolue, il n'en est pas
une de même nature qui ne s'en trouvât acheminée
vers un dénouement réparateur ; et tant qu'elle ne sera
pas vidée, aucune autre ne sera même abordée [1]. »

---

1. Jean Heimweh, *Pensons-y et parlons-en.* Paris 1891.

Il y a vingt et un ans la France, après une guerre malheureuse, a été obligée de signer, le couteau sur la gorge, le traité de Francfort. La Prusse victorieuse lui a enlevé deux provinces, cinq départements, un million cinq cent mille hectares de territoire et un million six cent mille âmes françaises.

L'Europe assista impassible à ce dénouement du duel. Peut-être s'en repent-elle aujourd'hui. De droit public, de vœu des peuples, de consultation préalable, il n'était pas question. La Prusse n'invoquait même pas l'ethnographie : elle ne saisissait pas seulement Strasbourg, « la clef de la maison », comme l'appelait Vauban, mais Metz et la Lorraine.

A Bordeaux, à l'Assemblée nationale, les députés des départements annexés protestèrent de leur volonté et de leur droit de rester Français et déclarèrent « nul et non avenu un pacte qui disposait d'eux sans leur consentement [1] ».

L'état de fait créé par le traité de Francfort existe depuis vingt ans. Il a mis en présence non pas deux nations, mais « deux états de civilisation [2] ». La France de 1789 a admis la souveraineté du peuple fondée sur la souveraineté de l'individu. Les hommes ne sont plus attachés à la glèbe, ils sont libres. Les peuples ne sont pas un bétail dont on dispose sans les consulter : ce sont des âmes que la servitude ne peut courber. La traite des blancs n'est pas plus

1. Protestation lue à la tribune le 1er mars 1871.
2. Lavisse.

admissible que celle des noirs, et l'annexion n'est légitime que si elle est librement consentie.

A la force du droit, l'Empire allemand oppose le droit de la force. Il est avant tout utilitaire et militaire. L'empereur-roi, le « Kriegsherr », le seigneur de guerre, passe avant la patrie et juste après Dieu.

*Suprema lex regis voluntas*, écrivait naguère Guillaume II sur le Livre d'or des bourgeois de Munich. « L'empereur incarne l'Allemagne unie et forte par la puissance du fer et du sang [1]. »

L'Université a imprégné la jeunesse de la doctrine des Sybel et des Treitschke, de la doctrine de l'État prussien. Les jeunes gens sont « les gardes du corps intellectuels des Hohenzollern [2] ». La Prusse agrandie, pénétrée de l'idée de supériorité de sa race et de l'esprit d'absolutisme, pèse de tout son poids sur le Reich « militarisé ».

Depuis ses malheurs, la France s'est refaite par son énergie. A ceux qui la croyaient finie, elle s'est montrée vivante, vivace et laborieuse, active et toujours généreuse. Incertaine de la route à suivre, elle a trébuché, hésité ; puis elle s'est relevée, et maintenant elle marche la tête haute et respire l'air libre à pleins poumons.

Elle s'est donné des finances, une armée, des institutions, un gouvernement. Il y a trois ans, en

1. Discours de M. de Bismarck aux étudiants allemands, 14 août 1891.

2. Lavisse.

dépit des défiances et des bouderies, elle a étonné, ravi et charmé l'univers.

La nation est pacifique parce qu'elle est une démocratie; elle ne connaît pas la haine, mais elle n'a pas plus oublié l'Alsace-Lorraine que celle-ci ne l'a oubliée. Elle y pense toujours et commence à en reparler. « Nous n'abandonnons rien, » disait naguère son ministre des affaires étrangères à la tribune. Elle a si souvent pleuré sur toutes les nationalités malheureuses, sur Athènes, sur Varsovie, sur Milan, sur Venise, qu'elle ne peut avoir les yeux secs quand il s'agit de Strasbourg.

Si la France n'abandonne rien, l'Allemagne garde tout. La main de fer pèse toujours sur les provinces conquises. « L'Alsace est le glacis de l'empire; qu'importe qu'elle se ruine et qu'elle souffre? un glacis est une chose, et les choses n'ont pas le droit d'avoir une âme [1]. »

Un cordon de mesures vexatoires, resserré ou relâché par le bon plaisir du maître, isole les pays annexés, met les Français hors du droit commun, malgré les stipulations du traité de Francfort, et constate l'irrémédiable inaptitude de l'Allemagne à posséder ces territoires autrement que par la force [2].

1. Lavisse, *la Question d'Alsace dans une âme d'Alsacien.*
2. Heimweh, brochure citée. — L'arrêté du 22 septembre 1891 qui abolit le régime du passeport obligatoire, le maintient pour les militaires et assimilés, contrairement aux termes de l'article 11 du traité de Francfort.

Les événements de l'année 1891 ont amené dans les esprits une certaine détente. A Madrid, à Londres, à Rome, à Prague, en Allemagne même, des voix s'élèvent pour flétrir la violence faite depuis vingt ans à des consciences libres [1].

En juillet dernier, un Italien, un homme d'État, M. Bonghi, écrivait les lignes suivantes bonnes à méditer pour ses compatriotes :

« L'Allemagne a changé un droit public presque entièrement accepté, à savoir que l'on ne devait pas faire passer les populations d'un État dans un autre sans leur consentement. C'est la conscience seulement qui dit de quelle nation est un peuple. Or le peuple alsacien a répondu par des faits, puisqu'il ne l'a pas pu par la parole, que désormais il ne se sent plus et ne veut plus être Allemand. Par conséquent, l'union avec l'Allemagne dans laquelle la guerre de 1870 a jeté les Alsaciens est une chose violente qui ne peut, qui ne doit

---

1. M. Castelar en Espagne ; MM. Labouchère, Stanhope, Morton, Ch. Dilke en Angleterre ; MM. Cavallotti, Imbriani, Canzio, Alfieri, Bonghi, etc., en Italie ; MM. Bebel, Liebknecht, etc., en Allemagne. — Voir également les articles de M. Tallichet dans la *Bibliothèque universelle* (janvier 1892), et de M. Secretan dans la *Gazette de Lausanne* (10 mai 1892) : « L'empire, dit M. Secretan, n'a pas su se faire aimer. Ni la douceur ni la violence n'ont pu désarmer la Protestation. Les Alsaciens n'admettent pas qu'on dispose d'eux comme d'une chose. »

pas durer, et dont l'exemple corrompt toute l'âme de l'Europe [1]. »

De ces paroles, il est bon de rapprocher celles du célèbre historien anglais, le professeur Beesly :

« Il n'y a rien de sacré dans un traité qu'autant qu'il représente une idée de justice. Livrer plus d'un million et demi de Français à l'Allemagne a été un attentat contre la morale publique, c'est le plus grand crime et la plus grosse faute du siècle et tant que cette faute n'aura pas été réparée il n'y aura pas de paix. Ceux qui troublent la paix de l'Europe, ce sont les Allemands qui persistent à garder ce qu'ils ont pris en 1870, et c'est de là que viennent tous les dangers qui menacent l'Europe. En prolongeant ainsi l'appréhension à une guerre, l'Allemagne est coupable envers toute l'Europe et l'Europe a le droit de lui en demander compte [2]. »

L'année dernière, la conférence interparlementaire de Rome n'a pas osé aborder le débat : il s'imposera à Berne en 1892. « La question est inscrite à l'ordre du jour et chacun se rend compte de l'action capitale qu'exercera la solution sur les destinées des peuples européens [3]. » Cette solution, la diplomatie qui vit au jour le jour n'a qu'un souci, la reculer en vertu de l'adage célèbre : « Il n'y a que le pro-

---

1. Bonghi, *la Situazione europea e la Francia* (*Nuova Antologia*, 15 septembre 1891.)
2. Discours prononcé à la fête des Positivistes anglais, 1892.
3. Heimweh, brochure citée.

visoire qui dure. » Les trois grandes puissances
voisines ont formé, « je ne dirai pas contre nous
mais entre elles, une vaste ligue dite de la paix
qui s'appuie sur de formidables armements [1]. » Cette
paix, garantie par la triple alliance, repose sur la répartition actuelle des territoires européens. N'est-ce pas
un philosophe qui a dit à ce sujet : « La paix, quelque
bonne qu'elle soit en elle-même, devient amère pour
un peuple quand elle est la preuve et la conséquence de sa faiblesse [2] ». Aussi l'instinct populaire
se tourne vers la grande puissance du Nord comme
vers la seule alliance disponible et confirme son
gouvernement dans un rapprochement plus intime
fondé sur la communauté des intérêts.

Par delà ces combinaisons temporaires, des
hommes d'État, des philosophes poursuivent leur
idéal. « Je ne sais, dit M. Bonghi [3], où est l'utopie :
chez ceux qui aspirent à un état de choses où tous
les concepts les plus élevés de l'homme deviennent
des réalités, ou chez ceux qui ont amené et qui
maintiennent un tel état qu'ils ne peuvent ni y rester
ni en sortir. » — « Oui, dit un Alsacien impartial,
guérir la plaie qui saigne au flanc de l'Europe,
affranchir l'Alsace-Lorraine de l'esclavage, la ramener à sa vie normale, pacifier l'Europe centrale, ..

1. Paroles du général Saussier, généralissime de l'armée
française, 14 juillet 1891.
2. Jules Simon.
3. Bonghi, article cité de la *Nuova Antologia*.

réconcilier l'Allemagne avec la France, c'est là une noble tâche faite pour passionner tous les hommes de bonne volonté, qu'ils habitent sur la rive droite ou sur la rive gauche du Rhin [6]. »

Le problème est nettement posé : « Appartient-il au plus fort, assisté d'un ethnologue et d'un historien, de tracer les limites des États et de se faire obéir coûte que coûte; ou bien le soin d'arrêter ces limites doit-il revenir aux intéressés, c'est-à-dire aux populations elles-mêmes librement consultées?... »

L'avenir seul répondra à cette question. Mais on a beau la retourner sous toutes ses faces, il n'y a que deux solutions : la solution par la force ou bien la solution par le droit. Le glaive détruira l'œuvre du glaive ou la justice réparera l'œuvre de la violence.

L'arbitrage international est une des ressources mises par le droit au service de la diplomatie pour le maintien de la paix. La France ne doit ni le négliger ni s'en désintéresser, parce qu'elle aime la paix et qu'elle représente le droit.

Au lendemain de la guerre, en 1872, le procureur Renouard faisait à la Cour de cassation le discours de rentrée. Il prit pour sujet : *Le droit prime la force*. Sa péroraison est le plus noble programme qu'un magistrat, qu'un Français pût tracer à la pa-

---

6. Heimweh, brochure citée.

trie malheureuse : « Nous, les vaincus d'hier, osons le crier à la face du monde témoin de nos récentes défaites, et que les ressentiments de notre orgueil blessé n'éteignent pas en nous l'intelligence des vérités éternelles : la paix est bonne, la guerre est criminelle. Notre bien-aimée patrie ne peut donner un plus éclatant témoignage de sa renaissance qu'en ne sacrifiant pas à ses rancunes la cause de la civilisation. Qu'elle dédaigne de demander à la force la revanche qu'elle attend; il est digne d'elle de chercher dans la primauté du droit la réparation de ses maux et le retour de tous ses enfants. »

Des deux voies ouvertes, l'une ou l'autre doit conduire à la réparation nécessaire. La justice immanente travaille pour la France.

# APPENDICE AU CHAPITRE III

## NOTE SUR LE « NOUVEAU CYNÉE »

Le *Nouveau Cynée* « ou Discours d'estat repré
sentant les occasions et moyens d'establir une paix
générale et la liberté de commerce pour tout le
monde » parut en 1623.

L'auteur était Emeric Crucé qui naquit à Paris,
vers 1590 et mourut en 1648. Les biographes modernes l'appellent Emeric de la Croix.

Ce livre contient « une police universelle, utile
indifféremment à toutes les nations et agréable à
ceux qui ont quelques lumières de raison et de
sentiments d'humanité. »

L'auteur veut détruire les mauvaises passions des princes. Il les engage à pousser leurs sujets vers des occupations utiles, vers le commerce, la navigation, les métiers, les sciences. Il est pour la fraternité et la solidarité humaine. « Pourquoi moi, qui suis François, voudrois-je du mal à un Anglois, Espagnol ou Indien? Je ne le puis, quand je considère qu'ils sont hommes comme moi. »

Il affirme la tolérance religieuse : « Il n'appartient pas aux hommes de punir ou de corriger les deffaux de la foi; c'est à faire à celuy qui voit les cœurs et les plus sensibles pensées. »

Il veut organiser la paix perpétuelle. Il choisit une ville où tous les souverains auraient perpétuellement leurs ambassadeurs, afin que les différends qui pourraient subvenir fussent vuidés par jugement de toute l'assemblée. Cette ville sera Venise « estat neutre et indifférent à tous princes ».

L'union qu'il propose est universelle. Elle embrasse tous les pays y compris la Perse et la Chine, l'Ethiopie, les Indes occidentales et orientales.

Il met en tête le pape, puis l'empereur des Turcs, l'empereur chrétien, le roi de France, le roi d'Espagne.

« Si quelqu'un contrevenoit à l'arrest d'une si notable compagnie, il encourroit la disgrâce de tous les autres princes qui auroient bien moyen de le faire venir à la raison. »

A son avis deux hommes peuvent prendre les devants auprès des chefs d'État : « Le pape pour les princes chrétiens et le roi de France pour les mahométans » car celui-ci a seul crédit et réputation auprès de ces derniers. »

# SOURCES BIBLIOGRAPHIQUES

## I

### Ouvrages généraux de droit international.

CALVO, *Le droit international théorique et pratique* (1870-1872).

CARNAZZA-AMARI, *Le droit des gens.*

DE CLERCQ, *Recueil des traités de la France.*

FÉNELON, *Examen de conscience des devoirs de la royauté.*

FUNCK-BRENTANO ET SOREL, *Le droit des gens,* (1887).

GROTIUS, *De jure et belli pacis* (1624).

HEFFTER, annoté par Geffcken, *Le droit international de l'Europe* (1883).

KLUBER, *Droit des gens moderne de l'Europe* (1874).

LORIMER, *Principes de droit international* (1885).

MARTENS, *Causes et Nouvelles causes célèbres du droit des gens* (7 vol. 1858-1861).

PASQUALE FIORE, *Nouveau droit international* (1885).

PRADIER-FODÉRÉ, *Cours de droit diplomatique* (2 vol. 1881).

— *Traité de droit international public européen et américain* (7 vol. parus, 1885 à 1891).

SEEBOHM, *Réforme du droit des gens.*

SIR TRAVERS TWISS, *Le droit des gens* (1887-1889).

TESTA, *Droit public international* (Paris, 1886).

VATTEL, *Droit des gens* (1759).

WHEATON, *Éléments du droit international* (2 vol. 1874).


II

Ouvrages plus particulièrement consacrés à l'arbitrage.


ADLER (attribué à), *La Guerre, l'idée de Congrès et le service militaire universel* (1866).

BAJER (F.), *Plan de guerre des Amis de la Paix* (1891).

BARA, *La science de la paix* (1872).

BLUNTSCHLI, *Le droit international codifié* (1886).

DESJARDINS (ARTHUR), *Le Congrès de Paris de 1856 et la jurisprudence internationale* (1884).

DUDLEY FIELD, *Projet d'un code international* (1881).

DUPASQUIER, *Le crime de la guerre dénoncé à l'humanité* (1873).

FÉNELON, *Télémaque* (livre XIV).

FERRER, *L'ère nouvelle* (1863).

FRÉDÉRIC PASSY, *La question de la paix. Conférence au familistère de Guise* (Avril 1891).

GOBLET D'ALVIELLA, *Désarmer ou déchoir* (1872).

JEAN-JACQUES ROUSSEAU, *Extrait du projet de la paix perpétuelle.*

— *Jugement sur le projet de paix perpétuelle.*

KAMAROWSKY, *Le tribunal international* (1887).

— *Tendances des peuples à la paix*, etc. (brochure, 1890).

KANT (EMM.), *Essai philosophique sur la paix perpétuelle* (1794?).

KAUFFMANN, *L'utilité pratique d'une académie universelle du droit des gens* (1855).

LADD, *Premiers essais d'un Congrès des nations* (Boston 1840).

LAVELEYE, *Des causes actuelles de guerre en Europe et de l'arbitrage* (1873).

LEIBNIZ, *De Codice juris gentium diplomatico.*
— *Ecrits politiques.* (Édition de M. Foucher de Careil, tome VI).

LEMONNIER (CHARLES), *Nécessité d'une juridiction inter- nationale* (Conférence 1881) *Mémoires.*
— *Formule d'un traité d'arbitrage permanent entre nations* (1888).
— *Traité d'arbitrage permanent entre peuples* (rapport, 1890).

LUCAS (CHARLES), *Communications à l'Académie des sciences morales et politiques* (5 octobre 1872, 13 février 1873, 31 mai 1873, 8 août 1874, 7 no- vembre 1874, 1875, etc.).
— *Le droit de légitime défense dans la pénalité et dans la guerre* (1873).

MARCOARTU, *Internationalisme.*

MILLS, *Le tribunal international* (1874).

MOLINARI, *L'Abbé de Saint-Pierre. Sa vie et ses œuvres* (1857).

PAIN, *Discours sur l'arbitrage* (Rennes 1887).

DE PARIEU, *Principes de la science politique* (1871).

PATRICE LARROQUE, *Code de droit international et ins- titution d'un haut tribunal* (1875).

PIERANTONI, *L'arbitrage international.*

POIRSON, *Histoire de Henri IV* (Tome IV).

PRADIER-FODÉRÉ, *L'affaire de l'Alabama* (1872).

PRINCE, *Congrès des trois Amériques* (1891).

RIVIER (ALPHONSE), *L'affaire de l'Alabama et le tribunal arbitral de Genève. Revue suisse* (Décembre 1872).

ROUARD DE CARD, *L'arbitrage international* (1877).
— *Opuscules.*

SAINT-GEORGES D'ARMSTRONG, *Le tribunal international* (1890).

DE SAINT-PIERRE (ABBÉ), *Essai sur la paix perpétuelle.*

SAINT-SIMON, Brochure de 1814. *Réorganisation de la
Société européenne.*

SIGAUT, *Confédération européenne* (1859).

SULLY, *OEconomies royales.*

TRENDELENBURG, *Lacunes du droit international* (1870).

UMILTA, *L'œuvre de la Ligue de la paix. Conférence à Neuchâtel* (1891).

WEISS (A.), *Le droit fécial et les féciaux à Rome* (1883).

WILLAUME, *L'esprit de la guerre* (1834).

WOLOWSKI, *Le grand dessein de Henri IV* (Mémoire lu
à l'Académie des Sciences morales, 14 août 1865).

### III

Publications périodiques.

*Institut de droit international* (Annuaires 13 vol., 1877 à
1891).

*Revue de droit international et de législation comparée* (21
années, 1869 à 1891).

*Société de législation comparée* (Annuaires et bulletins).

*Journal de droit international privé.*

*Comptes rendus de l'Académie des sciences morales et poli-
tiques.*

*Ligue internationale de la paix et de la liberté.*

*Bulletins officiels des Congrès. Annales.*

*Les États-Unis d'Europe* (Genève, 23 années).

*La Revue libérale* (Paris, G. Morin, Directeur).

*Conférence interparlementaire 1889 et 1890. Comptes rendus.*

*Conférence interparlementaire de 1891* (Journaux de novembre 1891).

*Almanach de la paix* (4 années, Plon et Nourrit), sous la direction des Jeunes Amis de la Paix de Nîmes.

*Universal Peace Congress* (Londres, 1890).

*The Herald of Peace* (journal périodique anglais).

*Bulletin de la Société française de l'arbitrage entre les nations.*

*Comptes rendus parlementaires* (passim).

*Vie politique à l'étranger* (1889, 1890).

## IV

### Ouvrages historiques et divers.

BARTHÉLEMY, *Voyage du jeune Anacharsis.*

BOSSUET, *Discours sur l'histoire universelle.*

FÉNELON, *Télémaque.*

DEBIDOUR (A.), *Histoire diplomatique de l'Europe* (2 vol., 1891).

DESJARDINS (ARTHUR), *La France, l'esclavage et le droit de visite, Revue des Deux-Mondes* (15 oct. 1891).

DURUY (VICTOR), *Histoire des Grecs.*

— *Histoire des Romains.*

FUSTEL DE COULANGES, *La cité antique.*

HEIMWEH (JEAN), *Pensons-y et parlons-en* (1891).

JANET (PAUL), *Histoire de la science politique dans ses rapports avec la morale* (2 vol., 1887).

LAMARTINE, *Histoire des Girondins.*

LAVISSE, *Vue générale sur l'histoire politique de l'Europe.*

— *La question d'Alsace dans une âme d'Alsacien* (1891).

GUIZOT, *Civilisation en Europe.*

MONTESQUIEU, *Esprit des lois.*

— *Grandeur et décadence des Romains.*

— *Politique des Romains dans la religion.*

MELCHIOR DE VOGÜÉ, *Questions contemporaines.*

PRÉVOST-PARADOL, *Lettres politiques. La France nouvelle.*

RENAN, *Qu'est-ce qu'une nation?*

RENOUARD (procureur général), *Discours de rentrée*

REYBAUD (LOUIS), *Essai sur les réformateurs.*

ROTHAN, *La politique française en 1866.*

— *L'affaire du Luxembourg.*

SOREL, *Essais d'histoire et de critique.*

— *L'Europe et la Révolution* (3 vol., 1882 à 1890).

VOLTAIRE, *Dialogue sur Hobbes, Grotius et Montesquieu.*

## NOTE ADDITIONNELLE

Sous ce titre : *Essai de bibliographie de la paix*, M. H. Lafontaine, secrétaire général de la section belge de la Fédération internationale de l'arbitrage et de la paix, a publié en décembre 1891 une brochure destinée à la propagande. Cette brochure contient une liste comprenant 463 ouvrages généraux ou spéciaux, tels que mémoires, almanachs, journaux périodiques, comptes rendus de congrès et de réunions, etc.

Cette bibliographie reste ouverte à tous les renseignements complémentaires.

# TABLE

---

## LE PASSÉ

### CHAPITRE PREMIER.

#### L'ARBITRAGE DANS L'ANTIQUITÉ

TABLE                           383

# CHAPITRE IV

### L'ARBITRAGE DEPUIS LA RÉVOLUTION FRANÇAISE JUSQU'AUX TRAITÉS DE VIENNE, 1789 à 1815.

# LE PRÉSENT

## CHAPITRE PREMIER

### LES TENTATIVES D'ARBITRAGE GÉNÉRAL ET LES CONGRÈS DEPUIS 1815 JUSQU'A NOS JOURS, 1815-1891

## CHAPITRE II

### LES ARBITRAGES SPÉCIAUX
#### DEPUIS 1794 JUSQU'A NOS JOURS, 1794-1891.

TABLE 387

2. Commissions de liquidation du traité de Vienne (1815);
3. Commission arbitrale entre la France et les Pays-
Bas (1815); 4. Arbitrage au sujet du duché de Bouillon
(1816); 5. Arbitrage de l'empereur de Russie entre les
États-Unis et l'Angleterre, au sujet de l'interprétation
du traité de Gand (1822); 6. Arbitrage du roi de Hollande entre les États-Unis et l'Angleterre (1831); 7.
Arbitrage de la reine d'Angleterre entre la France et le
Mexique (1839); 8. Arbitrage du roi de Prusse entre la
France et l'Angleterre, affaire de Portendick (1842);
9. Arbitrage de l'empereur de Russie entre la Sardaigne
et l'Autriche (1845). — III. De 1848 à 1870 : 10. Arbitrage du roi des Pays-Bas entre la France et l'Espagne,
affaires de la *Veloce Mariana*, de la *Vittoria* et de la
*Vigie* (1851); 11. Arbitrage de Louis-Napoléon, président de la république, entre les États-Unis et le Portugal, affaire du général Armstrong (1851); 12. Clause
arbitrale du traité entre la France et la Sardaigne (1852);
13. Commission mixte entre l'Angleterre et les États-
Unis, affaire de *la Créole* (1853); 14. Arbitrage du Sénat
de Hambourg entre la Grande-Bretagne et le Portugal,
affaire Croft (1858); 15. Affaire Shortridge (1861); 16.
Arbitrage du roi des Belges entre les États-Unis et
le Chili (1858); 17. Commission mixte entre les États-
Unis et le Paraguay (1859); 18. Arbitrage du roi des
Belges entre l'Angleterre et le Brésil, affaire de *la
Forte* (1862); 19. Arbitrage du même entre les États-
Unis et le Pérou, affaire de *la Lizzie-Thompson* et de
*la Mariana* (1862); 20. Arbitrage entre l'Angleterre et
les États-Unis, détroit de Puget (1863); 21. Arbitrage
du Sénat de Hambourg entre l'Angleterre et le Pérou,
affaire du capitaine White (1864); 22. Arbitrage de Napoléon III entre l'Égypte et la Compagnie de Suez (1864);
23. Commission entre les États-Unis et le Mexique
(1868); 24. Arbitrage du président des États-Unis entre
l'Angleterre et le Portugal, affaire de Bulama (1869). —
IV. De 1870 à 1880: 25. Commission entre les États-Unis
et l'Espagne (1871); 26 et 27. Clauses arbitrales du traité

TABLE 389

## CHAPITRE III

### L'AFFAIRE DE L' « ALABAMA » ET LE TRIBUNAL
### DE GENÈVE (1872).

## CHAPITRE IV

### L'ARBITRAGE DEVANT LES PARLEMENTS
### ET DEVANT L'OPINION

TABLE 391

# CHAPITRE V

## LE MOUVEMENT PROGRESSIF
### DES
### RELATIONS JURIDIQUES INTERNATIONALES

# L'AVENIR

## CHAPITRE PREMIER

### LES PROJETS DE PROCÉDURE ARBITRALE INTERNATIONALE

I. Division : Projets de codification de la procédure arbitrale fondés sur la jurisprudence. Projets d'une organisation juridique internationale fondée sur la morale et sur le droit des gens. — II. Projets de codification. L'arbitrage privé, fondement de l'arbitrage international ; différences entre l'arbitrage et le jugement. Coexistence de ces deux moyens de solution des différends en droit privé. En droit public international, l'arbitrage seul moyen pacifique, juridique, mais dépourvu de sanction. Danger d'une assimilation trop absolue. — III. Projet de l'Institut de droit international : ses divisions. — IV. Conclusion du compromis. Projet de l'Institut ; proposition de M. Goldschmidt ; projets ou critiques de MM. Calvo, Bulmerincq, Trendelenburg, Bluntschli, Funck-Brentano et Sorel, etc., etc. — V à VII. Formation du tribunal arbitral réglée par le compromis. Projets de l'Institut, de MM. Goldschmidt, Kschabro-Wassilewsky, Bluntschli, etc. Obligation de prononcer ; délais, notification, effets de la sentence. — VIII. Voies de recours contre la sentence. Moyens d'opposition. Projets de l'Institut ; proposition de M. Goldschmidt avec énumération des cas de nullité et création d'une juridiction supérieure ; opposition de M. de Parieu ; opinions de MM. Bluntschli, Heffter, Calvo, Fiore ; opinion de Vattel.

TABLE 393

## CHAPITRE II

### DES PROJETS GÉNÉRAUX
### DE JURIDICTION INTERNATIONALE PERMANENTE

I. Désir des philosophes de remplacer par une organisation juridique permanente les juridictions arbitrales temporaires et spéciales. — II. Exemples de juridictions entre les institutions fédérales ou les gouvernements fédéraux : ligues d'États, Confédérations, puis États fédéraux (la Hanse) ; la Confédération germanique. Tribunaux ostrégaux : l'Empire fédératif allemand, la Suisse, les États-Unis, l'Australie. — III. Plans divers de constitution européenne. Développement des juridictions spéciales ; généralisation de l'arbitrage rendu obligatoire ; création d'un tribunal avec code et sanction. — IV. Développement des juridictions spéciales ; projet de l'Institut de droit international sur les tribunaux de prise ; proposition de M. Moynier en vue de la formation d'une juridiction destinée à prévenir et à réprimer les infractions à la convention de Genève : critique de M. Rolin Jaequemyns ; projets de MM. de Holtzendorf, Waxel, etc. — V. Généralisation de l'arbitrage rendu obligatoire : M. Lucas, M. de Parieu, M. de Laveleye : son projet de cours arbitral entre l'Angleterre et les États-Unis ; projets de MM. Ladd, Trendelenburg, Seebohm, Kauffmann ; opinion de M. Bluntschli ; formule d'arbitrage permanent de la Ligue de la paix ; Lemonnier, Bajer. — VI. Projets d'un tribunal avec code et sanction : Gondon d'Assone, Sartorius, Pecqueur, Marchand, Bara, Goblet d'Alviella, Laroque, Marcoartu,

# CHAPITRE III

## L'AVENIR PROCHAIN DE L'ARBITRAGE

TABLE 393

CONCLUSION

APPENDICE AU CHAPITRE III

www.ingramcontent.com/pod-product-compliance
Lightning Source LLC
Chambersburg PA
CBHW060951220326
41599CB00023B/3679